JN063421

ディスカッション

法と社会

飯 考行【編著】

Discussion Law and Society

八千代出版

執筆者一覧

飯　　考行	専修大学法学部教授	17 章・20 章・24 章
原田　綾子	名古屋大学大学院法学研究科教授	1 章
土屋　明広	金沢大学人間社会研究域学校教育系准教授	2 章
田巻　帝子	新潟大学法学部教授	3 章
久米　一世	中部大学経営情報学部准教授	4 章
紺屋　博昭	熊本大学大学院人文社会科学研究部教授	5 章
緒方　賢一	高知大学人文社会科学部教授	6 章
小佐井良太	福岡大学法学部教授	7 章
山口　　絢	千葉大学大学院社会科学研究院准教授	8 章
小川　祐之	常葉大学法学部准教授	9 章
高村　学人	立命館大学政策科学部教授	10 章
亀岡　鉱平	大分大学経済学部准教授	11 章
髙橋　満彦	富山大学教育学部教授	12 章
東郷　佳朗	神奈川大学法学部准教授	13 章
上地　一郎	松蔭大学経営文化学部教授	14 章
一家　綱邦	国立がん研究センター研究支援センター生命倫理部長	15 章
志賀　典之	追手門学院大学法学部准教授	16 章
宗野　隆俊	滋賀大学経済学部教授	18 章
秋葉　丈志	早稲田大学国際教養学部准教授	19 章
郭　　　薇	北海道大学大学院法学研究科准教授	21 章
橋場　典子	関西学院大学法学部准教授	22 章
山田　恵子	西南学院大学法学部准教授	23 章

イントロダクション

（1）本書のねらい

　法とは何だろうか。この本は、社会の様々なテーマの論点や具体的な事例にもとづいて、法を身近な問題としてとらえ、ディスカッションを通じて考え、理解を深め、生活の質の向上に役立てていただく目的で、編集したものである。

　私たちの社会は、他者との共生により成り立ち、互いの考えや行動の基準となる社会規範が生じ、市民の権利や義務に関わる重要事項は憲法、法律や条例などの法規で規律されている。これらの法（社会規範と法規）は、目に見えにくいかたちで現代社会を覆い尽くしており、一生を送る上で、犯罪の被害に遭わないことを含めて、法の知識は欠かせないものとなっている。

　生活との関わりで法をとらえる視点は、私たちの日常やメディア報道では一般的である。政策、技術の進展や事故などに対応して、法が制定、改正され、裁判が起こることは、しばしば目に耳にする。しかし、法学の世界では、法を法規の条文から眺めて、その語句の意味内容を解釈で確定し、他の条文との整合性を図って説明するアプローチが主流である（法解釈学）。

　それに対して、法を社会から眺めて、時代や地域とともに揺れ動く社会現象の一つとしてとらえるアプローチがある（法社会学）。この本は、生活における法のとらえ方に近い、法社会学の視点から法をとらえる。

　章立ては、人生と法の関わり、社会生活と法、法の担い手・法の創造の3部からなる。各章のテーマは、子ども、教育、家族とジェンダー、所有権、労働と社会保障、地域社会、事故と災害、高齢者、まちづくり、住宅と景観、農業・漁業、環境、動物、沖縄、医療と生命倫理、技術革新と著作権、議会の法制定、地方自治体と住民、裁判を通じた法の形成、実務法律家と隣接法律専門職、法専門家と情報発信、司法アクセス、ADR（裁判外紛争解決）、市民の司法参加である。関心をもったテーマの章から読み進めていただきたい。

　執筆者は、上記を含む具体的なテーマを実証的に研究している、大学で授業を担当する第一線の法社会学者が中心である。なお、憲法、会社法や刑法など、重要なテーマはほかに数多くあるものの、紙幅と執筆者の専攻テーマの関係で、

今回は取り上げることが叶わなかった（可能であれば続編を期したい）。

　各章は、概説（各テーマの法制度上の位置づけなど）、論点（各テーマで議論になりうる事項）、事例（具体的な裁判例や仮設事案など）、ディスカッション（議論に当たってのポイントなど）からなり、関連する図表や写真を挿入している。相互の章に関わる内容には参照マークがあり、全体を通じて、法と社会に関する理解が深まることを目指している。各章末尾の参考文献のほか、他の法社会学のテキストや書籍を併せてお読みいただきたい。

　想定する読者層は、主に大学生であるが、高校生や社会人も念頭に置いている。大学の法学入門や法社会学の講義、ゼミナールのテキストないし参考書として、高等学校等での社会科系の科目を補う法教育の副読本として、また社会人の実用的な教養書として、それぞれお役立ていただければ幸いである。

（2）法社会学のアプローチ

　現在に至る法社会学は、19世紀後半に欧米で提唱された。18世紀後半のフランス革命後の人権宣言（1789年）などで知られる、生まれながらに等しく人権を享受する市民同士での、意思の合致にもとづく売買などの契約（契約の自由）、物を排他的に使用・収益・処分する権限（所有権の絶対）、故意または過失のある場合に限り賠償責任を負うこと（過失責任主義）など、私的自治の理念にもとづく近代法の諸原則が、現実の社会で貫徹しなくなり、貧富の格差や企業間のカルテル・トラストなどの様々な社会問題が生じた時期に当たる。

　近代法理念と資本主義化しつつある社会実態のズレに直面して、いかに法をとらえるかをめぐり、欧米の様々な地域で、法社会学の礎となる個性的な論稿が著された。中でも、法規は完全ではなく裁判官が事実に当てはめる際に独自の判断を行うことを指摘し、社会の団体や組織の内部の秩序や規則を「生ける法」と呼び、歴史的な変遷を説くとともに、法の事実、裁判の規範や法規と相互に影響を及ぼし合って法が存在することを提唱した、オーストリアのオイゲン・エールリッヒが知られる（『法社会学の基礎理論』〔1913年〕、『法律的論理』〔1918年〕など）。エールリッヒの説は、「生ける法」と「法」の違いが曖昧な点などに課題を抱えるものの、社会的組織、立法、司法、行政の関係性の中で、法がダイナミックに変容し続けるモデルを提示している。

同時期に、ドイツで、マックス・ウェーバーは、西洋が近代に発展した背景を、その将来を悲観して解き明かそうとした。その研究は、政治、経済、都市、宗教、音楽など、多岐にわたる。法との関わりでは、習俗などのほかに、法専門家の定立した予測可能で形式合理的な法が、官僚制度を備えた国家により執行が強制されうることの重要性を指摘した（『経済と社会』〔1922 年〕など）。

　フランスでは、社会学の始祖としても知られるエミール・デュルケムが、社会における分業の歴史的展開に即して、主要な法のあり方が、昔の地縁血縁等で結びつく同質の者たちの「機械的連帯」における処罰に当たる刑法から、発展段階で異質の者たちの「有機的連帯」での問題が生じればもとに戻す原状回復（復元法）へ変化したことなどを指摘した（『社会分業論』〔1893 年〕など）。

　アメリカでは、ロスコー・パウンドが、植物学者としてキャリアをスタートし、ハーバード大学ロースクールの学長を務めたほか、膨大な法学の著作を残している（*Jurisprudence* 5 巻本にまとめられている）。上記のエールリッヒ『法社会学の基礎理論』を英訳し紹介するとともに、同時代のプラグマティズム（実用主義）の影響を受けて、法を社会変革の手段とする社会学的法学を展開した。「書物の中の法（law in books）」から「現実の法（law in action）」への転換を唱えた言葉が有名である。また、アメリカでは、リアリズム法学が、法が社会でどのように存在するのか、実質合理的な法のあり方を実証的に探っていった。

　日本では、明治時代に西欧の法を継受し、江戸時代から続く社会と西欧近代法のギャップが意識されていたためか、欧米の法社会学的な研究は、ほぼ時を同じくして紹介、翻訳されてきた。東京帝国大学民法学教授の末弘厳太郎は、第一次世界大戦時にアメリカへ留学し、ケース・メソッド（判例にもとづいて個別紛争の紛争解決の妥当性を重視する法学思考法）と出会い、ヨーロッパでエールリッヒに面会し、日本に法社会学を持ち込んだ。『法学入門』（1934 年）では、法について、すべて社会の存在を前提にしており、国家的または社会的統制力が遵守を強要している規範と記す。また、小作争議と慣習法に着目し、農村の小作慣行を尊重した法改正や地主と小作人組合の団体交渉などを提唱したほか、「法的慣行（生きた法律）」を、伝統的かつ固定的傾向をもつ在来の秩序と、日に日に生成してやまない新しい社会形成力の接触面に「不連続線的渦流（天気図の等圧線）」のかたちで発生し動きつつあるとする「社会秩序の力学的構造」論

を唱え、判例研究を重視した。

　戦後、法社会学は、川島武宜（『日本人の法意識』〔1967 年〕など）、戒能通孝（『小繋事件』〔1964 年〕など）のほか、千葉正士など、多くの研究者により展開する。川島には、渡辺洋三、石村善助、六本佳平、棚瀬孝雄などが学び、東京大学や京都大学などで多数の研究者を輩出した。戒能も、早稲田大学で畑穣に、またその教えを受けた楜澤能生などに影響を及ぼした。

　この本の執筆者は、これらの法社会学者の流れを汲む研究者を含む。法社会学は、欧米をはじめ、アジア、南米を含む世界中で拡大し続けている。研究方法も、法学、社会学、経済学、政治学、人類学、心理学など、多彩である。

（3）謝　辞

　最後に、書籍刊行の企画と編集にご尽力いただいた八千代出版株式会社の森口恵美子さん（代表取締役）と井上貴文さんに感謝を申し上げる。森口さんには、多数の執筆者からなるオンライン準備会議の主宰を含めて、発刊まで粘り強く支えていただいた。井上さんには、原稿の校正作業で多数の助言を受けた。

　また、この本を、執筆者一同が学会や大学院で教えを受けた楜澤能生先生（早稲田大学）の古稀を祝して献呈したい。この本の構想のもとになったテキストの一つは、楜澤先生の共編著書『法社会学への誘い』である。少なからぬご批判を受けるものと危惧されるが、他者との対話を重んじる研究、教育姿勢に適う部分があることを願っている。

　この書籍の研究は、JSPS 科研費 JP20H01444、JP22H03811 の助成を受けたものである。

2024 年 2 月　飯考行

目　　次

第3部　法の担い手・法の創造

凡　例

法令略語

空き家対策特別措置法	空家等対策の推進に関する特別措置法
オゾン層保護法	特定物質等の規制等によるオゾン層の保護に関する法律
憲法	日本国憲法
児童虐待防止法	児童虐待の防止等に関する法律
銃刀法	銃砲刀剣類所持等取締法
種の保存法	絶滅のおそれのある野生動植物の種の保存に関する法律
臓器移植法	臓器の移植に関する法律
組織的犯罪処罰法	組織的な犯罪の処罰及び犯罪収益の規制等に関する法律
地方分権一括法	地方分権の推進を図るための関係法律の整備等に関する法律
鳥獣被害防止特措法	鳥獣による農林水産業等に係る被害の防止のための特別措置に関する法律
鳥獣保護管理法	鳥獣の保護及び管理並びに狩猟の適正化に関する法律
通信傍受法	犯罪捜査のための通信傍受に関する法律
動物愛護管理法	動物の愛護及び管理に関する法律
独占禁止法	私的独占の禁止及び公正取引の確保に関する法律
特定外来生物法	特定外来生物による生態系等に係る被害の防止に関する法律
都市再生特措法	都市再生特別措置法

判例略語

　※「最大決平 10 年 12 月 1 日民集 52 巻 9 号 1761 頁」は、「最高裁判所大法廷決定平成 10 年 12 月 1 日最高裁判所民事判例集 52 巻 9 号 1761 頁」を意味する。

大判	大審院判決
控判	控訴院判決
最判	最高裁判所判決
最決	最高裁判所決定
最大判	最高裁判所大法廷判決
最大決	最高裁判所大法廷決定
高判	高等裁判所判決
地判	地方裁判所判決
家審	家事審判
民録	大審院民事判決録

民集	最高裁判所民事判例集
集民	最高裁判所裁判集民事
刑集	大審院刑事判例集・最高裁判所刑事判例集
判時	判例時報
判タ	判例タイムズ
訟月	訟務月報
労判	労働判例
家裁月報	家庭裁判月報
交民集	交通事故民事裁判例集
LEX/DB	LEX/DB インターネット（TKC 法律情報データベース）

第 1 部

人生と法の関わり

1 章

子どもと法
―法と社会の視点から見る児童虐待への対応

1 概 説

（1）法社会学の視点から見た子どもと法

　現代の日本では子どもをめぐって様々な問題が生じている。家庭においては児童虐待事件が増加の一途をたどり、父母の離婚によって精神的、経済的に打撃を受ける子どもも増えている。家庭生活が不安定化、脆弱化する中で、子どもの利益をいかに守るかということが課題となっている。また、いじめ、体罰、児童買春、児童ポルノなど、子どもは家庭外においても様々な暴力や搾取の被害者となっている。他方で、少年による犯罪や非行は全体として減少しつつあるものの、様々な理由から非行に至ってしまう子どもたちもいる。子どもに対する暴力を防止し子どもを被害から守ること、またいじめの問題や少年非行に適切に対応することは、日本社会の喫緊の課題である。

　これらの、子どもをめぐる様々な問題への対応や防止のために、数多くの法律が存在する。例えば、大人と子どもの境目たる成年年齢や子どもの親権などについて定める民法、教育の目的や基本方針を示す教育基本法、学校教育制度の枠組みと方針を定める学校教育法、いじめに対処するためのいじめ防止対策推進法（教育に関わる諸法について→2章）、非行のある少年（子ども）を取り扱う少年法などがある。2023年4月に施行されたばかりのこども基本法が思い浮かんだ人もいるかもしれない。そして日本は、国連児童の権利に関する条約（児童の権利条約）を批准している。国は、条約が定める様々な子どもの権利の保障に責任を負っている。

　子どもをめぐる様々な問題に関する法学研究は、近年大きく進展しつつある。民法や刑法といった個別の法学領域における研究のほか、多様な法領域をまたぐ総合法学として「子ども法」（「こども法」や「子どもと法」とも称される）が構想

されたり（横田 2010、棚村 2012、大村 2012、大村ほか 2015）、法学だけでなく心理学などの関連領域との協働により子どもをめぐる問題への対応を研究するプロジェクトが進められたりしている（町野・岩瀬 2012、深町ほか 2022）。

　法社会学も「子どもと法」に強い関心を寄せてきたが、法社会学の研究アプローチはきわめて多様である。法と社会の関係を幅広く取り扱う法社会学は、いわゆる実体法学が主として関心を寄せる法規範の内容だけでなく、そうした法規範の背後にある社会の人々の意識、法規範が定立されるまでの立法プロセス、定立された法規範を現実に作動させるための仕組みやそれが実際に作動するプロセス、そこに関わる専門職の役割、当事者としての子どもや家族の意識やその実際の行動など、法と社会をめぐる多様な問題に焦点を当てる。そして、それぞれの問題の解明に最も適すると考えられる研究方法が選択され、研究が行われるのである。例えば、子どもに関わる具体的な制度に関わって、子どもをめぐる問題の解決に関わる諸機関の構成や、各専門職が果たす役割、異種の専門職間の連携のあり方などについてインタビューやフィールドワークを通して明らかにし、そこから制度改革の具体的な方向性を探る研究がある（原田 2008）。子どもに関わる一つの事件と、その解決を目指して提起された訴訟のプロセスに深く関わり、事件や訴訟に関わった多くの人々の声を聴き、それらを共鳴させながら、学校制度や司法制度の現状を、批判的かつリアルに描き出すような研究もある（飯編著 2023）。日本社会においては、人々の意識の中に、子どもを大人よりも軽視したり、その地位を低く見積もる「子ども差別」があることを、社会科学の研究手法を使って客観的に明らかにした研究もある（齋藤 2022）。子どもの権利という視点から、現在の家事司法システムのあり方とその問題点を法規範と実践の両面から明らかにした研究もある（原田 2023）。

（2）児童虐待への対応をめぐる近年の展開

　（1）で述べた通り、法社会学の子どもと法へのアプローチは多様であるが、本章では、児童虐待という特定の問題領域に焦点を当てて、この問題に関わる法と社会のあり様について、少し深く検討してみたい。ここでは、2以下の議論の前提として、日本における児童虐待への対応をめぐる近年の展開を、2つのポイントに即して簡単に紹介しておくことにしよう。

1) 児童虐待相談対応件数の増加とその背景

　児童虐待への対応のための様々な措置権限をもつ行政機関として、児童相談所がある。児童相談所が対応した児童虐待相談対応件数は、1990 年度は 1101 件であったが 2022 年度には 21 万 9710 件（速報値）に達した（厚生労働省）。このような激しい増加の背景には、社会の変化と法の変化の相互作用がある。社会の変化として、1990 年代からの長期不況、非正規労働の広がりによる雇用の不安定化、家族の小規模化、孤立の進展とともに、子どもを育てる場としての家族が脆弱化し、子どもに対する暴力などの虐待が発生しやすくなった。他方で 1990 年代以降、子どもの虐待に対する社会的な意識が高まった。日本は 1994 年に国連児童の権利条約を批准し、子どもの人権侵害としての児童虐待の防止や対応に、社会的な関心が寄せられるようになった。厚生労働省（かつては厚生省）などの国の機関も、児童虐待への対策を主要な政策課題として位置づけるようになり、まずは既存の児童福祉行政の枠組みの中で対応が図られたが、より有効な対応のために行政機関の法的権限を整備・強化する必要性が認識され、関連する法律の改正や新法の制定が進められた。虐待の通告のための共通ダイヤル 189 が設けられるなど、対応の制度化も進められた。虐待が法律によって定義され、対応の仕組みが整備されることで、社会における虐待への意識はさらに高まった。かつては「親のせっかん」といった言葉で語られていた現象が「虐待」として認識され、公的介入を必要とする問題と考えられるようになったのである。虐待の法的定義の拡大（例えば「DV 目撃」は「心理的虐待」として定義されるようになった）も、相談対応件数の増加を後押しした。

2) 児童虐待に関わる法律とその展開

　児童虐待への対応は、関連する様々な法律にもとづいて実施されている。特に重要な法律は、児童福祉法、児童虐待防止法、そして民法である。まず、児童福祉法は、公的な児童福祉サービスの全般に関して規律を行う法律である。同法により、児童虐待を受けている子どもは「要保護児童」とされ、発見した者は児童相談所等に通告をすることとされる（25 条）。児童相談所は、子どもと親に対する福祉的支援を行うために様々な行政措置を講じる権限を与えられている。同法による措置には、子どもの安全確保や状況把握のために一時的に（原則 2 ヶ月まで）親などの保護者から子どもを引き離す一時保護（33 条）や、子

どもの児童養護施設入所や里親委託など社会的養護の措置（27 条・28 条）、保護者指導（27 条）などがある。児童福祉法は、児童虐待への対応や社会的養護制度などに関連する行政の権限や責任を明確化するために、1990 年代後半から繰り返し改正されている。次に、児童虐待防止法は、児童に対する虐待の禁止、児童虐待の予防および早期発見、その他の児童虐待の防止に関する国および地方公共団体の責務、児童虐待を受けた児童の保護および自立の支援のための措置等を定める法律として、2000 年に議員立法として制定されたものである（議員提出法案で成立した法律→ 17 章）。児童虐待防止法は、児童福祉法には明示されていなかった児童虐待の定義を設け（2 条。身体的虐待、性的虐待、監護懈怠〔ネグレクトとも呼ばれる〕、心理的虐待がある）、それらの禁止を明確にするとともに（3条）、児童の福祉に職務上関係のある者の早期発見努力義務（5 条）、そして児童虐待を受けたと思われる児童を発見した者の通告義務（6 条）を定めている。保護者への出頭要求や立入調査、臨検捜索、警察への援助要請など、児童相談所の調査や介入を強化する規定のほか、親子の再統合を視野に入れた保護者指導等についても規定を設けており、緊急対応から保護後の家族支援まで、幅広い内容を含む法律となっている。そして民法は、私人間の法律関係の基本的なルールを定めた法律である。「親族」と題する民法の第 4 編は、親族の法的関係と親族間の権利と責任について規定しており、その中で子どもの親権についても定めている。親権の内容を定めた規定において、子の人格の尊重や体罰の禁止が定められたり（821 条）、親権制限の仕組みとして従来から存在していた親権喪失（834 条）と管理権喪失（835 条）に加えて、親権を一時的に（2 年間を超えない範囲内で）停止する親権停止制度が新たに導入されたりするなど（834 条の2）、児童虐待への対応や防止の観点から、親権規定の改正が行われてきた。

　以上に挙げた 3 つの法律は、児童福祉的な介入や支援、法的な親子関係や親権に関わる法律であるが、児童虐待は、暴行や傷害、殺人、保護責任者遺棄、強制わいせつ、強制性交、脅迫等の犯罪事件として警察に検挙される場合もあり、児童虐待に関連する事件の検挙数は増加傾向にある。また、2017 年の刑法の改正によって監護者わいせつ罪、監護者性交等罪（179 条）が新設され、性的虐待の処罰対象が拡大した。

　児童虐待と関連して、少年法についても言及しておきたい。民法の成年年齢

の引き下げに伴い少年法も対象年齢を 20 歳から 18 歳に引き下げることが検討されたが、これを 20 歳に据え置いた上で 18、19 歳を「特定少年」とし、特定少年については原則逆送事件の幅を広げるなど成人に近い取扱いをするかたちで少年法改正がなされた（2021 年→ 17 章）。罪を犯した少年に厳罰を求める社会の圧力は大きくなっているが、少年非行に至る子どもたちの多くが幼少期の児童虐待などの逆境体験を有していることが明らかになっている（法務総合研究所 2023）。親や家族から虐待を受けて大きなトラウマを負ったり、暴力や支配を肯定するなど特異な価値観の下で育たざるをえなかった子どもが非行や犯罪に至ってしまう事案が少なくないことは、社会に十分に理解されているだろうか。少年事件における少年の取扱いや処遇、社会復帰の支援などにおいて、様々な被害経験やトラウマの影響を理解したり、何らかのかたちで被害体験を埋め合わせるような働きかけを意識しつつ少年に向かい合う必要があることが指摘されている（岡田編著 2023）。

　最後に、児童虐待への対応に当たっては、子どもの権利・国際人権の視点からの法制度の設計やその運用が求められる。児童福祉法は、児童の権利条約の精神に則って子どもが適切に養育されることや、その生活が保障されることなどが児童の権利として保障されること、児童の年齢および発達の程度に応じてその意見が尊重され、その最善の利益が優先して考慮されなければならないと定めている（1 ～ 3 条）。こども基本法も、すべての子どもの意見の尊重と子どもの最善の利益の優先的な考慮を基本理念として掲げている（2 条 4 号）。

2　論　点

（1）誰が子どもを虐待から守る責任を負うのか？

　一時保護など、児童福祉法上の措置を行う権限をもつ行政機関として、児童相談所の役割は重要である。地域の児童福祉サービスを担う市町村の役割もまた重要である。しかし、児童相談所や市町村だけで社会の中で発生する虐待のすべてを発見するのは難しい。児童虐待は家庭という密室で起こる上に、当事者が自ら相談しにくいものなので、周囲にいる者が発見してその情報を伝える「通告」の仕組みが必要になる。そして、通告により把握された虐待への対応

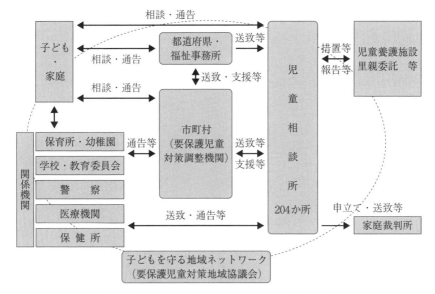

図表 1-1　地域における児童虐待防止のシステム

出所：厚生労働省 2010：184 頁。

においては、児童相談所や市町村が中心的な役割を担いつつも、図表 1-1 で示されるように、医療機関や保健所、警察、学校や教育委員会、保育所や学校、児童養護施設や里親など、関係する諸機関とネットワークをつくり、その中で必要な対応を共有し、実行していくことが必要である。児童福祉法はこうしたネットワークを「要保護児童対策地域協議会」として制度化し、その形成や実施を後押ししている（25 条の 2）。児童虐待への対応は、介入や保護の法的権限をもつ行政機関がその役割を遂行するというだけでなく、より社会的な次元で、子どもと家族を取り巻く諸機関が連携協力して問題を発見し、必要な支援を行うということが求められる領域なのである。

（2）親が虐待を否定したり、介入を拒んだりしたらどうするのか？

　従来の児童福祉は、子どもの養育や発達について親や家族からの相談を受け、指導や助言などを行うというスタイルで実施されてきた。しかし児童虐待は、親や家族が自ら相談に来るケースが少なく、関係機関や地域からの通告によっ

て把握され、対応が始まるケースが多い。当事者である親の中には、虐待の事実を否定し、行政機関の介入を拒む者も少なくない。そこで必要になるのが、強制的な介入や親子分離の仕組みである。都道府県（法律上の授権により通常は児童相談所が行う）の申立てにより、家庭裁判所の承認を得て、親の同意なく子どもの児童養護施設入所や里親委託措置を行う仕組みが児童福祉法に規定されており（28条）、その申立件数・承認件数は増加傾向にある。民法が規定する親権の制限（親権喪失、管理権喪失、親権停止）の児童相談所による申立件数・承認件数も、同じく増加傾向を示している（特に親権停止の申立てが多い）。さらに2022年児童福祉法改正で、親の同意のない一時保護のすべてについて、司法審査が行われることとなった。このように、児童虐待への対応に児童相談所が取り組む中で、徐々に裁判所への申立事案が増え、それに伴って弁護士の役割も拡大している。2016年改正の児童福祉法によって、児童相談所は原則として弁護士の配置が義務づけられるようになった。児童福祉において、法の役割や司法の機能が従来よりも拡大する「法化 legalization」が進展しつつあるといえる。

　他方で、このような意味での児童福祉の「法化」は、裁判所という日常生活から離れたところで行われる決定によって、親子関係に関する規律や介入が行われるというものであり、その利用が過度に広がれば、当事者への共感や信頼を基盤としてきた児童福祉サービスが、裁判手続や法的強制という硬質なアプローチに覆い尽くされ、児童福祉としての基盤が揺らいでしまうという危険もはらんでいることには、注意が必要である（関連して、学校教育における「法化」について→2章）。

（3）家族への支援や家族関係の立て直しをどうやって行うのか？

　虐待の被害を受けている子どもを救出しその安全を確保することが、虐待対応の最も重要な課題であるが、安全のために親子を分離すればそれで終わりというものではなく、その後の親子をどう支えるかということも考える必要がある。深刻な虐待事案では難しいかもしれないが、親子関係を立て直し、子どもの家庭復帰（親子再統合）を目指して、支援を行うべきケースもある。児童虐待をしてしまう親が具体的にどのような支援を必要としているのかを判断し、そ

の支援を受けるように親に促すことが必要である。児童相談所や市町村の働きかけに応じて、虐待防止のための親教育プログラム等を受講する親もいるが、援助を受ける意欲のない親もおり、そうした親に対しては、援助を受けることを法的に強制したり、命令する仕組みが必要となる。親に対して援助を受けるよう法的に強制する海外の法制を参照しつつ、日本でも、親への指導援助への司法関与の仕組みが部分的に導入され、その積極的な活用が課題となっている（二宮 2019）。

　他方で、困りごとのある親子への支援は、具体的な悩みを日常生活の中で受け止める地域社会のネットワークの中で、児童虐待というスティグマ（負の烙印）を必ずしも伴わずに、自然なかたちで提供される方が有効な支援になる可能性がある。そうした支援は、子育てを親だけの責任にせず、それを集合的な営みとして社会に開いていくことにもつながるだろう（村上 2021）。児童虐待への法的介入制度には、すでに問題が生じた後の事後対応の仕組みとして重要な意義があり、その実効性の強化は重要な課題であるとはいえ、法的な対応ばかりが社会の中で前面化してしまうと、親も子も、SOS を自ら出しにくくなるおそれもある。ここでも、児童福祉の「法化」の意義とそれがもたらしうる負の影響の両方の側面について考える必要があるのである。児童福祉が、強制的な事後対応の仕組に飲み込まれないようにするために、困難を抱える親子が安心して自発的に相談できるような地域社会での援助資源の育成や発展を図ることに、日本社会はより一層、力を入れていく必要がある。

（4）子どもの意見をどう聴くのか？

　児童虐待対応の仕組みは、これまでに一定程度まで構築されてきたとはいえ、子どもの権利という視点での制度構築は依然として不十分である。2020 年に厚生労働省が行った実態調査によれば、一時保護や施設入所措置等の決定、一時保護や措置中の生活、措置の解除の各局面で、子どもの意向等聴取の手続を設けている児童相談所は 8 割程度、意向等を考慮・反映する手続を設けている児童相談所は 5〜6 割程度にとどまっていた。子どもの意向聴取の手続として「意見箱」といった間接的方法を挙げる児童相談所もあり、取り組みの不十分さが明らかになった。安全のためとはいえ、子ども自身の思いや意向も聴かず

に子どもをどこか別の場所に移動させたり、重要な決定から排除したりするのは、子どもの尊厳を害することであり、子どもの意見表明権を保障する児童の権利条約12条にも反する。この現状に対して、児童養護施設や里親のもとで育った若者たちが声を上げ、そうした声に応答すべく、子どものアドボカシーの取り組みが各地で展開されてきた（栄留ほか 2021、小野・薬師寺編著 2019）。2022年児童福祉法改正により、児童相談所等は、入所措置や一時保護等の際に、子どもの意見聴取等の措置を講ずることとされ（33条の3の3）、子どもの声を聴くための意見表明等支援事業も初めて制度化された（34条の7の2）。新しい制度の下で、児童福祉における子どもの意見表明権の保障のための様々な仕組みが検討され、実施されつつある。

3　事　例

　以下は、実際に発生した複数の事例を参考に構成した、架空の事例である。

場面1：A君は小学5年生。有名中学合格を目指して受験勉強に励んでいるが、最近は成績が下降気味である。A君の父は熱心に勉強を見てくれるが、成績が悪いと「お前はダメな奴だ」とののしり「X中学に合格しなければお前の人生は終わりだ」などといって脅す。最近は、「人間のクズだ」などと表現がきつくなり、さらに、A君のほおをつねる、頭を叩くなど手も出るようになった。宿題が終わるまで食事を抜かれたり、夜中まで寝かせてもらえないこともしょっちゅうである。母は心配そうであるが、A君の指導は、受験の経験がある父が担当すると夫婦で決めていることもあり、口を出せない。A君は、精神的にも肉体的にも限界を感じ始めている。

場面2：A君は、自分の苦しい状況やつらい思いを誰にも打ち明けずにいたが、ある日、学校でアンケート用紙が配られ、「誰かにいじめられていませんか？秘密は守るよ」と書いてあったので、勇気を出して先生に伝えようと思い、「勉強がうまくできないとお父さんに叩かれます。いつも夜遅くまで勉強させられていて、学校は眠くてつらいです。先生、どうにかできませんか」と書いて提出した。先生はA君の話を聞いてくれたが、A君がいったことがすべて本当なのかどうかを確信できず、状況を確認するために父に連絡した。

父との面談の場で強く求められたため、先生はA君のアンケート用紙のコピーを父に渡してしまった。先生は、A君の相談内容を児童相談所に通告することもなかった。その日、A君が家に帰ると、鬼のような形相の父から「先生にいいつけただろう」となじられ、「自分が書いたことは嘘でした」というメモを書くように命じられ、A君はそれを学校に提出した。この出来事を機に、父の暴言や暴力は前よりひどくなった。A君はその後、誰にも相談することはなかった。

場面3：A君は、父からの暴言や暴力に耐えていたが、ある夜、眠そうに机に向かうA君を見て「態度が悪い」と激高した父に殴られ、椅子ごと転倒したところ、机の角に頭をぶつけ、多量の出血をした。驚いた母が救急車を呼び、病院で手当てを受け、幸い大事には至らなかったが、けがの理由を聴いた医師が児童相談所に通告し、A君はそのまま一時保護となった。児童相談所の一時保護所に滞在しているA君は、父の暴言や暴力からは解放されたが、父だけでなく母やきょうだいとも話をすることができず、かわいがっている飼い犬にも会えず、小学校にも通えず、塾にも行けない。子どもの出入りの多い一時保護所で、A君は、毎日落ち着かない思いで過ごしている。保護から2週間が過ぎたが、これからどうなるのか、はっきりとは教えてもらえず、どうしたいかも聴いてもらえない。A君はとても寂しく不安である。

4　ディスカッション

3の事例の各ケースを念頭に置いて、以下の3つの視点から、議論をしてみよう。関連する法律の条文を引き、参考文献や資料を調べつつ、考えてみてほしい。

（1）児童虐待とは何か

場面1でのA君に対する父の言動は、「児童虐待」といえるだろうか。児童虐待防止法2条に児童虐待の定義が挙げられているが、どれに当てはまるだろうか。また、親権者の行為規範を示す821条には子の人格の尊重と体罰の禁止が定められている。A君の父の行為は821条に反するといえるだろうか。また、

A君の母は、父の言動を知りつつも、A君を守るための行動を取らなかった。A君の母が何の対応も取らなかったことも、A君に対する虐待であったといえるだろうか。

　A君の父の言動は、だんだんとエスカレートしていったようである。最初はそれほどひどくなかった言動が、いつの間にか児童虐待といえるほど深刻なものに変化したとすれば、どこから「虐待」になったといえるのだろうか。そうした区切りは、明確につけられるものだろうか。だんだんと加害行為がエスカレートし、悪化するという児童虐待の特徴は、個々のケースへの対応にどのような影響を与えるだろうか。

　A君の父の暴言や暴力は、父の目からすればA君の「教育」や「指導」の一環であり、子どもの将来を案じる父としての「愛情」から出たものであったようである。そのような理由があれば、父の言動は児童虐待としての非難や介入を免れるのだろうか。

　児童虐待であるかどうかの線引きは、それが必要となる場面に応じて、異なるものであってもよいだろうか。例えば、「A君が誰かに相談をして助けを求める場面」「A君の一時保護の要否を判断する場面」「父の親権停止の要否を判断する場面」などで、児童虐待といえるかどうかの判断基準を変化させる必要はあるだろうか。あるとすれば、どのように変化させるべきだろうか。

（2）子どものSOSを受け止めるとはどういうことか

　場面2で、A君の相談を受けた先生の対応にはどのような問題があっただろうか。

　先生は、A君の語ったことの真偽を確かめるためという理由で、A君に断りもなく父と面談をしている。先生はA君のいうことを信用できなかったようであるが、これはなぜだったのだろうか。子どもは大げさにいうとか、嘘をいうといった、子ども一般に対する疑念が、こうした対応の背後に存在するのだろうか。

　先生がA君の相談を父に伝えたことで、A君はより危険な状態に陥ってしまった。アンケート用紙の「秘密は守るよ」という約束が反故にされたのは、なぜだったのだろうか。約束を守ってもらえないことが分かっていたら、A

君はアンケート用紙に記入をしただろうか。秘密を守ってもらえなかったA君の心情は、どのようなものだっただろうか。先生は、「秘密は守る」という約束を、どのようにすれば果たせただろうか。

　学校の先生には、児童虐待の早期発見義務と通告義務があったはずであるが、これらの義務は適切に果たされたのだろうか。果たされなかったとすれば、それはなぜなのだろうか。学校が、児童相談所への児童虐待の通告元となるケースは多いが、学校が通告を躊躇する場合も多いといわれる。そうした躊躇は、どこから来るのだろうか。また、どのようにすれば克服しうるのだろうか。アメリカには、子どもと関わる専門職には重い通告義務が課され、通告懈怠に対しては罰則が設けられているが、現在の日本法にはそのような罰則は設けられていない。罰則による通告の強制は、日本でも必要だろうか。

（3）子どもの気持ちや思いを大切にするにはどうすればよいか

　児童相談所が一時保護を行う場合に、子どもの同意は法律上不要であり、子どもが不同意の場合の裁判所手続も設けられていない。児童相談所運営指針等のガイドラインでは、一時保護は原則として子ども（や保護者）の同意を得て行う必要があるとされるが、実際には、子どもの同意のないまま一時保護が実施されるのは珍しいことではない。一時保護の期間は原則として2ヶ月までとされるが、実際にはそれよりも長期にわたることもある。一時保護の間は、子どもの安全は守られるが、家族とは自由に連絡ができず、学校にも通えないというケースが多く、子どもの行動や活動が著しく制約されるという側面もある。一時保護された子どもは、A君のように、複雑で不安な気持ちを抱えて生活している。保護された子どもの気持ちや思いを大切にするために、何をすべきなのだろうか。

　場面3において、A君は、一時保護に至った事情や今後の見通しなどについて、十分な説明をしてもらっていないようである。こうした説明をしてもらえるようにしてあげることは、A君にどのような影響を及ぼすだろうか。

　A君に対して、父や母との関係についてどう思っているのか、これからの生活をどうしたいと思っているのかといったことを、直接に聴いてあげるべきだろうか。聴いてあげるべきだとして、ただ意見を聴くだけでなく、その意見

を児童相談所などに伝えて実現するための活動を行うことも必要だろうか。また、どのような立場の人がこのような役割を果たすべきだろうか。児童相談所の担当ソーシャルワーカー（児童福祉司）や、一時保護所の職員は、子どもの声を聴く役割を担いうるが、弁護士やトレーニングを受けた一般市民など、一定の独立性のあるアドボケイトが、一時保護所や児童養護施設にいる子どもと面談をしてその声を聴くという、意見表明支援の取り組みが行われるようになっている。A君のような立場の子どものために、アドボケイトが果たしうる役割やその課題について、子どもの意見表明権の保障という視点から、議論してみてほしい。

参考文献

飯考行編著（2023）『子どもたちの命と生きる―大川小学校津波事故を見つめて』信山社。

栄留里美ほか（2021）『子どもアドボカシーと当事者参画のモヤモヤとこれから―子どもの「声」を大切にする社会ってどんなこと？』明石書店。

大村敦志（2012）『法学入門―「児童虐待と法」から「こども法」へ』羽鳥書店。

―――ほか（2015）『子ども法』有斐閣。

岡田行雄編著（2023）『非行少年の被害に向き合おう！―被害者としての非行少年』現代人文社。

小野善郎・薬師寺真編著（2019）『児童虐待対応と「子どもの意見表明権」――一時保護所での子どもの人権を保障する取り組み』明石書店。

厚生労働省（2010）「平成22年版　厚生労働白書」。

齋藤宙治（2022）『子どもと法―子どもと大人の境界線をめぐる法社会学』東京大学出版会。

棚村政行（2012）『子どもと法』日本加除出版。

二宮周平（2019）「家族法と戸籍を考える（60）不適切な親権行使に対する家裁と児相の連携―児童福祉法28条4項の積極的活用」戸籍時報778号2-13頁。

原田綾子（2008）『「虐待大国」アメリカの苦闘―児童虐待防止への取組みと家族福祉政策』ミネルヴァ書房。

―――（2023）『子どもの意見表明権の保障―家事司法システムにおける子どもの権利』信山社。

深町晋也ほか（2022）「特集　児童虐待の総合的検討」法律時報94巻11号7-61頁。

法務総合研究所（2023）「令和5年版　犯罪白書―非行少年と生育環境」第7編299-398頁。

町野朔・岩瀬徹編（2012）『児童虐待の防止―児童と家庭、児童相談所と家庭裁判所』有斐閣。

村上靖彦（2021）『子どもたちがつくる町―大阪・西成の子育て支援』世界思想社。

横田光平（2010）『子ども法の基本構造』信山社。

2 章
,,,,,,,,,,,,,,,,,,,,,,,,,,,,,,

教　育
―いじめ対応の「法化」について考える
,,

1　概　説

（1）教　育　と　法

　「教育」は先行世代が次世代に「働きかける」人間特有の能力だといわれている。他の生物、例えば他の哺乳類や鳥類は、次世代に学習したことを伝えることはなく、個体の死とともに獲得された情報と技能も失われる。しかし人間は教育能力を備えることによって膨大な知識技能を後代に伝達できるようになり、文明・文化を発展させてきた（田嶋 2016）。

　しかしまた教育は、子どもたちに特定の思想や考え方を効率的に伝達するツールとして古くから国家の関心ごとの一つでもあった（プルターク『英雄伝』には都市国家スパルタにおける国家主導の教育を見ることができる）。世界初の義務教育制度（プロイセン・一般地方学事通則）が、国家間の覇権争い激しい 18 世紀半ばの産業革命期に成立したことは、「公教育」のもつ「国家のための教育」としての性質をよく物語っているといえるだろう。他方で 18 世紀以降に伸張した人権思想は、個人主義を思想的基盤とする「教育への権利（教育を受ける権利）」に結実し、「公教育」のもう一つの系、すなわち「一人ひとりがよりよい生を追求するための教育」保障を成立させる（欧米においては親の教育権や宗教教育の自由が絡まってより複雑である）。これら 2 つの公教育の対立は、日本においては教育課程編成の主体をめぐる教育権論争――「国民の教育権」説と「国家教育権」説の対立――として華々しく展開された（参考、樋口 2021：300 頁）。

　しかし他方で、教育を法制度によって保障することそのものを否定する学説は日本には存在しないといっても過言ではなく（通説としての学校制度法定主義）、特に義務教育に関しては――上記のような論争はあるものの――、国家と地方公共団体が責任をもって法制度を整備して運営することとされている（年齢、

期間、義務主体、教育内容の画一性・強制性の程度、「教科書」の法的位置づけ等は国によってそれぞれである）。このように教育と法は切っても切り離せない関係にあり、このことが法社会学的な論点を多数生み出す源泉ともなっている。以下、主に学校教育を念頭に論じていく。

（2）教育法の類型

　学校教育や社会教育など教育に関わる諸法を「教育法」と総称する。教育法の性質については、教育行政法規説、教育特殊法説、教育人権法説との対立が見られるが（室井 1996：1 頁）、法体系としては教育を受ける権利と公教育の基本理念（機会均等、平等主義、義務制、無償制、中立性、教員の身分保障等）を定める憲法 26 条・教育基本法を頂点に据えて、具体的な制度を規定する諸法（法令の格式としては教育基本法と同列）を下位に位置づけることで一致しているといえる。

　下位諸法には学校教育制度に関わる学校教育法や公立義務教育諸学校の学級編制及び教職員定数の標準に関する法律、制度を財政的に支える義務教育費国庫負担法、教育の地方自治を規律する地方教育行政の組織及び運営に関する法律、教員の働き方に関係する公立の義務教育諸学校等の教育職員の給与等に関する特別措置法等がある。加えて個別の教育課題の解消を目指す諸法、例えば、いじめ防止対策推進法、就学困難な児童及び生徒に係る就学奨励についての国の援助に関する法律等があり、さらに命令（政令や省令など）や地方公共団体の条例・規則、事実上の拘束力をもつ文部科学省（以下、文科省）が発出する通知や指針、ガイドライン等も含めると教育法とそれに関係する法規と文書は数限りない。さらに児童の権利条約など子どもに関わる諸条約も多数存在する。

　教育法学では教育法（制定法）を「教育を権力的介入から守る自主性擁護的教育法」「教育の外的条件整備についての法的基準を定める条件整備的教育法」、そして「教育にかかわる人権相互の矛盾・衝突を調整して教育を良くしてゆく創造的教育法」の 3 種類に分類して研究を蓄積させてきている（市川 2007：302 頁、中川 2023：8-10 頁）。

（3）教育法と紛争

　現在、義務教育に相当する学校に在籍している子どもの数は 940 万人を超え、

働いている教員を合わせると日々1000万人を超える人々が学校で過ごしていることになり（文部科学省 2023a）、その分様々な争いも多数発生している。例えば学校で発生する事故（校外活動や通学も含む）は、2021年度の1年間で負傷・疾病事例（医療費支給）54万6603件、障害事例（障害見舞金支給）174件、死亡事例（死亡見舞金支給と供花料支給）31件、合計54万6808件であった（日本スポーツ振興センター 2022）。年間授業日数を200日とすると、小学生・中学生相当の子どもたちの間では毎日約2734件の事故が発生していることになる。そして、これらの事故がときとして責任・損害賠償を追及する紛争になっていく。

また2021年度中に子どもへの体罰によって懲戒処分等を受けた教員は343人、児童生徒等に対する性犯罪・性暴力等では94人が懲戒処分等を受けている（文部科学省 2021）。そのほかにも子どもに対する教員の不適切な指導、子どもたちの間で生じるいじめ、教員については、過労や各種ハラスメント、個々人の思想信条に反する職務命令などなど、学校現場は常に紛争リスクに満ち溢れているのである。

2　論　点

これまで学校教育を対象とする法社会学的な研究の大部分は、「法化」に着目してきたといってよいだろう（例外的に学校内部規範に着目した研究として高野編著 1993 等がある）。「法化」とは、簡略的に述べれば、社会的な諸関係が法的関係に変容していく傾向、紛争処理が国家法に準処するようになる傾向を意味する概念とされるが（佐藤 2022：18-20頁）、学校教育における具体的な「法化」の現れとしては、①「学校内部への一般社会のルールの適用の動き」、②「教育課題への法律の直接適用の動き」、③「自治体等による教員の個人責任を追及する動き」、④「学校問題への弁護士等の関与の動き」の4つの局面に分類されている（佐々木 2019：3頁）。もちろん、実際は折り重なって生じており、これらの類型に収まらない現象もある。しかし、本章では初歩的な理解を図るため4類型に即して先行研究を簡単に示すこととする。

①は学校内で発生した紛争・対立が、法（的思考）によって処理されるようになりつつある現象を意味する。例を挙げれば、従来、学校・教育委員会内の

ウチウチの理屈で処理あるいは許容されてきた体罰が、学校教育法上の違法行為として懲戒処分されるようになってきたことである。そして、法社会学的な関心は、「法化」の程度、例えば実態として処分されないケースがあることや全国の教育委員会ごとに処分の基準が異なること等の現状分析とその規定要因の分析に向けられる（馬場 1996、2023）。

②は、生徒暴力やいじめ等の教育課題の解決を法にもとづいて解決するようになってきたことを指す。後述3、4で詳述するが、特定の教育課題に特化した法が存在することの法理論的な意味を解明することや、法に定められた課題解決手法・手順と教育論（学）的なそれらとの衝突、融合の具体相を分析すること等が法社会学的なテーマとなる（Tsuchiya et al. 2021）。

③は求償権の行使など教員の不法行為の責任を追及する行政や住民の姿勢が強まっていることに着目するものであり（参考、藤枝 2018）、④はスクールロイヤー（以下、SL）の導入の程度や、導入による学校現場の変容などが研究対象となる（参考、神内 2021）。SL については、弁護士の職域拡大の観点から、また職務遂行に必要とする教育的、福祉的視点の獲得による弁護士職の変容といった観点からも検討することができるだろう（参考、石坂・鬼澤編著 2023）。

3　事　例

本章では、学校教育の「法化」の具体的な事例として「いじめ」を取り上げて、ディスカッションにつなげていきたい。

（1）い じ め

いじめとは「児童等に対して、当該児童等が在籍する学校に在籍している等当該児童等と一定の人的関係にある他の児童等が行う心理的又は物理的な影響を与える行為（インターネットを通じて行われるものを含む。）であって、当該行為の対象となった児童等が心身の苦痛を感じているもの」（いじめ防止対策推進法2条1項。以下、いじめ法）と「法」的に定義される。この定義に対して文科省が「個々の行為が『いじめ』に当たるか否かの判断は、表面的・形式的に行うことなく、いじめられた児童生徒の立場に立って行うものとする」「なお、起

こった場所は学校の内外を問わない」とし（文部科学省 2023b）、さらに「冷や
かしやからかい」「けんか」などもいじめとして疑う対象とした結果（文科省
「いじめの防止等のための基本的な方針」2013 年 10 月 11 日文部科学大臣決定〔最終改定
2017 年 3 月 14 日〕）、毎年膨大な数のいじめが報告されるようになっている。文
科省が毎年公表している上記調査結果によれば、法施行後（2013 年）から今日
までに国公私立の義務教育諸学校、高等学校、特別支援学校に相当する学校に
おけるいじめ認知件数（「発生」ではなく「認知」であることに留意）は、3 倍以上に
なり（2014 年度調査 18 万 8072 件→ 2022 年度調査 68 万 1948 件）、1000 人当たり認知
件数も大幅に増加している（2014 年度 13.7 件→ 2022 年度 53.3 件）（図表 2-1）。

　2022 年度において多かったいじめの態様（複数回答）は、「冷やかしやからか
い、悪口や脅し文句、嫌なことを言われる」（57.4 ％）、「軽くぶつかられたり、
遊ぶふりをして叩かれたり、蹴られたりする」（23.4 ％）、「仲間はずれ、集団に
よる無視をされる」（11.7 ％）であった。国立教育政策研究所が行った小中学生
を対象にした「いじめ追跡調査 2016-2018」結果も、「仲間はずれ、無視、陰

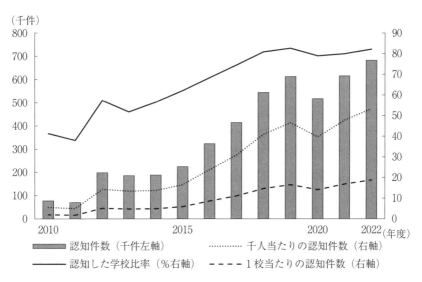

図表 2-1　いじめ認知件数など
注：右軸数字は件数と％併用。2015 年度より高等学校通信課程を含む。
出所：文部科学省（2023b）をもとに作成。

口」をされた経験／した経験ともに9割であることを明らかにしている。このようにいじめは多くの学校で発生しており、ほとんどの子どもが加害者／被害者のどちらか、もしくはどちらとも経験するものになっている。

さらに、深刻な事態を生み出したいじめを意味する「重大事態」——児童等の生命心身財産に重大な被害が生じた疑いがあると認められた「生命心身財産重大事態」と相当の期間（目安30日）学校を欠席することを余儀なくされた疑いがあると認められた「不登校重大事態」——の発生件数は、2013年度179件、2018年度598件、2022年度923件であり、ここ10年間で約5倍に増加している（1件の重大事態が「生命心身財産重大事態」と「不登校重大事態」の両方に該当する場合はダブルカウント）。

（2）いじめ防止対策推進法

1）概　要

2011年に滋賀県大津市立中学校で発生した中2男子いじめ自死事件は、教育委員会の不適切な対応が明らかになったこともあって大々的に報道され、2013年6月にいじめ対策に特化したいじめ法が成立、施行された（小西 2014）。本法は、上述した「いじめ」の定義（2条）、国・地方公共団体・学校の設置者・学校および教職員の責務（5～8条）、国、地方公共団体および学校に策定が義務づけられる「いじめ防止基本方針」（11～13条、地方公共団体は努力義務）、地方公共団体が設置できる「いじめ問題対策連絡協議会」（14条）、学校の設置者および学校が講ずべき基本的施策（15～27条）、「重大事態」への対処（28～33条）を主な内容として構成されている。

2）特　徴

いじめ法の特徴を3点挙げるとすれば、「いじめ」の範域が広範に設定されていること、各主体が講ずべきいじめ対策が詳細に定められていること、そして「重大事態」への対応を事細かに指示していることである。第一点は、「いじめ」を、「心理的又は物理的な影響を与える行為」と当該行為の対象になった子どもの「心身の苦痛」に着目してとらえるものであり、「学校の同級生等が行ったあらゆる行為について、被害児童が苦痛を感じれば、法律的には『いじめ』と認定される」ことになる（木下 2018：50頁）。その結果、いじめとして

認知される事象が膨大な数になったことは、すでに確認した通りである。しかし、「法律（法）上のいじめ」は必ずしも法的責任（損害賠償責任等）に直結するわけではないことから、「問題発見の契機」として理解することが重要だとされる（丸田・岩堀 2021：5-6頁）。

第二点の法が示すいじめ対策とは、道徳教育等の充実、定期的な調査等早期発見のための措置、相談体制の整備、関係機関との連携、いじめ対応の人材育成、インターネットを通して行われるいじめへの対策、多職種によって構成される学校内組織の設置等である。そして、国、地方公共団体、学校等の各主体が取り組むべき施策が示される。例えば、いじめ（と思われる事案）の相談を受けた教員や保護者らは、その児童等の在籍する学校に「通報その他の適切な措置をと」り、通報を受けた学校は「速やかに」「事実の有無の確認を行うための措置を講」じ、「その結果を当該学校の設置者に報告する」こととされる。そして、いじめが確認された場合、「心理、福祉等に関する専門的な知識を有する者の協力」を得て、いじめをやめさせ、関係者に支援、指導、助言を行うこと、当該いじめが犯罪行為に当たると認めるときは警察と連携することが規定されている（23条）。

第三点目は、**（1）**で触れた「重大事態」（疑いを含む）が発生した際に学校の設置者または学校のもとに調査組織を設置して、当該事実関係を明らかにするように義務づけていることである（山岸 2019）。この調査委員会については「いじめの重大事態の調査に関するガイドライン」（2017年3月。以下、ガイドライン）、「子供の自殺が起きたときの背景調査の指針（改訂版）」（2014年7月）等によって調査事項、調査主体（組織構成、人選）、調査対象、記録の保存、被害者・遺族対応、報告書の作成手順、公表に当たっての注意事項等々が詳細に示されている。例えば、法28条は調査組織の構成について規定していないが、ガイドラインには「調査組織については、公平性・中立性が確保された組織が客観的な事実認定を行うことができるよう構成すること。このため、弁護士、精神科医、学識経験者、心理・福祉の専門家等の専門的知識及び経験を有するものであって、当該いじめの事案の関係者と直接の人間関係又は特別の利害関係を有しない者（第三者）について、職能団体や大学、学会からの推薦等により参加を図るよう努めるものとする」と、その構成員の職種と選任手続を示すものとなっ

ている。さらに、調査報告を受けた地方公共団体の長は必要に応じて調査委員
会の調査結果の再調査を行うことができるとされる。

4　ディスカッション

（1）法によるいじめ定義をめぐって

　上述したように毎年多数のいじめが認知されている。しかし、その認知件数
は都道府県・指定都市によって大きな差がある。2022年度の1000人当たり都
道府県別（指定都市も含む）認知件数の最多は山形県118.4件、最少は愛媛県
14.4件である（約8倍の差、平均53.3件）。指定都市別では、新潟市が219.0件と
最も多く、さいたま市が16.5件で最も少ない（約13倍の差、平均56.1件）。地域
差については法治行政の浸透度合いや地理的要因の影響、過酷な労働環境など
多角的に分析する必要があるが（参考、馬場 2019）、本項では法と現場の乖離に
ついて考えてみたい。

　文科省は少ない認知件数報告を「実態を反映したものとは言い難い」と難じ
て都道府県教育委員会等向けに法にもとづくいじめ定義の徹底を求める通知
（「いじめの正確な認知に向けた教職員間での共通理解の形成及び新年度に向けた取組につい
て」2016年3月）を発出し、さらに総務省から受けた「いじめ防止対策の推進に
関する調査結果に基づく勧告」（2018年3月）——学校におけるいじめの定義が
限定的に解釈されていること、教育委員会等が重大事態について法や国の基本
方針等にもとづく措置を徹底していないこと——を受けた後にも同様の通知を
発出している。

　いじめの法的な定義が徹底されない原因はどのようなものであろうか。広過
ぎる定義への意識的・無意識的な抵抗なのかもしれない。教育学者たちは「推
進法のいじめの定義が学校現場の実態にフィットしたものではなく、本来ある
べき定義としての機能を果たしていないこと」（松永 2019：18頁）と繰り返し指
摘している。先の総務省勧告においても調査対象小中高249校のうち法の定義
に則っていじめ認知を行っていた「法定義校」は83.1%、残りの23.7%は認
知基準に加害行為の「継続性」や「集団性」等を加えた「限定解釈校」であっ
たことが報告されている。そして限定解釈校は、法にもとづくいじめ認知が関

係者に不安を与えること、一過性であれば担任が見守ることで解決できると考えられること等を限定解釈の理由として挙げていたことも報告されている。これら限定解釈が行われる要因については、現場の実態を踏まえた緻密な分析によって明らかにされる必要がある。

さらに日本弁護士連合会が広い定義に対して一定の評価を与えつつも次のように批判していることを紹介しておく。「子どもは、成長途上にあり、人間関係の取り方が未熟なことに起因して、衝突や諍いにより様々な傷つき・傷つけを起こしたり、不用意な言動により意図しない傷つけを起こすことがあり、学校の集団生活を通じてこれを学習することが子どもたちの成長発達にとって重要な意味をもつ。こうした子どもたちの成長発達の観点からは、このような衝突や諍いや人間関係上の接触を、現行推進法の広い定義によってことごとく『いじめ』として扱い、道義的非難を加えることは、その健全な成長をむしろ阻害することが起こりかねない」（「いじめ防止対策推進法『3年後見直し』に関する意見書」2018年1月）。この意見はきわめて教育論（学）的であり、法専門家によって援用されていること自体が興味深い現象である。

（2）調査委員会について

いじめによって引き起こされた自死や不登校等の「重大事態」の調査に当たる組織が調査委員会（以下、調査委）である。調査委は重大事態への対処、同様の事態の発生防止のために事実関係を明確にすることを目的とし（いじめ法28条1項）、組織の「公平性・中立性」を確保すること、当該事態の関係者と「直接の人間関係又は特別の利害関係を有しない者（第三者）」の参加を図るように努めることとされている（ガイドライン）。

このように公平性・中立性が強く求められる調査組織ではあるが、関係者から完全に独立している調査委、いわゆる第三者委員会（以下、第三者委）が設置された件数は、2022年度に設置された全体の約21％にとどまっている。また、第三者委であったとしても、調査権限が弱いため事実認定に要する証拠資料の不足や偏りが生じやすい、事務局を教育委員会・学校が担うため独立性・中立性に疑義が生じやすい、被害者側の思いや要求にどのように／どの程度応答すべきか判断が難しい、調査委員の委嘱先となる弁護士会の対応体制が不十分で

ある、報酬が安価である等々、様々な課題が指摘されている（武藤 2021、渡部 2022）。他方で、第三者委は被害者側に寄り添った調査を行うべきとの議論もある（石田 2021）。

　以上のような第三者委を含めた調査委の運用実態や課題をめぐる分析は、法社会学的な研究になるし（参考、土屋 2019）、さらに近年、首長による再調査が少なくないこと（2022 年度では 30 件）、調査委員の構成や遺族らへの調査報告等の適法性を問う裁判が提起されていること（村元 2023）から、第三者委を含めた調査委をいじめ紛争過程全体からとらえて、紛争処理に果たす機能／逆機能などを検討することもありうるだろう。

（3）いじめ対応の法化について

　（1）（2）に示してきた論点は、2 で示した学校教育の「法化現象」①②④に位置づけられる。いじめはこれまで教員の「指導」によって解決が図られてきたが、法に則った対応が求められるようになってきた。いじめ法施行後も、いじめ事案において教員の安全配慮義務違反を否定する裁判例は多いが（最近では、盛岡地判令 5 年 4 月 28 日 LEX/DB25595267、東京高判令 5 年 7 月 19 日 LEX/DB25595950 等）、「重大事態」として調査すべきであったのにしなかったとして損害賠償請求を認めた裁判例も存在する（さいたま地判令 3 年 12 月 15 日 LEX/DB25571877）。今後、いじめ対応は法に規律されていくようになるのであろうか。「法律によって学校・教員に特定の対応を責務として課すことは、積極的な面もある。しかし、同時に、いじめ対応の法定化は、学校・教員の自主・自律性を阻害し、却っていじめ対応の形骸化を招く可能性があることにも留意しなくてはならない」（谷口 2023：9 頁）との指摘があるように、「法化」の積極面と消極面を複眼的に観察することが求められる。

　いじめ対応を目的の一つとする SL の導入についても同様に積極面／消極面に着目する必要がある。文科省は各種事業（「いじめ防止等対策のためのスクールロイヤー活用に関する調査研究」事業〔2017～2019 年度〕、「教育行政に係る法務相談体制の整備等に関する調査」〔2021 度間〕）と手引き（「教育行政に係る法務相談体制構築に向けた手引き（第 2 版）」2022 年 3 月）によって教育行政・学校への SL の導入を推進してきた。日本弁護士連合会も学校において発生する諸問題への弁護士の積極的

な活用を求める意見書（「『スクールロイヤー』の整備を求める意見書」2018年1月）を文部科学大臣に提出し、いくつかの地方公共団体ではすでに制度化されている。今後、教育行政・学校はどのように変化していくのだろうか。

　ここまで取り上げてきたいじめに限らず、学校教育では様々な「法化現象」が進行していることはすでに指摘した通りである。「法化」は教員と子ども・保護者との関係性や教員同士の同僚性や教育実践など学校現場のあり様に変化を生じさせるのか、教育紛争と教育裁判の質や量を変容させるのか。これらの変化の実態をともに観察し、メリットとデメリットを析出することが求められている。

参 考 文 献

石坂浩・鬼澤秀昌編著（2023）『実践事例からみるスクールロイヤーの実務（改訂版）』日本法令。

石田真美（2021）「第6回いじめ問題第三者機関委員経験交流集会について」子どもの権利ニュース16号15頁。

市川須美子（2007）『学校教育裁判と教育法』三省堂。

木下裕一（2018）「いじめ調査委員会における事実認定―民事訴訟との違いを念頭に」児童青年精神医学とその近接領域59巻4号398-402頁。

小西洋之（2014）『いじめ防止対策推進法の解説と具体策』WAVE出版。

佐々木幸寿（2019）「学校法務と教員個人の法的責任―公立学校における損害賠償請求と訴訟保険の加入状況の視点から」東京学芸大学教職大学院年報7集1-8頁。

佐藤岩夫（2022）「法社会学における『法』の概念」佐藤岩夫・阿部昌樹編著『スタンダード法社会学』北大路書房11-20頁。

神内聡（2021）「『法化』の視点から考察するスクールロイヤーの理念と実態」法社会学87号197-224頁。

高野桂一編著（1993）『学校経営のための法社会学―学校現場の「生ける法」を見直す』ぎょうせい。

田嶋一（2016）「教育とは何か」田嶋一ほか『やさしい教育原理（第3版）』有斐閣1-42頁。

谷口聡（2023）「学校教育の『法化』を問う」季刊教育法218巻6-13頁。

土屋明広（2019）「第三者委員会と紛争処理」日本教育法学会年報48号155-163頁。

Tsuchiya Akihiro et al.（2021）"Legalization, Moralization, and Disciplination in Modern Japanese Education System" 金沢大学人間社会研究域学校教育系紀要13号191-208頁。

中川律（2023）『教育法』三省堂。

日本スポーツ振興センター（2022）「学校の管理下の災害（令和4年版）」https://www.jpnsport.go.jp/anzen/kankobutuichiran/kanrika/tabid/3020/Default.aspx

馬場健一（1996）「学校教育紛争とその法化」棚瀬孝雄編著『紛争処理と合意―法と正義

の新たなパラダイムを求めて』ミネルヴァ書房 43-60 頁。

―――（2019）「行政は司法判断に従うか？―情報公開からみる日本の法治行政の実情」法社会学 85 号 151-180 頁。

―――（2023）「公教育の法社会学―学校体罰と教育委員会の処分のあり方を素材に」植野妙実子・宮盛邦友編著『現代教育法』日本評論社 82-95 頁。

樋口陽一（2021）『憲法（第 4 版）』勁草書房。

藤枝律子（2018）「住民訴訟による学校事故における教員の個人責任の追及と求償権の行使―大分熱中症死亡事故における求償権行使懈怠違法確認請求事件（大分地裁平成28.12.22. 判決）を素材に」三重法経 150 号 21-36 頁。

松永邦裕（2019）「いじめ防止対策推進法施行後の学校現場の新たな課題」福岡大学研究部論集 B11 巻 17-21 頁。

丸田憲和・岩堀裕（2021）「いじめ防止対策推進法の概要」LIBRA21 巻 5 号 5-7 頁。

武藤暁（2021）「重大事態調査への関与」LIBRA21 巻 5 号 12-13 頁。

村元宏行（2023）「判例ガイド　学校災害における第三者委員会調査の違法性」季刊教育法 217 巻 112-117 頁。

室井修（1996）『教育法と教育行政の展開』法律文化社。

文部科学省（2021）「令和 3 年度　公立学校教職員の人事行政状況調査について」https://www.mext.go.jp/a_menu/shotou/jinji/1411820_00006.htm

―――（2023a）「令和 5 年度　学校基本調査」https://www.mext.go.jp/content/20230823-mxt_chousa01-000031377_001.pdf

―――（2023b）「令和 4 年度　児童生徒の問題行動・不登校等生徒指導上の諸課題に関する調査結果」https://www.mext.go.jp/b_menu/toukei/chousa01/shidou/1267646.htm

山岸利次（2019）「第三者委員会によるいじめ調査の教育法的検討―被害者・遺族の『知る権利』に関わって」日本教育法学会年報 48 号 164-173 頁。

渡部吉泰（2022）「学校事件・事故に係る第三者委員会の課題とあり方―大津市公立中学校いじめ事件の第三者委員会の委員に関わって」季刊教育法 212 巻 107-109 頁。

（ウェブページの最終アクセス日はいずれも 2023 年 12 月 22 日）

3 章

,,,,,,,,,,,,,,,,,,,,,,,,,,,

家族とジェンダー
― 「私」が「私」であること

1 概　説

（1）家族とは何か

　「家族とは何か」「あなたの家族は誰か」と聞かれたら、どのように答えるだろうか。多くの人がイメージする家族像は夫婦や親子からなる集団だと思われるが、実際に家族の範囲にどこまで誰を含めるかは人によって様々である。法律上も「家族」は定義されておらず、家族関係を規定する民法にも「家族」ではなく、夫・妻・子・父・母の表記以外はすべて「親族」でくくられている。

　家族とは、いずれの社会にも存在する普遍的なものであり、社会における最小で基礎的な単位とされる集団であるが、多義的でもある。それを踏まえた上で家族の定義の一例を参照すると、家族とは「夫婦・親子・きょうだいなど少数の近親者を主要な成員とし、成員相互の深い感情的かかわりあいで結ばれた、幸福（well-being）追求の集団」（森岡・望月 1997：4 頁）であり、「人々の内部的欲求が基本となり、この内的欲求が外部社会から課せられる諸条件に直接支配せられて、社会的に是認せられ得る形を取ってあらわれるもの」（戸田 2001：17 頁）である。家族を構成する要素と家族の目的や機能が挙げられており、また家族の形成は当事者がそれを求めることに端を発し、所定の要件を満たした場合に「家族」と社会的に承認されることが示されている。

　このように家族は、その社会で「家族」として承認されるための要件を備えた「あるべき家族像」にもとづいて制度化される。「あるべき家族像」は、国家が家族を秩序づける規範としての家族法（国家法）に反映されるだけでなく、社会規範によっても秩序づけられた家族のあり方にも表れている。そのような「あるべき家族像」は、時代の要請や社会の変化とともに推移すると考えられるが、現に社会に存在している家族の実態と一致するとは限らない。

（2）ジェンダーの視点から見た家族

　ジェンダーとは「性」を意味するが、生物学的・身体的な性（セックス）に対して社会的・文化的に構築された性として区別され、その社会における「当たり前」で「あるべき姿」としての男女の性別と性役割を提示する概念である。社会に属する一員として、特定の性別に付された「当たり前」や「あるべき姿」といった、その社会で期待される性役割にもとづいて人々の意識や行動を規定する点で、ジェンダーは社会規範の一つであるといえる。社会の伝統に支えられ受け入れられてきたジェンダー規範にもとづいてつくられた法制度において、一方の性別に対する偏りや不平等な扱いなど性別にもとづく差別がある場合には、是正などの対応が求められる。ただし、合理的な理由があれば、性差を前提にしつつも両性を等しく扱うことと異なる扱いをすることとは両立する。

　他方で、ジェンダーの概念を直ちに差別に結びつける思考や論理が見られることがあるが、差別につながるのはジェンダー・バイアスによってである。ジェンダー・バイアスとは、「男性／女性はこういうもの」「男性／女性には〜という特性がある」「男性／女性だったら〜のはず」といった決めつけ、偏見や固定観念などをいうが、伝統的な考え方や社会に浸透している「当たり前」にも見受けられ、暗黙のうちに人々の意識を支配しているものである。

　このようなジェンダーの概念と家族は深く結びついている。なぜなら、家族構成員の中には男性と女性とがいて、性別にもとづく「当たり前」や「あるべき姿」といったジェンダー視点からの家族規範や秩序による夫婦、親子、兄弟姉妹の関係性が見られるからである。ジェンダー規範は家族法制の中にも見受けられ、「夫／妻は〜」「父／母は〜」と規定されるが、必ずしも対称的にはなっていない。特に戦前の「家」制度下の家族は社会全体とともに男尊女卑の構造にあった。妻は法律行為上「無能力者」とされ、自身の財産を管理する権利もなければ（夫が管理）、子に対する親権ももたず（父親不在の場合のみに例外的に行使）、配偶者としても子の親としても夫と対等な関係ではなかった。

　「家」制度は戦後に廃止されたが、憲法に定める男女平等と個人の尊厳の基本原理にもとづき改正された現行家族法において、いまだにかつての「あるべき家族像」としての「家」制度の名残があることが指摘されている。また、人々の意識や行動の中にも、「家」制度の慣行や「男は外、女は内」の固定的

性別役割の意識が根強く残っていることがうかがえる。例えば「長男だから家を継ぐ」の発想や、夫の葬儀における喪主を妻ではなく息子が務めること、共働き家庭における家事分担割合に著しい偏りがあることといった実態がある。

　社会の変化とともに、ものごとのジェンダーによる差異について、合理的な説明のつく区別なのか不合理な差別なのか、その判断が変わっていく可能性があり、もし不合理と認められれば法改正の実現につながることが想定される。

2　論　点

（1）「婚姻＝夫の家族になる」？

　現行の民法 750 条は「夫婦は、婚姻の際に定めるところに従い、夫又は妻の氏を称する」と規定する。夫婦同氏の原則であり、夫婦になろうとする男女は婚姻届の提出時に「婚姻後の氏」を選択するが、ひとたび届け出たその氏は変更することができない。そのため、一方の当事者はそれまで名乗っていた自分の氏名を必ず変更しなければならず、氏名を変えたくないという理由で法律婚を選択しないカップルも存在する。このことは、憲法で保障されている婚姻の自由に関係するところである。

　「家」制度下における婚姻は戸主の許可を要し、妻が夫の家に入って「夫の家の名前＝氏」を名乗ることを基本とするものであった（夫が妻の家の家督を継ぐために婿養子縁組をする婚姻で妻の氏を名乗ることはあった）。一方、現行制度では当事者の婚姻意思が合致すれば婚姻可能であり、夫婦の協議により夫の氏でも妻の氏でも選択できるという点で「男女平等」とされている（後述の平成 27 年最高裁判決）。しかし統計によれば、夫の氏を選択する夫婦が常に約 97 〜 95 ％（やや減少傾向で推移）となっており、妻の氏を選択する夫婦の割合は非常に少ない。それはなぜだろうか。人々は本当に夫婦の協議によって婚姻後の氏を選択し、妻となる側も主体的に夫の氏を選択しているのであろうか。

　中には「婚姻＝夫の氏になること」と誤解している人や民法 750 条を知らない人がいることが考えられる。また、法律を知っていても、自身の親をはじめ多くの人が夫となる側の氏を選択していることから、伝統的にも文化的にもそれに従うことが「当たり前」という人もいると思われる。

他方で、夫の氏を選択することが「当たり前」ということに違和感を覚える人もいるだろう。憲法24条に定めるように、婚姻が「両性の合意のみに基いて成立し、夫婦が同等の権利を有することを基本」とするのであれば、夫の氏だけでなく妻の氏を選択することが同様にあってもよいはずである。しかしながら、戦後に「婚姻＝夫の家に入ること」の制度が廃止されたにもかかわらず「婚姻＝夫の氏になること」が結果的に続いており、変わらない実態がある。

　婚姻によって夫婦同氏を強制されることの不利益や不具合について、改氏する側（多くは女性）は、各種の身分証明書や口座名義の変更など煩雑な手続と社会生活上の不便、自分の氏名に対する愛着やアイデンティティの喪失（自身と名前とが不一致）、改氏による「嫁扱い」や夫と妻の間の非対等性を指摘する。他方、夫婦同氏を支持する側は、夫婦や家族の一体感があること、氏が異なると誰と誰が家族であるか識別ができないことなどをその理由として挙げる。

（2）「私」を表す氏名とアイデンティティ

　そもそも人の氏名とは何か。氏名については、社会的には個人を識別する記号であり、その個人の人格を表す象徴として人格権の一部を構成するものと判断されている（最判昭63年2月16日民集42巻2号27頁）。ただし、氏名を表す名称もその意味合いも、時代と社会によって異なっていた。歴史上は、日本の古代からの「氏・姓・姓」が中世以降は「名字」へと転換し、近世以降に「苗字」が定着するといった変遷をたどる（久武 2003：29頁以下）。氏姓はもともと身分の高い者など特権階級がもつものであったが、中世後期以降は庶民がもつことが明示的に禁じられ、1870年の太政官布告によって庶民も苗字をもつことが許されることとなった。1872年に苗字の固定が、1875年には苗字は必称と義務づけられ、誰もが氏名をもつことになった。

　一方で、夫婦同氏の原則が導入されたのは1898年制定の明治民法によってである。法制史によると妻は婚姻後も実家の氏姓を称したとされるが、現存する8世紀頃の古代戸籍には夫婦が同氏の婚姻と別氏の婚姻の両方の記録が残っている（久武 2003：34-38頁）。明治期当初は、妻は婚姻によって必ずしも氏姓を変更することなく、むしろ1876年の太政官布告により妻は「嫁スルモ仍ホ所生ノ氏ヲ用ユ」べきとされて基本的には実家の氏姓を称した。婚姻後も「所

生ノ氏」を名乗らせることについては、夫の家名ではないことで妻は夫の家内において「異族的性格」をもつ者として劣位に置かれ、そのことが夫の家の秩序維持に機能したとされている（村上 1997：64頁）。したがって、現代の平等感覚でとらえる夫婦別氏の婚姻とは意義や実情が異なるものである。

「家」制度における氏は「家」の名前であったが、戦後に氏は「個人の呼称」となった。しかし夫婦同氏制自体は存続しているため、今も婚姻夫婦としての「家の名前（ファミリーネーム）」を一つに決めなければならない。婚姻によって一方の当事者の氏名変更を余儀なくされるということは、子どもの頃からの成長過程やそれまでの人生過程において、旧姓のフルネームで生きてきたことにより形成された人格や「私が私であること」という個人のアイデンティティに影響を及ぼすことと理解されている。そのため、改氏を求められる一方の人格権を侵害し、婚姻の自由を奪うこととして問題視されている。

（3）個人ではなく家族単位の身分登録

日本の家族の「あるべき姿」を構築する要素として、戸籍制度も大いに関係している。1871年の戸籍法により、戸主を筆頭に同氏を称する「家」の構成員について戸籍に記載する順番とともに定められた。家族とは「家」であり、同一戸籍にある者たちであった。戦後の民法改正とともに戸籍法も改正されたが、同一戸籍に入る家族の範囲が親と未婚の子（2世代）までと縮小されただけで、同氏を称する家族は同一戸籍で管理される点では変わらない。つまり、戸籍の「家」を婚姻家族と差し替えただけであり（下夷 2019：244頁）、家族とは婚姻家族であるとして、家族単位の身分登録制度が維持されている。

同氏同籍の原則は、夫婦だけでなく親子にも適用される。子の氏は父母の婚姻関係によって異なる取扱いがなされ、嫡出子は両親と同氏に、婚外子は母の氏を称する（民法790条1項および2項）。ここにも「あるべき姿」の家族として婚姻家族の規範が見られ、家族は婚姻夫婦を基礎として、家族であるならば同氏であり同一戸籍に入ることがセットで考えられている。個人単位の身分登録制度であれば、こうした違いは生じず、氏が違っても親子関係に影響しない。

（4）家族法制の更新

　戦後に改正された民法の規定を現代社会に即して改正すべく、1991年から始まった法制審議会民法部会の「婚姻及び離婚制度の見直し審議」を経て、1996年公表の「民法の一部を改正する法律案要綱」（以下、1996年要綱）において様々な改革案が示された。同案には夫婦が同氏・別氏のいずれでも選択できるとする「選択的夫婦別氏制」導入だけでなく、婚姻適齢（民法731条）の男女同年齢化や女性のみの再婚禁止期間（同法733条1項）の短縮など、ジェンダー視点から問題があるとされてきた条項の見直しが盛り込まれていた。戦後以来の大きな家族法制改革として1996年要綱は注目されたが、それが法案となって国会に提出されることはなかった。

　その後も選択的夫婦別氏制については野党を中心とした議員立法による法案提出が試みられていたところ、2009年秋に民主党政権が誕生した際に翌春の法案提出を目指すとして選択的夫婦別氏制を導入する法改正案が準備されたものの、これもまた国会提出には至らなかった。

　1996年要綱に示された法改正案のうち、婚姻適齢については、2018年の民法改正による成年年齢（同法4条）の引き下げと同時に男女とも18歳に統一され、2020年4月から施行されている。また再婚禁止期間については、2015年の最高裁判決（最大判平27年12月16日民集69巻8号2427頁）を経て、翌年6月に離婚後100日に短縮する旨の改正法が成立・施行されたが、さらに2022年の民法改正により、2024年4月1日から廃止されることが確定している。以上の動きに対し、選択的夫婦別氏制の導入には至っていない状況が続いている。

　このような家族法制の変更や更新は、人々の意識の変化や社会の動きなど様々な要因や契機によりなされるものであるが、裁判も重要なトリガーの一つである。夫婦の氏をめぐる家族法制の変更や更新に関する裁判例にはどのようなものがあるか、以下に見ていくこととする。

3　事　例

　ここでは、現行の夫婦同氏制に関する主要な訴訟について、民法750条の合憲性を問うものや旧姓による通称使用をめぐるものなど、時系列に紹介する。

（1）岐阜家審平元年 6 月 23 日家裁月報 41 巻 9 号 116 頁

　原告カップルが「婚姻後の氏」として夫と妻の両方の氏にレ印を付して婚姻届を提出したところ、受理されなかったため、民法 750 条は人格権の一部である氏を保持する権利を侵害するものであるから、憲法 13 条・24 条 1 項に違反するとして訴えた事件である。裁判所は、①家庭は、夫婦を中心に未成年の監護養育などが期待される親族共同生活の場である、②その中心にある夫婦が同じ氏を称することは、主観的には夫婦の一体感を高め、客観的には利害関係を有する第三者に対し夫婦であることを示すのを容易にする、③したがって、国民感情および社会的慣習を根拠として制定された民法 750 条には合理性があり、憲法 13 条および 24 条 1 項に違反しない、と判示した。

　夫婦同氏制をめぐる裁判例として最初のものである。夫婦が同氏であることで家庭の内外で一体の集団として認知される点で有意義であり、それは国民感情や社会的慣習に裏打ちされたものであるとして、夫婦同氏制が正当化された。

（2）東京地判平 5 年 11 月 19 日判時 1486 号 21 頁

　国立大学の教員 X が婚姻後も夫の氏である戸籍姓でなく旧姓を用いて研究・教育活動を行ってきたが、困難な状況が続いたため、国や大学に対して職場における旧姓使用を求め、また戸籍姓の使用を強制されたことで被った物質的・精神的損害に対する賠償を求めて提訴した事件である。裁判所は、大学側には人事の行政権行使において一定の裁量関係が認められるところ、教職員側には不当な取扱いがあれば人事院に適当な行政措置を要求することができると指摘し、その上で本件を検討した結果、大学側の裁量権の範囲の逸脱等を認めず、X のいずれの請求とも棄却した。その後 X は控訴したが、1998 年に東京高裁で通称（旧姓使用）を認める和解が成立した。

　それまで夫婦同氏制の下で顧慮されることのなかった、改氏させられる側の不利益を指摘し、個人の氏名権について主張した点で斬新な訴えであったといえる（滝沢 2016：393 頁）。実際に、この裁判を契機に「夫婦別姓」「通称使用」の議論が活発化し、また裁判の結果を受けて、2001 年 7 月には国家公務員の旧姓使用を可能とする各省庁人事課担当課長会議申合せが発出された（同 10 月から実施）。国立大学でも順次対応がなされるようになり、また地方公務員や民

間においても職場における旧姓使用を認める波及効果が見られた。

（3）最大判平 27 年 12 月 16 日民集 69 巻 8 号 2586 頁

　夫婦同氏制に関して初めて最高裁の判断がなされるということで注目を集めた事件である。5 名の原告が人格権の一つである「氏の変更を強制されない自由」を不当に侵害する民法 750 条は違憲であるとして、同規定を改廃する立法措置を取らないことに対する国家賠償を求めて提訴した。

　裁判所は、婚姻により改氏した女性が不利益を受ける場合が多いことを認めつつも、家族の呼称として社会に定着してきた夫婦同姓には合理性があるとして「合憲」と判断した。判旨は、①氏名は人格の象徴であり人格権の一部を構成すると認められるが、「氏の変更を強制されない自由」までは保障していない、②婚姻や家族に関する事項は、国の伝統や国民感情を含めた社会状況を踏まえて総合的に判断して定められるべきである、③したがって司法の場ではなく国会で議論をすべきである、というものである。違憲と判断した 5 名の裁判官のうち 3 名は、当時の女性裁判官全員である。中でも岡部喜代子裁判官は、ジェンダー視点から夫婦同氏制がもたらしてきた弊害について説き、氏名が個人のアイデンティティを意味することにも言及した上で、夫婦同氏制は婚姻成立に不合理な要件を課して婚姻の自由を制約するものであり、別氏制を認めない規定は、個人の尊厳と両性の本質的平等に照らして合理性を欠くとしている。

（4）最大決令 3 年 6 月 23 日集民 266 号 1 頁

　再び最高裁の大法廷において平成 27 年の判決を踏襲して「合憲」の判断が示されたのが本決定である。3 組の事実婚夫婦が「婚姻後の氏」として夫と妻の両方の氏にレ印を入れて提出した婚姻届の不受理扱いを不服として裁判所に申し立てた事件で、原告は東京高裁による即時抗告棄却を経て最高裁に特別抗告をした。裁判所は、平成 27 年判決以降の「その間の諸事情を踏まえても」先の判断を変更すべきものとは認められないとして特別抗告棄却の決定をした。その際に、立法政策として夫婦の氏についてどのような制度を採るかという問題と夫婦同氏制を定める現行法についての合憲審査の問題とは次元を異にするので、先例と同様に国会で審議・判断されるべきこととし直接の判断を避けた。

本決定においても合憲 11：違憲 4 と判断が分かれている。反対意見は、時代の推移とともに婚姻と家族をめぐる状況は大きく変化している中で、「例外を許さない」現行制度は、多様化する現実社会から離れていて説明がつかず、生来の氏名に関する人格的利益の侵害を伴うアイデンティティの喪失を迫るものであるとして、自由で平等な婚姻の意思決定とはいえないと断言している。

4 ディスカッション

（1）家族法制に関する意識調査から

前掲の判例において、夫婦同氏制を含む家族法制については、国の伝統や国民感情を含めた社会状況や慣習等を踏まえて総合的に判断して定められるべきとの考え方が示されている。したがって、現行制度の合理性を問うには、その社会を構成する人々の考え方や価値観などの意識を確認することが有用である。

内閣府は「家族や家族に関する法制度についての国民の意識を把握し、今後の施策の参考とする」目的で、1996 年から概ね 5 年ごとに「家族の法制に関する世論調査」を実施している（内閣府 2022）。同調査には夫婦同氏制に関する調査項目も含まれている。最新の調査は 2021 年 12 月に実施されたが、婚姻後の氏（設問では「名字・姓」）に対する考え方を問う設問において、2017 年までの調査と今回調査とでは設問の文言と選択肢に若干の変更がなされている。加えて調査方法も面接員による個別面接聴取法から郵送法へと変更された。そのため、前回までと最新の調査結果とを単純比較することは適当ではないが、調査目的に照らして一連の調査として参考にすることは可能であると思われる。

そこで 2021 年の調査結果の一部を見てみる。まず「名字とはどういうものか」の問いに対して、①他の人と区別して自分を表す名称の一部 42.9 %、②先祖から受け継がれてきた名称 45.8 %、③夫婦を中心にした家族の名称 31.2 %、④単なる名称にとどまらず自分が自分であることや人格の基礎 18.5 %、の順に多い回答となっている（複数回答）。

次に、名字と夫婦・家族の一体感についての問いでは、①家族の名字が違うと家族の一体感・きずなが弱まると思う 37.8 %（46.5 %）、②家族の名字が違っても家族の一体感・きずなには影響がないと思う 61.6 %（48.7 %）、③無回答

0.6％（その他 0.1 ％・わからない 4.7 ％）となっている（括弧内は 1996 年の調査結果。以下同じ）。1996 年調査に比べると①の減少と②の増加が目立ち、①を選択した人は男性、年齢では 70 歳以上の割合が高く、②を選択した人は女性、年齢では 18 〜 29 歳から 40 歳代の割合が高い結果となっている。

　さらに、両親の名字が違うことによる子どもへの影響についての問いでは、①子どもにとって好ましくない影響があると思う 69.0 ％（68.1 ％）、②子どもに影響はないと思う 30.3 ％（25.8 ％）、③無回答 0.8 ％（その他 0.3 ％・わからない 5.8 ％）となっている。1996 年調査から①には大きな変化がないが、②は若干増加している。性・年齢別に見ると、①は女性の 70 歳以上、②は女性の 40 歳代の割合がそれぞれ高くなっている。

　上記以外の設問においても、地域（都市規模）別・性別・年齢別等で差のある回答結果になっており、それは以前の調査結果においても同様である。

（2）同氏か・別氏か、揺れ動く意識

　前掲の世論調査において、選択的夫婦別氏制については、①現行の夫婦同氏制度の維持、②選択的夫婦別氏制度の導入、③現行制度の維持＋旧姓の通称使用制度の新設、④無回答、の選択肢で回答する問いが設けられている。前回までの調査と今回調査における文言とのニュアンスの違いはあるものの、回答者にとって選択肢の種類にさほど違いがあるとは思われない。

　そこで、1996 年から 2021 年までの全 6 回の調査結果を並べてみると、図表 3-1 のような推移が見られる。1996 年要綱が公表された後の 2002 年調査では、②選択的夫婦別氏制度の導入の割合が 42.1 ％と増加したものの、その後はいわゆる保守反動（バックラッシュ）によるものか減少し、2017 年調査で 42.5 ％と再び増加した後に今回の 28.9 ％と低下している。今回の調査結果の特徴としては、③現行制度の維持＋旧姓の通称使用制度の新設が一転して 42.2 ％に増加したことと、④無回答（前回調査までは「わからない」を含む）の割合が減少していることを指摘することができる。この現象をどのように評価することができるだろうか。

　また、続く設問では、前問で②を選択した選択的夫婦別氏制賛成派に対して、別氏制が導入されたら新制度を利用して夫婦別氏となるかを尋ねており、図表

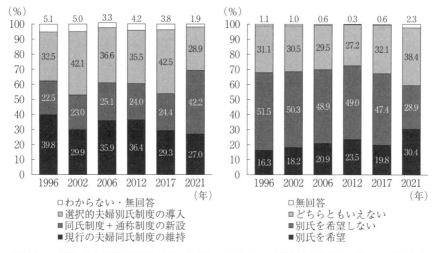

図表 3-1　選択的夫婦別氏制度に関して「どう思うか？」

凡例（図表3-1）:
- □ わからない・無回答
- ■ 選択的夫婦別氏制度の導入
- ■ 同氏制度＋通称制度の新設
- ■ 現行の夫婦同氏制度の維持

図表 3-2　別氏制度賛成派に対して「制度導入されたら別氏を希望する？」

凡例（図表3-2）:
- □ 無回答
- ■ どちらともいえない
- ■ 別氏を希望しない
- ■ 別氏を希望

3-2 の結果となっている。これを見ると、別氏制の導入に賛成であっても自身が別姓を望むかどうかはイコールではなく、むしろ明確に別氏を希望しないとする回答が多数を占める傾向が続いていたことが分かる。ここでも前回までの傾向とは異なり、別氏を希望する回答割合が増加し、同時に「どちらともいえない」や無回答も増加している点が特徴的である。この調査結果から、どのようなことを読み取ることができるであろうか。

（3）ジェンダー視点から社会を見る

　家族という集団の中にも各構成員という「個」があり、「個」として尊重されることが法律上の基本原則である。ところが、ジェンダー視点から見ると、本来対等であるはずの「個」としての夫と妻は必ずしも対等ではなく、実際に不平等や非対称の関係性にある。この問題の一端には、「家族とは／夫婦とはこういうもの」というジェンダー・バイアスのかかった固定的な家族規範の影響があり、常に家族単位でとらえられているがゆえに家族の中の「個」が埋没している可能性がある。「個」を維持する上でも、個人の氏名に対するアイデンティティ（「私が私であること」）への配慮は重要なことであると思われる。

近時の内閣府による「男女共同参画社会に関する世論調査」の結果によれば（内閣府 2023）、家庭生活における男女の地位の平等感について「男性の方が優遇されている」と回答した者が59.8％と約6割を占めている。また、法律や制度上での平等感では52.3％、社会通念・慣習などにおける平等感では81.8％、社会全体で見た場合の平等感では78.8％と、社会において全般的に「男性の方が優遇されている」との認識多数であることが分かる。家族は社会を基礎づける集団であり、ジェンダー規範を含めた社会規範も家族を秩序づけ規制するものであるから、家族と社会は相互に関わり合っている。それゆえ、家族に関する法制度を変えていくためには、まずは社会の諸制度に関してジェンダー視点から見た問題の所在を確認し、本質的な平等を実現するためにはどうしたらよいかを具体的に検討することが必要である。

参 考 文 献

浅倉むつ子ほか（2005）『導入対話によるジェンダー法学（第2版）』不磨書房。

犬伏由子ほか（2021）『レクチャージェンダー法（第2版）』法律文化社。

阪井裕一郎（2022）『事実婚と夫婦別姓の社会学（改訂新版）』白澤社。

下夷美幸（2019）『日本の家族と戸籍—なぜ「夫婦と未婚の子」単位なのか』東京大学出版会。

高橋菊江ほか（1993）『夫婦別姓への招待』有斐閣。

滝沢聿代（2016）『選択的夫婦別氏制—これまでとこれから』三省堂。

竹中勲（2010）『憲法上の自己決定権』成文堂。

利谷信義（1992）「法社会学における家族研究の立場から」家族社会学研究4巻4号11-18頁。

戸田貞三（2001）『新版　家族構成』新泉社。

内閣府（2022）「『家族の法制に関する世論調査』の概要」https://survey.gov-online.go.jp/r03/r03-kazoku/gairyaku.pdf

―――（2023）「『男女共同参画社会に関する世論調査』の概要」https://survey.gov-online.go.jp/r04/r04-danjo/gairyaku.pdf

久武綾子（2003）『夫婦別姓—その歴史と背景』世界思想社。

法務省（1996）「民法の一部を改正する法律案要綱」https://www.moj.go.jp/shingi1/shingi_960226-1.html

村上一博（1997）「明治婚姻・離婚法史研究の現状と課題」田端泰子ほか編『シリーズ比較家族8　ジェンダーと女性』早稲田大学出版部58-72頁。

森岡清美・望月嵩（1997）『新しい家族社会学（4訂版）』培風館。

（ウェブページの最終アクセス日はいずれも 2023 年 10 月 15 日）

4 章
""""""""""""""""""""""""

所　有　権
―持続可能な土地資源の利用と管理
"""

1　概　説

（1）所有権とは何か？

　民法 206 条によれば、所有権の内容とは、所有者が法令の制限内において、自由にその所有物の使用、収益および処分をする権利であるが、ここからその概念を取り巻く全体像をイメージすることは難しい。そもそも、所有権の対象となる物とは一体何だろうか？　まず頭を過ぎるのは、土地や建物といった不動産、次に動産としての品々であるが、それに加えて、知的財産、人間の身体の一部（臓器、卵子、精子、髪、歯、血液など）および VR（仮想現実）上のアイテムなどはどうだろうか？　科学技術の進歩により、民法が制定された当時には想像もされなかったであろう財産性を有する物が、現代社会には溢れている。とはいえ、これらすべての事柄について一度に扱うことは困難であるから、本章では所有権に関するテーマの中でも最も基本的かつ重要な土地資源を対象に、法社会学上の論点を整理していきたい。

　まず、土地所有権の近代化について、歴史的な経緯を見ておこう。中世以前の封建制にもとづく土地の権利関係は、多くの場合、いくつもの権利が重なり合うきわめて複雑な状況にあった。各国・地域で近代化の展開は大きく異なるが、ここでは 1789 年のフランス人権宣言に言及しておこう。同宣言では、近代的所有権の大原則としてその絶対不可侵が謳われており、この理念はヨーロッパ地域に限らず近代市民法の生成に大きな影響を与えることとなった。そして近代以降、日本を含む多くの国や地域で、それまでの身分制によって秩序立てられた中世的な権利関係を解消し、一地一主を原則とする近代的土地所有権を確立することが目指されてきた。

　このような歴史的経緯を有する近代的所有権だが、20 世紀頃には、徐々に

公共の福祉に沿った権利行使の必要性が広く認識されるようになっていった。その代表的な例としては1919年にドイツ共和国で制定されたワイマール憲法が挙げられ、同法153条3項には、所有権は義務が伴うことや、その行使は公共の福祉に資するべきであると規定された（大澤 1979：7頁）。また、ワイマール憲法が制定されたのと丁度同じ年に、日本においても、権利の濫用に関する重要な判決が大審院で出されている。信玄公旗掛け松事件（大判大8年3月3日民録25輯356頁）は、中央線日野春駅の線路側に生えている「信玄公旗掛け松」といわれる由緒ある松が、頻繁に往来する汽車の煤煙にさらされて枯れてしまったという事件である。松の所有者であるXは、鉄道を敷設したY（国）に対して損害賠償を請求したが、Yは汽車の運転が正当な権利行使であるとして争った。大審院は、故意または過失により、妥当な範囲を超えて、他者の権利を侵害した場合には違法性があると判示した。本判決は、日本における権利濫用の法理に関するリーディングケースとして重要であると同時に、権利の行使には義務が伴い、かつ公共の福祉に資するものでなければならないという、近代的所有権概念の修正という見地からも把握されよう。

（2）土地の具体的特性から形づくられる所有権

　先に見た通り、所有者といえども、みだりに他人の権利を損なったり、公共の福祉に反したりするような権利行使は認められない。つまり、所有権には一定の制限が課されているということである。例えば、公共事業のために、その予定地の所有権者らに対して正当な補償を行った上で、土地を収用するようなケースがイメージしやすいかもしれない。また、一口に土地といっても、その内容は宅地、農地および山林など様々であり、土地の具体的特性がその所有権の内容を形づくることもある。以下、その一例を挙げてみよう。

　明治期における近代化政策の中で制定された明治民法は、土地所有権を賃借権に対して圧倒的に強い権利として構成していたため、地主から農地を借りて農業に従事する小作人は、非常に不安定な状況に置かれていた。例えば、小作人の賃借権の登記がなされていない状態で、地主がその土地を誰かに売った場合、新しい地主は小作人を立ち退かせることができたのである。小作人がこの状況を回避するために賃借権を登記しようとしても、それには地主の承諾が必

要とされていた。そして通常、地主からの承諾は得られなかったため、登記もまた叶わなかった。明治民法制定当時、農地が有する具体的特性はほぼ捨象され、抽象的な商品一般に認められる所有権との間で、その法的取扱いに大きな違いはなかったのである。この状況に変化が生じたのが、第一次世界大戦以降の日本における資本主義の発展である。都市の形成はそこで暮らす消費者のための農産物市場を必要とし、小作経営が前進を図る条件を形成した。小作人たちの発言力は強まり、小作料減免をめぐる地主との小作争議が全国的に発生した（楜澤 2016：20-27頁）。

　小作争議の拡大に直面し、その解決のため、1920年に農商務大臣の諮問機関として小作制度調査委員会が設置された。委員には末弘厳太郎をはじめ、自作農創設および小作人の権利確立の重要性を強く認識する官僚や学者らが集っていた。委員会は小作人の権利を保護し、地主への対抗力を付与するための法案を次々に提案していった。この動きについて、楜澤（2016：28頁）は次のように述べる。「私たちはここに、地主の絶対的で強力な所有権に一定の縛りをかけ、小作人の耕作権の確立を図るという日本で初めての試みを観察することができる。農地に対する所有権を所有権一般から区別して構成する農地法制度の出発点を確認することができるのである」。

　しかし、小作制度調査委員会による小作法案審議は地主らの圧力によって棚上げとなり、審議は小作調停法へと切り替わった。小作人の耕作権の強化には断固として反対の動きを見せた地主たちが、調停制度の導入については受容する姿勢を示した背景について、末弘（1924：316-317頁）は、地主には、裁判所において国家規範の適用を求めることが、隣人からの非難を受ける結果につながるのを回避したいという思いがあり、民法という国家規範と地域社会における社会的規範の間に乖離が存在すると分析した。その後、末弘に続く日本の法社会学研究では、国家法と地域における慣習法との乖離に焦点を当てた慣行調査やフィールドワークが広く行われていくこととなる。

　一連の経緯から分かるのは、国家規範において認められている権利行使であったとしても、社会においては受け入れられないことがあり、人々の行動を秩序立てる規範とは、国家法に限らないということである。戦後日本で制定された農地法は、農地の所有者を農業者に限定するという耕作者主義を理念とし

て掲げ、その自律的な農業生産活動を現在に至るまで支え続けている。これは、所有権一般にかけられている抽象的な制限ではなく、歴史の中で、農地の具体的特性がその所有権の内容を形づくってきた結果であるといえよう。

2　論　点

（1）入 会 研 究

　近代的土地所有権に関する法社会学研究として、伝統的な共同的土地利用解消のための国家による政策圧力と、それに抗う地域の運動について、多くの法社会学者が現地調査を行ってきた。伝統的な共同的土地利用の一例である日本における入会林野は、地域で共同利用される資源（林野）について、入会権者というメンバーシップによる構成員が、慣習的内部規範をもって資源の持続可能な維持管理を担うという制度である。制度としての入会が成立したのは江戸時代中期以降であるといわれており（中尾 2009：2頁）、現在に至るまで、日本各地の入会林野は複雑な歴史的経緯をたどった。

　明治政府による初期の土地近代化政策の展開としては、まず1873年に地租改正が行われ、土地所有者に対して地券が交付された。そして翌1874年の土地官民有区分により、すべての土地が官有地と民有地に分けられ、民有地とされた入会林野に対しては、個人有、村持、村々共有（複数の村が入り会う）等として地券の交付がなされた。しかし、山林原野に対しては田畑のような年貢の負担が伴わなかったところもあり、所有の根拠がないという理由等で多くの入会林野が官有地に組み込まれてしまったという（中尾 2009：6-7頁）。

　山下（2011：8頁）が指摘するように、森林の零細な個人所有を特徴とする日本において、入会林野は数少ないまとまった面積の森林資源であり、里山の生物多様性や森林のもつ公益的機能が注目される現代にこそ、入会林野を核とした地域における森林管理の活性化が期待される。しかし、入会林野が有するこのような肯定的な側面は、国家的な近代化政策においてほぼ重視されてこなかった。近代法の原則においては個人こそがあるべき権利主体であり、村という共同体が管理・利用主体である入会は制度として立ち遅れた非生産的システムであり、合理的かつ高度な土地利用を志向する上で解消すべき課題とされた

のである（林野庁調査課 1966：7-8 頁）。

　その後、日本各地で入会権と所有権の間の軋轢が紛争を生じさせ、それらが法廷へと持ち込まれていくこととなるが、法社会学研究者による継続的な調査がなされた代表的な事案として、ここでは小繋事件を紹介する（戒能 1964）。小繋事件とは、岩手県二戸郡一戸町字小繋にある小繋山と総称される同部落民入会の山林原野をめぐって 1917 年以来半世紀以上にわたって提起された一連の訴訟を指す。事件の発端となったのは、1877 年 5 月、地租改正に伴う山林原野官民所有区別処分であり、小繋における 171 町歩は官有地、そのほかは民有地に編入させられ、部落民の一人である A 名義で地券を受けた分が約 1115 町歩あった。A は村人に何もいわず、1898 年に、小繋山を村外の B らに売却してしまった。その後、1907 年に、小繋山は C へ転売されることとなる。C は小繋山の一部である、ほど久保山と呼ばれる 789 町歩の土地を、陸軍省軍馬補充部に対して軍馬育成所として売却することを計画していたという。その後、1915 年に小繋集落が大火に遭い、2 戸を残してすべての家が焼けてしまった。家を失った村人たちは、小屋掛けをするためにそれまでの慣行に従って小繋山から立木を伐り出した。ところが C は、この木材に対して執達吏に仮差押えをかけさせ、人夫を他村から雇ってこれを実力で排除した。入会慣行への地主によるこれらの侵害行為に対抗しようと、村人たちは共有の性質を有する入会権の存在確認請求のため民事訴訟を提起することとなった（畑ほか 2013：11-12 頁）。

（2）所有者不明土地

　1898 年の民法制定に際し入会に関する 2 つの条文が規定された。263 条「共有の性質を有する入会権については、各地方の慣習に従うほか、この節の規定を適用する」（共有の性質を有する入会権）。294 条「共有の性質を有しない入会権については、各地方の慣習に従うほか、この章の規定を準用する」（共有の性質を有しない入会権）。このように、民法上、入会権については「各地方の慣習に従う」とされているのみであるため、その具体的な性質については、多くの判例や学説の蓄積によって明らかにされてきた。原則的に入会権は地域を離れることで失われ（離村失権）、相続の対象とはならず、自由譲渡は認められない。

そして、入会権は不動産登記法3条の登記することができる権利に含まれていないため登記できない。登記できるのは入会林野の土地所有権であり、登記簿を見てもその土地が入会林野であるかどうかは分からない。なお、入会林野の登記名義は、個人有、記名共有、社寺有、法人有、区有、部落有、財産区有、市町村有、県有、国有等様々である（山下 2011：3-4頁）。

　入会林野に関わる近年の立法としては、いずれも2019年に施行された、森林経営管理法と表題部所有者不明土地の登記及び管理の適正化に関する法律（適正化法）が挙げられる。

　森林経営管理法は、森林所有者に対して、適時に伐採、造林および保育を実施することにより、経営管理を行うことを責務と定め（3条）、それを果たせない場合、市町村が経営管理権集積計画を定め（4条）、森林所有者から経営管理権を取得し経営管理を行うか、または経営管理実施権を民間事業者に設定することで、林業経営の効率化および森林管理の適正化の一体的な促進を図り、林業の持続的発展および森林の有する多面的機能の発揮に資することを目的とするものである（1条）。そして入会林野との関係では、不明森林共有者に関する規定が重要となる。

　不明森林共有者とは、登記簿の表題部（権利の客体である土地についての情報が記載される）の所有者欄に共有者外何名と記録されているものの、この外何名が誰であるのか判然としないような場合に生じる。このほかにも、氏名のみで住所の記載がなかったり、字名義の記録がなされていたりするケースを併せて変則型登記という（高村 2020：8-9頁）。本法の下、森林の適切な経営管理が行われていない森林等について、必要かつ適当と認められる場合には、市町村が経営管理権集積計画を定めた上で、経営管理の適正化を図ることが目指されるが、そのためには当該森林に関するすべての権利者の同意が必要となるため、共有者不明森林については通常の手続で計画を策定することが困難であった。そこで特例措置として、市町村による不明者等の探索を行った上で、発見に至らなかった場合はその後に経営管理権集積計画を6ヶ月間にわたり公告するという手続を経て、その期間中に異議の申し出がなされなかったならば、不明森林共有者の同意があったものとみなして、計画の策定が認められることとなった（10〜12条）。2024年1月時点では、群馬県と長崎県の2県について共有者不明

森林に係る公告が林野庁のホームページ上でなされている。しかしながら、この制度の対象地には、歴史的経緯によって入会林野が含まれうることを踏まえ、法制度の運用には十分な慎重さが求められるだろう。

　適正化法は、変則型登記がなされている表題部所有者不明土地について、登記および管理の適正化を図ることを目的とし、必要があると認められるときに、登記官に対して所有者等の探索およびその結果にもとづく登記等の実施について権限を与えることとしている（1条・3条）。所有者が特定できた場合、登記官は職権で表題部所有者の登記を抹消し、特定できた所有者の氏名や住所等を登記する（15条）。そして、探索・調査をもってしてもなお所有者不明となる土地については、裁判所が利害関係人の申立てにもとづき必要と認めたときに、管理者を選任することとなる（19条）。裁判所によって選任された管理者は当該特定不能土地について保存・管理行為をすることが認められており、裁判所の許可を得ることで処分行為も可能となる（21条）。管理者は、当該特定不能土地の管理、処分その他の事由により金銭が生じたときは、その所有者のために、当該金銭を供託する（28条）。そして供託金の払渡請求権が時効消滅すると当該供託金は国庫に帰属する（後藤 2020：253頁）。表題部所有者不明土地の存在が、円滑な公共事業の実施および土地の取引・管理といった場面で大きな支障となっていることは事実である。しかし、国家法による捕捉が困難であるということによって、地域の土地資源を長きにわたり維持管理してきた地縁的主体の意義が軽んじられるべきではなく、歴史的な経緯を踏まえた丁寧な対応が必要と思われる。

3　事　例

　日本民法は、土地所有権を放棄できるか否かについて、一般規定を設けていない。しかし、相続や遺贈によって土地を所有することになったとして、その維持管理等を負担に感じ、手放したいと希望するケースも少なくない。このような場合に、私人が放棄した土地を国家は引き受けるべきだろうか？　この点について、土地所有権の放棄は権利濫用に当たり無効であると判断された事例を見てみよう。

Ｘは、2014 年 10 月 1 日に、Ｘの父Ａが所有する土地 1（山林 2 万 3084 ㎡）および土地 2（山林 330 ㎡）の贈与を受け、同年 10 月 17 日に所有権移転登記を行った。その上で、Ｘは同年 10 月 23 日に、Ｙ（国）に対して土地所有権移転登記手続請求訴訟を提起し、その訴状において、本件各土地の所有権放棄の意思表示を行った。Ｘは、この意思表示により本件各土地が所有者のない不動産となり、民法 239 条 2 項にもとづき所有者のない不動産は国庫に帰属するため、Ｙが本件各土地の所有権を取得したと主張し、Ｙに対して、ＸからＹへの所有権移転登記手続を求めた。

　第一審（松江地判平 28 年 5 月 23 日訟月 62 巻 10 号 1671 頁）は、財産的価値の乏しい本件各土地について、その管理に要する多額の経済的負担（境界確定費用 52 万 676 円、単管柵の設置費用 100 万 7328 円、巡回警備費用 1 万 3280 円、草刈り費用 6 万 5240 円、枝打ち費用 1 本当たり 899 円）をＹに押しつけようとするものであり、不動産の所有者に認められる権利の本来の目的を逸脱し、社会の倫理観念に反する不当な結果をもたらすものであると評価せざるをえず、権利濫用に当たり無効であるとして、Ｘの請求を棄却した。これに対しＸは控訴したが、控訴審（広島高裁松江支部判平 28 年 12 月 21 日 LEX/DB25545271）は、原判決を認容してＸの控訴を棄却し、確定した。

　第一審および控訴審は、いずれもＸによる本件各土地の所有権放棄を権利濫用と断じたわけであるが、Ｘの行為は本当に権利濫用なのだろうか？　第一審において、Ｘは民法 239 条 2 項の存在を指摘した上で、Ｙが自らの事情を並べて原告による所有権放棄を権利濫用だと主張することこそが権利濫用であると述べている。この点については、客観的な利益衡量による権利濫用で論じると、国家の利益の侵害が権利濫用と認定されがちになるという「権利の濫用の濫用」の議論を意識すべきだという見解もある（長 2019：176 頁）。また、本件については、Ｘの「押し付け」の悪意を論じても問題の本質に迫ることは困難であるとした上で、日本の土地法の沿革を踏まえて、土地の所有権を放棄するための費用分担を含む要件と手続を定めたルール形成の必要性も指摘されてきた（松尾 2023：69 頁）。

　そして、土地の所有権放棄に関しては、2023 年 4 月 27 日に、相続した土地を国が引き取る制度（相続土地国庫帰属制度）がスタートした。この制度は 2021

年に制定された「相続等により取得した土地所有権の国庫への帰属に関する法律」にもとづき、社会経済情勢の変化に伴い所有者不明土地が増加していることにかんがみ、相続または遺贈により土地の所有権または共有持分を取得した者等が、その土地の所有権を国庫に帰属させることができる制度として創設され、所有者不明土地の発生の抑制を図ることを目的とするものである（1条）。とはいえ、国が引き取ることができない土地もある。まず、申請することができないケースとして、建物が存在する土地、担保権や使用収益権が設定されている土地、他人の利用が予定されている土地、土壌が汚染されている土地および境界が明らかでない土地・所有権の存否や範囲について争いがある土地が挙げられる（2条3項）。次に承認を受けることができないケースとして、一定の勾配・高さの崖があって、管理に過分な費用・労力がかかる土地、土地の管理・処分を阻害する有体物が地上にある土地、土地の管理・処分のために、除去しなければいけない有体物が地下にある土地、隣接する土地の所有者等との争訟によらなければ管理・処分ができない土地および、その他、通常の管理・処分に当たって過分な費用・労力がかかる土地が該当する（5条1項）。

　国庫帰属が承認された土地について、その土地に最も利害関係の深い地域コミュニティ等への帰属と、それによる利用・管理の可能性の道筋をつけることが、より包括的で持続可能な土地所有制度の構築につながるという松尾（2023：83頁）の指摘は、今後の日本における土地法制を展望する上で重要であると思われる。

4　ディスカッション

　持続可能な土地資源の利用と管理の担い手として、一体どのような主体が想定されるだろうか？　日本における土地所有権の近代化において、地域コミュニティには独立した私的土地所有権の主体たる法的地位（法人格）が与えられなかった（松尾 2023：29頁）。しかし、集落や村とも呼ばれる地域コミュニティは、その地域の土地について最も多くの知見を有していると考えられ、土地利用に関する地域のニーズを取りまとめる主体としても重要な役割を担うことが期待されてきた。そして1991年には、自治会や町内会といった地縁による団

体が、地域的な共同活動を円滑に行うため市町村長の認可を受けたときは、権利能力（法人格）を取得できる制度が創設され（地方自治法260条の2）、地域コミュニティが認可地縁団体として不動産を取得し、登記を行うことを可能とする道が拓かれた。

　次に、地域コミュニティによる不動産所有によって、どのような社会問題にアプローチすることができるのかについても検討してみたい。少子高齢化が進むにつれて、地域社会が直面する問題は深刻化している。例えば、2018年の調査では、全国の空き家件数は過去最高の848万9000戸に達し、総住宅数に占める空き家の割合は13.6％である（総務省 2018）。先述の相続土地国庫帰属制度の創設からも明らかなように、所有者に持て余され、適切な利用と管理の継続について、懸念を抱かざるをえないケースは少なくない。これらの不動産を地域コミュニティの持続可能性に資するような方向で利用することはできないだろうか？　このような取り組みの一例として、ここではスコットランドのコミュニティ・オーナーシップについて紹介する（図表4-1）。

　スコットランドの土地面積は約7.8万㎢、人口は約550万人であり、いずれも北海道と同規模である。スコットランドは世界的に見ても私有地の面積割合が高く、その土地の所有権は少数の地主に集中している。この状況は、少数者

図表4-1　スコットランドのコミュニティ・オーナーシップの放牧地
出所：2023年9月・筆者撮影。

による土地独占であるとして以前から社会的な批判を集めていたが、そこに逆都市化現象と呼ばれる、都市部の富裕層による移住や別荘目的での土地等の購入による地価の高騰、国内外の不在地主による不適切な土地管理等も加わり、スコットランドにおける土地問題は、地域コミュニティの持続性等に悪影響を与えるとして対策の必要性が指摘されていた。

　このような社会的背景を有する近年のスコットランドにおける土地改革は、適切な管理がなされていない土地等について、所有権者の売却意思や同意の有無にかかわらず、一定の要件を満たした場合に、その取得を希望するコミュニティを代表する主体に対して購入権を付与するというものであった。当該改革は限りある社会および自然的資源を持続可能なかたちで維持管理しうる主体を展望する上で、排他性を前提とする近代的所有権において構成された権利主体を問い直す必要性を認識させるものである。現状では、スコットランドの農村地域における私的所有地のうち、コミュニティによって所有されているのは全体のわずか4％程度であるものの、政府はその拡大を目指しており、地域が主体となった土地という自然資源の持続可能な維持管理手法として注目される。

参 考 文 献

大澤正男（1979）『土地所有権制限の理論と展開』成文堂。
戒能通孝（1964）『小繋事件』岩波新書。
楜澤能生（2016）『農地を守るとはどういうことか』農山漁村文化協会。
後藤浩平（2020）『Q&A 所有者不明土地特措法・表題部所有者不明土地適正化法の実務と登記』日本加除出版。
末弘厳太郎（1924）『農村法律問題』改造社。
総務省（2018）「平成30年　住宅・土地統計調査」。
高村学人（2020）「所有者不明土地問題と入会権」入会林野研究40巻5-20頁。
長友昭（2019）「土地所有権の放棄に見る『権利濫用』と『責務』に関する一考察」政治・経済・法律研究22巻1号173-183頁。
中尾英俊（2009）『入会権』勁草書房。
畑穣ほか（2013）『小繋事件裁判資料集』不二出版。
松尾弘（2023）『土地所有を考える』日本評論社。
山下詠子（2011）『入会林野の変容と現代的意義』東京大学出版会。
林野庁調査課（1966）『入会林野の近代化（部内検討用）』。

5　章

労働と社会保障
―働き方ビジョンの構築と労働の法社会学

1　概　説

（1）働く人、雇う側

　総務省統計局が公表する労働力調査によると、2023年平均の雇用者は6041万人。国内の総就業者の6723万人のおよそ9割であり、働く、稼ぐといえば誰かに雇われる働き方がまずイメージされるだろう。残る1割の自営業主・家族従業者数は同年平均648万人だという。

　経済産業省も調査に加わる経済センサスによれば、国内の企業数はだいたい350万社。こちらは雇う側と理解すればいいだろう。

　統計で示される雇用者とは、大中小様々な企業・会社に勤め、働きに応じた給料を得て生活をする者を指す。生活世界だと会社員とか従業員、リーマンとかOLという呼称となろう。派遣さんや、パート氏バイト君も含まれる。これら雇用者は大学の法学部の授業では「労働者」と解説される。

　自営業者も様々で、会社や店舗を切り盛りする社長から大工などの一人親方などまでもが該当する。フードの配達パートナーさんも実はここにジャンルされる（公式統計への反映は十分でないかもしれない）。

　呼び方名づけ方が様々に変化するということは、働き方あるいは働かせ方がいろいろな切り口で分析されてきたということでもある。法学、経済学、経営学、人事マネジメント論、社会学、人間工学、医学衛生学などの領域で研究が進められてきた。読者のみなさんが従事するアルバイトについて、バイト仲間や顧客や経営者がそれぞれの視点でバイトのあり方あり様に考えをもち、ときにみなさんのバイトへの向き合い方、働き方、熱の入れ方に注文をつけることがあるだろう。仕事と労働には人、モノ、カネをめぐって価値観が衝突する。人の数、働く人働かせる人の数だけ、個別の価値観があるといってよい（350

万以上 6000 万程度の価値観数があるかもしれない)。そして上記の各学問は、その多種多様な職場における衝突や紛争や事故の原因を説明し、それら解決法と雇用の持続解を与え、あるいは将来にわたる紛争予防策と安定安心を講じたのである。

(2) 労働法による統治

さて法によって働き方働かせ方を統治するのはとても難解なチャレンジとなる。ざっくりいえば、この分野の法、すなわち労働法は、まず国による統治の対象を労働時間、賃金支払い、そして危険排除と安全衛生等の確保に限定した。これらに関して国は労働者を保護する最低基準を設定し、これに違反する経営者(労働法では「使用者」とか「事業主」と称する)には監督行政が指導や金銭ペナルティを通じて法を守らせる。ただし同行政に従事できる主力スタッフ(労働基準監督官)は 4000 人程度と、労働者数や企業数に比べて極端に少ない。使用者の法遵守意識と最低基準法のエンフォースに多くの課題がある。

労働者がよりよい働き方や高い賃金を求めたいならば、団結して経営者と交渉せよ、そのための権利を用意しようというのが労働法の次なる建付けである。すなわち労働者と労働組合には労働基本権(労働三権)が保障され、団体交渉と団体圧を通じて使用者に労働条件の向上を約束させる。毎年報道される春闘はこの組合活動の一部であり、メーデーは労働組合の存在価値アピールの場である。対して反組合姿勢を崩さない経営者がおり、各都道府県と霞が関に設置された労働委員会が、やはり指導と金銭罰を通じて経営者の反発姿勢を是正し、労働基本権を阻害された労働組合を迅速救済する仕組みになっている。ただ同じ職場で同じ働き方をし、同じ問題意識をもつ者は少なくなっている。職場における団結連帯の動機づけは弱くなり、厚労省による労働組合基礎調査によれば労働者全体における労働組合組織率は 2 割を切る。

最近では、働く者働かせる者の当事者間の自治をより促し、個別契約を手がかりとしたトラブル予防とルール設定を旨とする統治も浸透しつつある。大中小の企業レベルのいずれであっても、バイトだろうと派遣社員だろうと労働契約書が手交される時代になった。企業秘密保持とか職場模様の投稿禁止とかあれこれ誓約書に署名させられることもある。中には「次回の有期契約の更新は

ないことを確認します。これに同意しない場合は今回の有期契約更新ができません」といった労働者がにわかに理解し難い特約文書に同意を求められることがある。当事者自治を促すモードを続けるならば、市井の労働者に契約リテラシーを含めた法教育が必須であり、契約違反のトラブルを迅速解決する裁判サービスへのアクセスと内容充実が必要である。

　ほか女性母性、LGBTQ、高年齢者、短時間有期、派遣、ハンデキャップといった諸属性各働き方に対応する特別な労働法と、対応する諸行政が労働現場を別方面から統治していることも押さえておこう。

（3）社会保障との関わり

　働くこととココロと体のケアは不可分である。働く者は、地域や国家の大切な生産力でもある。そこで近代社会は働く者の心身が万が一損なわれても迅速な回復が図られるよう、合わせてその家族の健康と自身の稼働がカバーされるよう、医療保険や労働保険をスタートさせた。保険制度はやがて自営者を含め国が保険者となる社会保険として発展し、ココロと体のリフレッシュは、復帰支援や労働能力再開発にまで制度が広がることとなった。職場での定期健康診断、給与からの社会保険控除や事業主による雇用者の社会保険負担、あるいは休職離職後のリワークや就業学習訓練支援などの仕組みは、同時に働く者の入り口から出口までのケアシステムとなっている。

　また現代における保育や介護や障害支援の社会保障サービスも、保護者や要介護家族や本人を含め労働者雇用者の就労機会と時間を確保する意味合いが込められており、雇用労働と社会保障制度は切り離せない関係がある。

2　論　点

（1）労働法はどこに着目してきたか

　労働社会学という学問分野はあるが、労働法や社会保障法を対象とした法社会学を専門にする研究者は少ない（らしい）。もっとも後者について社会福祉系大学の学部や大学院で、福祉実践論の研究蓄積があり、法社会学の着想や分析技法が展開しているかもしれない。

伝統的に労働法の研究は、近代的経営組織の内部雇用と法統治について諸外国の学術を輸入し、その後国内で立法に至った労働法条の解釈展開を主とした研究が進められた。そして社会学者橋爪大三郎がいうところの「法学とは裁判所の行動を研究する学問である」は、労働法学にまさに当てはまる。どのような場合に企業は内定取消しできるか、使用者は労働者を解雇してよいか、労働者を社内異動させる場合にどのような基準によればよいか、私生活の非違行為で会社が労働者を処分できるか、等々はすべて裁判所で争われた個別の紛争事例から、裁判所（最高裁判所の判例とは限らない）が一般に応用可能なルールを構築し、それが以降の雇用社会の法規範＝判例法理となったのである。

　裁判所が大企業を実施軸とする日本型雇用システム（定年までの終身雇用と解雇回避、正社員の年功序列型処遇、企業内組合制度による労働者間接統制のこと）を側面支持したと理解してよいが、そうした判例法理を評釈し説明を加えてきた労働法学研究もまた、日本型雇用システムを前提とした議論に固着し同システムを補強した。判例法理の一部は、さらに最近になって労働契約に関する労働法各条文として立法化に至ったが、その条文解釈の広がりは乏しく、つまり別の紛争当事者の類例に応用されるには不親切な存在でもある。

　そうであれば、中小企業、自営業の使用者事業主が、「労働法、結局大企業の内部ルール、自分たちは守っていられない」「学者は大企業向けの判例解説をしているだけではないか」「労働法はどこにある？」という意識と実践になるのは当然である。彼らが裁判所の判例を入手し熟読し法理を解読するのは無理であって、「日本では解雇が簡単にできない」「会社は簡単にクビを切れない」といった言説に対し、中小企業が労働法無視の労務管理をやめられない実態は、まさに労働法と雇用労働現場の断絶の一つである。

（2）法社会学的アプローチ―労働法の重要マター「解雇」を例に

　では労働と社会保障を対象にする法社会学とは何か。ここでは、下記の解雇を例にして少し深めてみよう。

　企業に勤める労働者が突然解雇されたとする。それも理由が分からない解雇だ（解雇には理由がなくてはならないとルール化されたのは、実はそんなに昔のことではない）。企業の業績が傾いた感じはしないし、上司同僚部下とも仲よく仕事をし

たはず。だから労働者は黙っておれず、法律専門家の応援を得て解雇無効の地位確認訴訟に及んだとしよう。意味がよく分からないいくつかの期日（裁判のある日のことを指し、その日の裁判の実際の進展を含む）をガマンしても、裁判官から最初の判決をもらうまで1年以上かかるのが普通だ。ならば、比較的早めに労働契約上の仮の労働者地位と、解雇以降の賃金支払いを求められる保全申立てを裁判所にすべきだったか。しかし保全仮処分の決定を裁判所から得ても、安心ではない。その後本訴という本格的訴訟で相手方企業が主張を通し逆転解雇が正当となれば、仮払いされた賃金相当額を返さなくてはならない。企業への不満と反発だけが裁判の動機ではなく、生活の糧を確保する裁判でもあるのに、ひどい仕打ちだ。

　また労働紛争は民事訴訟であり、相手方の企業も裁判に負けないよう必死だ。裁判で初めて企業側が解雇の理由を挙げてくるかもしれないが、心当たりのない労働者の中傷を含む可能性が高い。つまり解雇セカンドハラスメントがありうる。裁判官は「企業も労働者も自分に都合のいいことしか主張しないでしょう。主張は自由だけど、一応論点に沿った書証はしっかりつくってね」くらいの姿勢でしかない。基本は解雇理由を企業が丁寧に提示説明すべきだが、企業は労働者の人格攻撃や根拠のない能力不足を主張しがちである。労働者がそれに付き合い反証反論するのは骨が折れるし消耗する。裁判で解雇の真実を知りたいという純粋動機は、かえって訴訟戦術に不要だと法律専門家に諭されることさえある。

　裁判はいつも判決を取れるとは限らず、裁判官が途中で心証（どちらに有利な判決が出そうか、どちらの主張に理があるかについての考え）を開示し、和解を進めることがある。解雇の裁判では企業が相応の解決金額を支払い、労働者が訴訟を取り下げて以降の労働契約の不存在を確認するのが相場だ。争いを長引かせたくない労働者にとって苦渋の決断となる。

　短期利益によらず自身の正義の実現にもとづく勝訴判決をあくまで求めたい労働者が、めでたく裁判に勝ったとしよう。企業との労働契約の存続が裁判所によって確認され、解雇された日以降の賃金支払い（バックペイという）も振り込まれた。企業も上訴せず、判決が確定されたとする。労働者は復帰を喜び出社を果たすが、すんなり仕事を再開できる保障はない。なんと企業は、出社し

てきた労働者に「配置転換」や「自宅待機命令」の辞令を授ける意地悪をすることが可能だ。これは新たな復帰拒否ハラスメントとなる。

　こうした解雇について法社会学的な先行研究がある。裁判で勝って復職を果たせるはずの労働者のおよそ7割が、その後自主退職を選択したらしい（平澤 2005）。その研究結果に、多くの司法関係者が同調する感想を述べたらしい。なぜか。争って関係が破綻した当事者間に、再構築は無理ということか。簡単に復職をさせたら、解雇を判断した経営陣上司らの責任が新しく発生しかねないということか。労働者が会社の命令を以降軽視することを恐れるのか。

　裁判という紛争解決が、解雇の解決以降にそのような結果を当事者にもたらすとするのなら、裁判や法律のあり方そのもの、あるいは裁判に代わるほかの解雇救済制度を考えるべきであろう。それが法社会学的貢献というべきものだ。

　実際、裁判所内では民事訴訟全般において、当事者が自由に無制限に主張を進め裁判が混乱長期化しないよう、最近では事前争点整理を尽くすようになっている。訴訟代理人たちはそれを意識し有効な書証を作成している（当事者は事実を長々語り、裁判官は法と結論を語る時代は遠い昔のことだ）。また、同じ裁判所で迅速に審理し結論と救済策が出せるよう、労働審判という仕組みが創設された。裁判官と労務管理の専門家による合議体審判廷にて、労働世界の専門特殊性を踏まえたスピーディな判断を下すのがウリらしい。

　裁判所以外で解雇その他労働世界の紛争解決を扱える ADR ＝労働問題あっせん機関（→23章）が設置されるようにもなった。書類に収入印紙を貼る必要のある裁判所と違って無料利用が可能だが、解決を当事者に強制するものではない。労働者が解決申立てをしたとして、企業や使用者がこれに応じることを義務づけられるものでもない。当事者の自主性ゆえの非強制の宥和による解決手順は ADR の共通課題といえる。

　立法の対応はどうか。紛争解決機関どうこうより、より本質の問題として、紛争解決後の紛争相手へのリスペクトと、現実的な復職利益の確保を講じる法的ルールが今後必要だろう。現行の労働法理論によれば、使用者が命じない労働について、労働者の側から命令を与えろ仕事をさせよと請求することは不可能な模様だ（菅野 2019：155頁）。他方、解雇後の復職の現実可能性がないならば、使用者による解雇を不服とする労働者に金銭保証をした上で解雇を有効にして

しまおうという「解雇金銭解決制度」の導入について、経済界が常に立法圧力を強めている。解雇のルールが緩くなり解雇が容易になれば、労働市場にて雇用流動性が高まり、能力と可能性溢れる若い学卒者や転職志望者の入職就職が容易になるという説が併せてしばしば提唱される。

（3）解雇を対象にしたリサーチの広がり

　解雇というトピック一つ取っても、フィールドリサーチからソリューションの提案まで、法社会学的メソッドを活用した様々な研究が今後可能である。ただ労働問題は、稼働や扶養という面で家族問題であり経済的問題であるほか、当事者の人格や社会的信用の問題にもなる。例えば求職に際して労働者は前職離職事実を履歴書に率直に記載すべきだろうが、解雇理由まで書くべきかどうかは高等な戦術的思考が必須であり、それは次採用という成果に直結する。書かないと会社が求める真実告知義務に反し、組織に受け入れ難い人材だと評価されるリスクがある。解雇は求職者にも採用する企業にも忌避されるべき事象なのだ。解雇は心折れる出来事だが、自主退職に比べると待機期間なしで雇用保険の基本給付が得られることになる。繰り返すが、労働問題は経済や福祉の問題でもあり、そして個別の問題でもある。当事者によって解雇と付随事項のメリットデメリットが慎重に天秤にかけられ、争いになるかならないかの分かれ目となる。

　雇用労働問題は複合的複層的な事象であり、かつ個別性秘匿性が高い研究対象である。複雑な対象事象を丁寧に慎重に解きほぐす作業がまず必要である。そして個別事情にとらわれ過ぎたり、秘密を慎重に扱い過ぎたり、専門分化に陥ってしまうと、広い視角＝法と社会との関わりを総合的に理解する社会科学の研究に至らない。

3　事　例

　職場のトラブル、いわゆる労働事件について、裁判所は最高裁のみが重要な判断と判例法理を提示するとは限らないのは前述の通りである。ここでは最近のある下級審裁判例を例に挙げよう。

ケース：一般貨物自動車運送事業等を営む会社に転職を果たし、そこで正社員として期間の定めのない雇用契約を締結して、前職の経験を活かし会社内の運行管理業務や配車業務に従事していた労働者が、あるとき会社から「本社倉庫部門において倉庫業務に従事するように」との配置転換命令を受けた。しかし労働者は契約締結時に職種限定の合意があったとして、さらに合意が認められなくても権利の濫用だとして、本社倉庫部門に勤務する雇用契約上の義務のないことの確認を求める訴訟を提起した。

裁判所の判断：会社と労働者との間で運行管理業務以外の仕事を一切させない職種限定合意が契約上成立したとは認められない。しかし会社は配置転換を実施する際、運行管理者の資格を活かし運行管理業務や配車業務に当たることができるとする労働者が与えられる仕事に期待をもつことへの配慮が求められる。会社は業務上の必要性が高くないのに、労働者の期待に配慮せぬまま、その能力・経験を活かすことのできない業務に漫然と配置転換させる命令を出したものであり、労働者に通常甘受すべき程度を著しく超える不利益を負わせるものであって、配置転換命令は無効であり、労働者の請求を認容した（安藤運輸事件：名古屋地判令元年 11 月 12 日労判 1240 号 12 頁。同：名古屋高判令 3 年 1 月 20 日労判 1240 号 5 頁も同旨〔確定〕）。

　裁判所は労働者の主張を認め、倉庫部門で働く義務が労働者にない旨を確認した。判決の確定を受けて会社が労働者の期待に沿った部門勤務を指示するか知る由はないが、世間の注目が集まった事件であり、不当な労働者への対応をすれば会社の社会的評価、つまり株価信用評判実績が下がる。労働者はもとの業務に復帰し、働きたいところで働く権利を守ったと評価できる。なお日本の労働法学は、労働紛争裁判を原則として企業名を事件名とする慣例がある。裁判での勝ち負けより、裁判例で企業名が宣伝されることがその企業にとって不名誉と感じるかもしれない。

4　ディスカッション

　みなさんは上記のケースをどう考えるだろうか。「理由もなく倉庫へいきなり配置転換なんて、配転ハラスメントよね？」「倉庫業務をディスらないでは

しい。倉庫業にやりがいは発見できるし、リスペクトされるべき仕事だよ」「在職中に会社を相手に裁判するなんてすごい」「会社は労働者に普段から何年かごとに配転や担当替えをするだろうから、裁判に負けた後普通にこの労働者を配車業務担当に戻せばいい。定期異動と同じ。会社のダメージはないだろう」。ケースのどこに着目してどのように考えを出しても基本ウェルカム。「そもそも主義主張の強い労働者は採用されません！」そういう意見もいいだろう。

（１）労働法情報からのディスカッションサポート

　この事件裁判例に関する学者の専門レポート（学術界では判例評釈という。例えば石田 2021、小畑 2021、國武 2021 など）の参照が法学部では鉄板だが、議論を楽しく展開するために以下少し加えてみよう。

　まず労働法は配置転換について何ら条文規定を用意していない。では会社内の配置転換の権利義務はどうなっているのか。労働者の主張にあるように、入社時の労働契約で勤務場所や担当業務が明確に特定されている場合は、その契約に当事者は拘束される。契約自治の原則である。契約に反して会社が「悪いが別な仕事を担当してくれないか」とならば、労働者は突っぱねてよいし、それが法律上契約上の当然の権利である（もちろんいいですよ、となれば合意による担当職種の事後変更も可能だ。合意による労働条件の変更は労働契約法 8 条が規定している）。

　だが多くの求職者労働者にとって、会社に雇ってもらうことがファーストである。「この仕事だけしたいので御社を志望しました」と意向を伝え職種限定を契約文書に盛るにはほど遠いのが現実である。求人する会社だって、会社が求める職種業務にマッチした人材がベストである一方、何にでもチャレンジし、あらゆる仕事に適応力が高い労働者を雇いたいのが本音である。契約による事前合意、職種業務の事前限定特定は理想であるけれども、現実に機能する余地は狭い。

　また、企業の業績は変動し、賃金や職種などを事後に労働者に不利なかたちで変更して業績危機を乗り越えたい場合がある。法律はこれを契約論から許容しないだろうと思いきや、労働法は特別規定（労働契約法 10 条）でこれを許す。就業規則の不利益変更理論であり、就業規則を合理的に不利益に変更することにより、労働者がこれに拘束されるのである。これも裁判所の過去の判例法理

が、現在の労働契約法条文に反映しているゆえである。配置転換の前例のない職場で、「企業経営の安定と雇用存続を目的に従業員を会社命令で配置転換できる規定を就業規則に用意しました」と会社が宣言し、配転を義務づけてくることに労働者が抗うのは難しい。

　ならば会社は、職種や担当業務の特定のない労働者をいつでも自由に配転できるのだろうか。ここでまた裁判所の判例法理のお出ましとなる。ある学卒の労働者が全国規模の企業に入社したのち、会社が提示した遠方への配転を拒否したのでこの労働者を会社が懲戒解雇した事件において、最高裁は「使用者は業務上の必要に応じ、その裁量により労働者の勤務場所を決定することができる。その転勤命令権は無制約に行使できず濫用は許されないが、当該転勤命令につき業務上の必要性が存しない場合又は業務上の必要性が存する場合であっても、当該転勤命令が他の不当な動機・目的をもってなされたものであるとき若しくは労働者に対し通常甘受すべき程度を著しく超える不利益を負わせるものであるとき等、特段の事情の存する場合でない限りは、当該転勤命令は権利の濫用にならない」という一般論を述べ、これが以降の配転命令権法理となった（東亜ペイント事件：最判昭 61 年 7 月 14 日労判 477 号 6 頁、なお裁判所は業務上の必要性を認め不利益性を否定し、労働者の処分を有効と結論した）。

　ただその後の下級審裁判所では、家族の介護や病気療養等の支障を通常甘受すべき程度を超える不利益と評価し、配転命令を否定する判決がいくつかある（例として NTT 東日本〔北海道・配転〕事件：札幌高判平 21 年 3 月 26 日労判 982 号 44 頁）。

　そして上記ケース例と裁判所の判断のユニークな点は、その結論はもとより、裁判所が最高裁の配転法理によりつつ、専門資格を活かし特定業務に従事し続けられる労働者の仕事への期待への配慮義務を挙げたこと、そして労働者の能力・経験を活かすことのできない業務に漫然と配置転換させる命令が著しい不利益に相当することを認めた点にある。

（2）働き方ビジョン構築へ向けた法社会学

　最近ではキャリアというフレーズがよく用いられる。法律の定義はないけれども、職務や職歴の有効な積み重ね、それらによって得られた職務能力、くらいの意味合いだろう。裁判所はその労働者のキャリアの利益あるいは権利を積

極的に首肯評価し、前職あるいは在職中のキャリアを尊重した配転をしないと、職務担当業務を特定する合意がなくても、権利濫用裁量違反ですと訴訟当事者そして雇用社会に宣言したのである。

キャリア論に付き合うならば「同じ仕事だけがキャリアでもなかろう、違う仕事をやってみる貴重な経験だしキャリアだろう」とか「労働者の前職前歴まで考えるのは企業に過大な負担だ」とか「働き方とか仕事の目的とかの信条を会社に申告し、社内ミッションを担当する時代なのか」とか、様々な見解が用意されることだろう。「法学部を出た自分だから社内で法律に関わる仕事に就かせろ！」「そんな時代になれば会社も防衛策を講じ入職時に資格や能力が測定され将来にわたる担当業務が事前特定されるのでは？」「前歴そんなに大事か？」という議論になるかもしれない。

もちろん、上記ケースと裁判所の判断が永続するとは限らない。類例がまた裁判になり、その事件事実の差異により判断枠組み＝規範部分が変わる可能性はある。有資格労働者のキャリアだけが企業内配転に対抗する原理ではなく、育児介護の負担とか、高齢者雇用の社会的要請といった事情とかが、汲むべき強い要件となる可能性もある。他方で配転を忌避したがる労働者に応じて、地域限定正社員（＝配転異動がない社員）処遇といった人事策を講じる企業も出現している。配転に応じないから賃下げだとか解雇だとかの当否も、今後に向けて判断が変わる可能性がある。ケースに挙げた裁判例とは異なり、ポジションや職務内容があらかじめ契約にて特定され、これに見合う能力を有する労働者を採用し専属させる「ジョブ型雇用」を想定し、そのジョブ消滅時やジョブ対応能力が労働者に不足した場合の配転や解雇の可能性の当否をディスカッションしても面白いだろう。みなさん世代以降の働き方ビジョンの構築提案が大いに期待される。

当事者利益と社会モデルが調和する構想と、そこへ法政策や司法判断が関与するあり方と、含めて労働そして社会保障の現在地を分析してみるのは、みなさんにとって身近で興味深い問題であり続けることだろう。ディスカッションでさらに深い興味と関心が湧き起こったら、労働世界、企業社会、社会保障領域へ向けたフィールドリサーチに出かけ、発見したことを様々に取りまとめてほしい（紛争当事者や支援者へのリスペクトは忘れずに）。それは同時代の貴重な証

言記録になるばかりか、第一級の法社会学的業績になるはずだ。

参 考 文 献

石田眞（2021）「労働者のキャリア形成への期待と配転命令権の限界—安藤運輸事件・名古屋高判令 3.1.20」労働法律旬報 1989 号 29-35 頁。

小畑史子（2021）「能力・経験を活かせない配転先への配転命令の効力—安藤運輸事件［名古屋高判令 3.1.20］」労働基準 866 号 24-30 頁。

國武英生（2021）「キャリア形成に対する労働者の期待と配転命令の有効性—安藤運輸事件（名古屋高判令和 3 年 1 月 20 日労判 1240 号 5 頁、名古屋地判令和元年 11 月 12 日労判 1240 号 12 頁）」季刊労働法 274 号 225-233 頁。

菅野和夫（2019）『労働法（第 12 版）』弘文堂。

平澤純子（2005）「解雇無効判決後の原職復帰の状況に関する調査研究」労働政策研究・研修機構。

6 章

""""""""""""""""""""""""

地 域 社 会
―地域の「共」的課題解決を目指して

""

1　概　説

（1）法と国家、国家と個人と中間団体

　法は、国会の議決を通じて国家が制定し（法律）、国民一人ひとりを相手に、守るべき規範（ルール）を示す。国家と個人の関係を規定するのが法の基本的なかたちで、それを最もよく表しているのが憲法である。憲法 13 条は、国家は国民一人ひとりを個人として尊重する、と定めている。このように、法については国家と個人の関係が基本になるから、例えば、個人間で紛争が生じて相手に権利を侵害されたときにも、直接相手に何かするのではなく、裁判を通じて国家によって侵害を除去してもらう、というかたちになる。

　しかし、個人を取り巻くものは国家だけではない。人は社会的存在であって、決して一人ぼっちで生きているわけではない。衣食住をともにする家庭や、授業を受ける学校、課外活動をするサークルなど、日々の暮らしを見渡すだけでも、私たちの周りには国家以外の様々な組織、団体があって、それらの中で人間関係を築いている。もちろん、一人暮らしの人や、組織に属さずフリーランスで働く人などもいて、人それぞれではあるが、たとえそういう人であっても、自分と国家以外にどんな社会的集団もない、などという人はいないだろう。

　国家と個人の間には様々な社会的集団があり、そうした集団を中間集団という。中間集団はまた、共同体といったり、中間団体といったりもする。具体的には、家族、学校、サークルなどのほか、株式会社などの会社組織、生活協同組合や農業協同組合といった組合組織、都道府県や市町村などの地方自治体のほか、NGO、NPO といった組織なども中間団体である。

　中間団体にはメンバーシップ（誰が団体の構成員か）や意思決定の方法が整っていること、メンバーが入れ替わっても団体が存続すること、といった共通の

特徴がある。また、国家にとっての規範が法であるのと同様、それぞれの団体にも固有の規範が存在し、その規範は団体内部では法と同等の機能をもつ。実際に、例えば学校という団体には校則という規範があり、校則が校内で法と似たような機能を果たしていることは、みなさんも経験済みだろう。

　法社会学は、その名の通り、法、すなわち法規と社会規範を研究する学問である。研究対象が国家レベルであれば国家の規範である法律を研究するが、中間団体を研究対象とする場合、中間団体がそれぞれにもつ規範が対象となる。

（2）地域社会と中間団体

　本章では、地域社会について検討するが、一口に地域社会といっても、歴史的、地理的条件などによって違いがあり、それぞれ個性をもっていて、その数も多いことは容易に想像できるだろう。

　全国にどのくらいの地域社会があるか、という問いに答えることは難しいが、参考として農業集落を紹介しておく。農業集落は、一定の区域にある十数戸から百戸程度を単位として数えられており（行政区といったりする）、集落単位で日常生活における共同作業なども行っているから、農村地域に標準的な地域社会と見ることができる。農林水産省が 2020 年に実施した農林業センサス調査では、農業集落は全国に 13 万 8000 ほどあって、そのうち過去 1 年間に寄り合い（集落での話し合い）を開催した集落は 12 万 9000 あったとのことである。実は集落にも明確な定義がなく、また、地域社会には集落規模のものばかりではなく、もっと小さいものや大きいものもある。このように、集落にしても地域社会にしても、その数を正確に知ることはできないが、少なくとも全国には何十万という数の集落、地域社会があるとはいえるだろう。

　そして、当たり前のことだが、地域社会の構成員もそれぞれ異なっていて、一つとして同じものはない。大都会のオフィスビル街も、離島の浜辺の集落も、そこで生活する人にとってはそれぞれわが街、わが村であって、その人にとって唯一無二の地域社会、ということになる。

　また、地域社会を見る視覚にも様々なものがある。そこに住む人に注目する研究もあれば、建物や道路その他施設やそれらの配置、つまり地域の空間そのものに注目する研究もある。地域社会の研究については、社会学分野を中心に

膨大な業績があるので、地域社会についてもっと知りたい場合には、それらの研究成果に目を通すとよいだろう。

　法社会学は人がつくりだす法を見る学問であるから、法社会学的に地域社会を見る場合、そこに暮らす人々を中心に、中間団体などを合わせて見ることになる。地域に存在する人的組織、中間団体については、共同体、コミュニティ、地縁団体など様々なとらえ方や言い方があるし、厳密に定義しようとしても話が複雑になるばかりなので、さしあたり、日常生活を営む上で様々な関わりのある近隣の地域と住民、その地域を活動範囲とする組織や団体の全体を表す言葉として、地域社会を用いることにする。

2　論　点

（1）地域社会の多様性

　さて、私たちがイメージしやすい地域社会とはどんなものだろう。都市で生活している人が多いだろうから、都市部にある地域社会がイメージしやすいのではないか。とはいえ、都市部といっても繁華街やオフィス街、住宅街と様々なタイプがあるし、住宅街といっても、都心と郊外という分け方をすることもできる。さらに、例えば郊外の団地といっても、一戸建の集まる住宅団地もあれば、中高層の集合住宅が何棟か集まっている団地もある。また、一戸建の団地には自治会があったり、公営団地やマンションには管理組合があったりして、地域に存在する組織も様々である。

　筆者は高知市郊外のごくありふれた住宅街に暮らしているが、その街にも何町何丁目自治会といった名称の自治会があって、地区内にある50戸ほどの一戸建住宅の住民の多くが会員となっている。日常的には、回覧板を回したり、資源ゴミの収集日に当番制で集積場の管理をしたりしている。また、旧村の範囲でほかの自治会と連合会をつくってもいて、域内にある神社の例大祭に自治会ごとに額絵を奉納するといった活動もある。全員で参加する活動のほか、地区内を流れる用水路の水量調節や水路掃除などの作業は、地区内に古くから住む農家の人々が行っているようである。自治会の掲示板には「田役」の日程が掲示されたりするので、望めば参加できるのかもしれないが、筆者のような非

農家は参加していない。

　このように、地域社会といってもそれぞれ個性があるので、個々の実態をどれだけ詳しく調べても、共通する輪郭を描き出したり、類型化したりすることは難しい。また、地方自治法260条の2には、「町又は字の区域その他市町村内の一定の区域に住所を有する者の地縁に基づいて形成された団体」を「地縁による団体」とする定義があるが、定義に当てはまるものだけを対象にすると、地域社会がもつ多様性をすくい上げることは難しくなる。とはいえ、様々なかたちではあるがともかくも地域社会が存在するのは事実であるし、それらを研究することには学問的意義があるから、地域社会の実像の一端をとらえるために、多くの人にとってイメージしやすく、かつそれぞれが暮らす地域社会ごとに違いがある課題を見てみよう。

（2）地域社会が抱える課題例

　地域社会の実像をとらえるための例として、家庭から排出されるゴミの収集を考えてみる。家庭ゴミの処理に関して基本的なことを説明すると、ゴミ収集等廃棄物の処理に関して、「廃棄物の処理及び清掃に関する法律（廃掃法）」があり、廃掃法によれば、市町村には廃棄物処理の義務があるから、住民は市町村に対して廃棄物処理を求めることができる（廃掃法6条1項・6条の2など）。法律の条文上は以上の通りであるが、実際に住民一人ひとりが市町村に直接廃棄物処理を求め、両者の間でゴミ処理契約を締結しているわけではない。

　一般的に、地域ごとに方法は異なるがゴミ収集の方法が確立されていて、住民は市町村の広報等で示されるゴミ収集に関するルールに従ってゴミを出している。一定の区域ごとに集積場（ゴミステーションといったりもする）が設けられ、決められた曜日、時間帯に、分別した上で出すというのが住宅街におけるゴミ収集であろう。マンションなどの集合住宅であれば、建物や敷地の一部に設けられた集積場に、各戸からゴミを出す。いずれにしても、数戸、数十戸といった単位でどこかにゴミを集め、指定業者などの回収者が収集するかたちになる。

　問題は集積場の管理運営方法である。集積場を持ち回りにして一番近い住民が管理するといったやり方も考えられなくはないが、その場合には定期的に集積場が移動することを収集する側に納得してもらわなければならない。集積場

を固定すれば収集側への説明は不要になるが、集積場も管理も固定では、管理させられる住民に不満が出るので持続可能な運営方法とはいえない。結局、集積場を利用する住民相互で協力し合って、管理運営をしていくことになる。その際、ゴミ集積場の管理だけをする住民組織というものも考えられなくはないが、地域に自治会があれば自治会が、管理組合があるマンションならば管理組合が管理するのが合理的である。

　住民にとっては生活する上で、行政にとっては行政サービスを実施する上で、地域社会にある種々の組織は不可欠の存在であるが、その法的根拠は必ずしも明確ではない。

　市民にとって最も基礎的な法的関係は権利義務関係であり、その多くは契約によって実現される。法律上契約を締結できるのは、権利をもち、義務を引き受けられる存在、すなわち権利主体（法人格、権利能力などという）であるが、地域組織の多くは法人格をもたない（権利能力なき社団という）。実定法は、基本的に権利能力なき社団を前提としない条文構成になっているから、条文をいくら見ても地域社会は見えない。

　法がその目的を実現するときに実際に誰がどう動くのかをきちんと見ていかなければ、法の実像は見えてこない。ゴミ収集でいえば、住民と行政との間に地域組織があって初めて、法がその目的を貫徹できる構造となっている。そうした法の実像を、調査で実際に目にして、法がどうあるのか、どうあるべきなのかを考えていくことが大切である。法の形式（法律や条文から考えられる機能）と実態（現実に果たしている機能）の両方からアプローチしていくことで、法を立体的に見ることができ、法の実像を知ることができる。

（3）地域社会の現代的課題

　これまで見てきたように、地域組織は生活する上に不可欠な存在であるが、そうとは思えない人がいるかもしれない。しかし、緊急時を考えてみてほしい。かつて天災は忘れた頃にやってくるなどといわれたものであるが、今の時代は大規模な災害が頻発している。大雨による洪水や地震等に起因する家屋の倒壊、火災の発生といった災害が大規模に起こったとき、市町村でも都道府県でもよいが、住民を救助するためにすぐに駆けつけることができるだろうか。まずは

被災した近隣住民同士が声をかけ合い、助け合って避難するのが現実である。

　普段の生活で何の協力関係もない住民同士が、緊急時にうまく協力できる可能性は低い。平時の避難訓練や啓発活動など、日常的な取り組みがあって初めて非常事態にうまく対応できる可能性が高まる。そして、地域に何らかの住民組織があった方が、そうした日常的な活動を維持しやすいということがあって、地域組織がつくられているということが指摘できる。

　地域組織の存在意義は次のようなことからも指摘可能である。民法233条は2021年に改正され、2023年4月から改正法が施行されている。旧233条1項は、隣地の竹木の枝が境界線を越えるときには、その所有者に枝を切除させることができるという条文であったが、さらに2項と3項が追加された。現行法の3項2号では、竹木の所有者を知ることができず、またはその所在を知ることができないときに、その枝を切り取ることができるとされている。どうしてこのような追加がなされたのか。隣家の庭木の所有者は隣家の人に決まっているが、それが分からないということは、つまり隣家は空き家ということである。233条の改正は、こうした事態への対応としてなされたのである。

　近年、所有者不明地の問題が話題となっているが、民法233条の改正も所有者不明地対策の一環としてなされたものである。わが国は2008年以降人口減少社会になっており、地域における人口減少の具体的な出現形態が空き家である。地域の中にある空き家が適正に管理されないと、周囲が被害を受けたり、心理的負担を強いられたりといったことが起こる。一人暮らしのお年寄りの生活不安、ゴミが片づけられずにゴミ屋敷になってしまっている問題など、人口減少がもたらす近隣がらみの不安やトラブルを挙げればきりがないが、こうした個別の問題を集合体としてとらえ、地域社会として対応を考えていくことが必要である。

　民法233条は相隣関係の中の条文である。相隣関係とは、隣り合わせの2人の関係ということであるが、この世に2人だけということはありえず、隣人のそのまた隣人というふうに、隣人同士がつながって、集合体となって地域社会を形成している。空き家問題は、人口減少のために地域に穴が空いている、あるいは隣人同士のつながりの一部が切れたり、切れかかったりしているということを示していて、ほころびをどう繕うのか、地域社会の存在意義が問われて

いるともいえるのである。

3　事　例

　地域社会が抱える課題の一端を知ることができる判例を紹介する。最判平
17年4月26日集民216号639頁「自治会費等請求事件」がそれである。首都
圏の都道府県営団地の住民が、自治会を脱会したのに団地の共益費と自治会費
を請求されるのは不当などとして、訴えを起こしたものである。

　団地の管理業務は都道府県の住宅供給公社が担っていて、入居者は共益費
（団地内の環境維持費など）を、自治会を介して公社に支払うことになっていた。
自治会はいわゆる権利能力なき社団で、共益費の徴収のほか会員相互の親睦を
図るなどを目的として活動し、共益費とともに自治会費を徴収していた。住民
が自治会に収める共益費と自治会費の比率は9：1であった。自治会規則には、
団地入居者で自治会が構成されることや活動の内容等が定められてはいたが、
入退会については定められていなかった。団地に入居すれば自動的に自治会に
入会したものとされ、自治会を通して共益費を支払うことになっていた。この
自治会の運営方法などに不満をもった入居者の一人が退会を申し出て、以後、
共益費と自治会費の支払いを拒否し、訴訟になったのである。

　高等裁判所は、団地入居者は自治会に入会することで、共用施設の共同利用
やその維持管理、安全かつ良好な居住環境の確保等の公共的な利益を享受する
一方、これらの利益の享受に対する対価として共益費の支払義務を負うほか、
これらの利益の確保のために自治会を運営し、かつ、その諸活動を遂行する上
で必要な経費をまかなうために自治会費を負担することになっており、退会に
ついて、被上告人の組織の運営等が法秩序に著しく違反し、もって当該会員の
個人としての権利を著しく侵害し、かつ、その違反状態を排除することを自律
規範に委ね難いなどの特段の事情がある場合には、退会を申し入れることが許
されるとしても、特定の思想、信条や個人的な感情から退会を申し入れること
は条理上許されないとして、自治会側の主張を認めた。

　高裁判決を不服とした入居者が上告し、最高裁判決に至った。判決は自治会
について、会員相互の親睦を図ること、快適な環境の維持管理および共同の利

害に対処すること、会員相互の福祉・助け合いを行うことを目的として設立された権利能力なき社団であり、強制加入団体でもなく、その規約において会員の退会を制限する規定を設けていないのであるから、自治会の会員は、いつでも自治会に対する一方的な意思表示により退会することができるとして、高裁の判断を否定した。自治会からの退会は認められ、自治会費の不払い分は支払い不要とする一方、共益費については支払うべきものとした。

　高裁判決と最高裁判決では、自治会の入退会について正反対の判断が下されたわけであるが、どちらの判断が妥当か。

　団地自治会の法的性質を考え、実定法にもとづく法的解釈をすれば、最高裁判決が妥当だろう。しかし、生活の現実から考えた場合はどうだろうか。退会が会員の一方的な意思表示で可能になってしまうと、はじめから入会しないということも認められる。また、退会者は退会後も自治会の領域内で生活をするのであり、自治会が提供する有形無形の恩恵を費用負担なしに受け取ることができてしまい、フリーライダーの存在を許すことになってしまう。

　国家と個人の間、つまり公と私の間には、団地自治会のような「共」的組織が存在していて、そうした組織がある意味無償で、地域に共通するコストを負担している現実を、判例の検討を通じて見ることができた。と同時に、公的とも私的ともいえない「共」的なコストを誰がどう負担するか、という課題も立ち現れてきた。

4　ディスカッション

（1）人口減少社会における地域社会の課題解決に向けて

　従来、過疎の問題は、都会ではなく農山漁村の問題、あるいは中央の問題ではなく地方の問題とされてきたが、人口減少社会への移行によって、都会の問題、中央の問題にもなってきている。過疎を象徴する言葉として、高知県の農山村発の「限界集落」があるが、限界マンション、限界団地、限界ニュータウンといった言葉も普通にいわれるようになってきている。今や全国どこの地域においても人がどんどん減っている。人口減少を目の当たりにして、地域社会をどうやって維持していくのか。

こうした事態には、どうしても市町村などの自治体、すなわち公的セクターに頼りたくなるものであるが、公的セクターの駆動力は税金であるから、人口減少が税収の減少に直結している。やせ細っていく公的セクターに頼ることはできないし、頼るのであれば負担増を甘受しなければならないが、多くの場合、そうした負担増が受け入れられることはない。

　ではどうやって抜け出せばよいのか。画期的な妙案といったものが出てくればよいのだが、人口減少は考える人の不足にも影響があるところ大であり、なかなかよい対策は出てこない。

　法が予定している世界の前提として、私たちは何となく、ずっと右肩上がり、つまり持続的な成長を前提にしていたのではないか。しかし、現実は右肩下がりになっている。無限の成長というイメージは完全な錯覚で、どうやったら消滅を回避できるのか、という観点から持続可能性を考えられるよう、まずは前提条件の再検討から始めなくてはならない。

（2）個人の権利か、集団的な利益か

　地域の「共」的課題に対応する組織は必要か。必要であるとするのであれば、その組織のメンバーシップはどうすればよいか。

　個人主義的な生活を望む人にとっては、煩わしいだけの不要な存在だろう。地方自治体が提供する行政サービスは行政庁が個人に提供すべきものであるし、廃掃法で見たように実定法の規定も、そのように読むことが可能である。判例で見たように、地域組織に参加する義務はないというのが司法の判断であるから、地域組織は不要であるということもできる。

　しかし現実には、行政サービスの一部は地域組織を通じて提供されている。地域社会の維持のため、地域組織が負担しているコストを誰がどう負担するのかについては、個人主義を貫く場合にも避けて通ることのできない課題である。

　コストを負担している地域組織に代価を支払うなどして、地域組織と個人の間で何らかの権利義務関係が構築できれば都合がよいだろうが、その地域の多くの住民が組織外にいることを望んだら、その組織は存続できない。判例で見た団地自治会を例に取れば、退会者が多くなれば自治会を維持できず、潰れてしまえば共益費も徴収できなくなる。代替手段を講ずる必要が生じ、新たにそ

のためのコストを退会者も含めて負担することになる。こういった堂々めぐり状態からをどうやって抜け出すのか、考えていかなければならない。

（3）地域全体のコストとして考える

　地域社会に存在する共的課題は、実定法でとらえることも解決を図ることも難しいが、実定法の条文の中にも、少し見方を変えれば地域の課題解決のために参照可能なものもある。

　事務管理の規定を紹介しよう。事務管理の諸規定は、民法の第3編債権編の697条以下にある。697条は「義務なく他人のために事務の管理を」から始まるのだから面白い。債権は、契約などで相手方に何らかの請求をできる権利であるが、請求される側には義務が生じる。それなのに「義務なく」つまり請求される側の意向にかかわらず、相手のために何か始めてしまうというのである。考えようによっては怖いところもあるが、なぜこのような条文が置かれているのだろうか。

　事務管理について、筆者の民法の講義では次のようなかたちで紹介している。隣人が旅行中に台風が来て、屋根の一部が壊れたのが見えたので、大工さんを呼んで雨漏り防止の応急処置をしてもらい、費用（有益費）を立て替えておいた。隣人が帰ってきたとき、立て替えた費用を払ってもらえるだろうか。余計なお世話だと拒絶する人もいるだろうが、代金に旅行土産なども添えて、お礼の言葉とともに支払ってくれる人の方が多いだろう。こんな感じである。

　有益費について、義務がないからといって支払わないことが認められてしまうと、コストが回収できないから事務管理は行われない。事務管理が行われなければ、結果的にかかるコストは増えてしまう。講義の例でいえば、放っておくと台風による屋根の被害は拡大して、隣人の経済的損害はより大きくなってしまう。誰のコスト負担かは考えずに被害の大小だけを比べれば、事務管理が行われる方が全体としてのコストは下がる。

　これは近所付き合いに共通点がありそうである。権利義務関係にしたくはないが、あった方が当事者にとっても社会全体にとっても「コスパがよい」関係はあるので、それを法の世界に取り込むことを考えてもよいのではないか。

　民法233条改正について先述したが、敷地内に入ってきた隣の庭の枝根の切

除が233条の守備範囲であるのなら、放棄された隣人の庭に手をつけられる可能性があるのが事務管理である。そうはいっても、所有権で守られている他人の敷地に入り込むというハードルは簡単には越えられないし、また越えるべきでないともいえるから、現段階で事務管理規定を実際に適用することは考えにくいが、人口減少に起因する地域環境の悪化は急速であり、何らかの方法での対応が必要になる日は近い。現に空き家対策特別措置法では、放置され周囲に危険が及ぶ可能性のある空き家について、所有者などが行政の要請に応じない場合に、行政代執行というかたちで、空き家の除却、修繕、立木竹の伐採その他周辺の生活環境の保全を図る措置を取ることが可能になっている（22条）。このようなかたちで私人の所有権に手をつけることは法律上可能になっているが、それでもコスト負担の問題は残る。行政代執行は、執行にかかった費用を所有者に請求して回収する仕組みであるが、空き家対策の場合、回収するのは困難だといわれている。代執行がなされたとしても、実際には私人間の問題を公的な負担で解決しているわけで、フリーライダー問題が生じてしまう。

　空き家のような、個人的ではあっても周囲に影響が及ぶ問題については、全体としてのコスト削減という観点から考えて、権利義務によらない事務管理のような方法も選択肢に入れるべき時代が来ているかもしれない。

（4）地域的公序をつくる

　結局、組織をつくるにせよ個人単位で対応するにせよ、地域社会の課題を解決できるのはそこの住民しかいないということを再確認して、どうやって課題解決をしていくのか、話し合っていくしかない。そうした話し合いの場をどのようにしてつくりだすのか。出来上がった話し合いの場で、何を課題とし、どう対策を立てていくのか。決定は多数決によるのか全員一致なのか。

　こうした問いへのヒントになりそうな例として、人・農地プランを紹介しておく。農村地域では、地域の農地利用を誰がどう担い、どうしていくか、地域ごとに話し合う場が人・農地プランというかたちで設けられている。人・農地プランは、2022年の農業経営基盤強化促進法等の改正で法定化され、定められた地域ごとに地域計画を立てることになっている。法律的な縛りが地域の自主的な話し合いになじむのかといった問題はあるが、人口減少の影響をより強

く受けている農村地域でのこうした動きに注目してみると、課題解決の参考になるかもしれない。

　話し合いの場を設けて、地域社会における独自のルール、あるいはそれに類する何かをつくった方が、コスパがよい可能性がある。地域社会のルールはローカルルールといってもよいだろうし、ルールにもとづいて一定程度秩序が形成されれば、地域的公序ということもできる。

　近所付き合いや地域の集まりなどは、法律のような強力な規範で強制すべきではないものではあるが、地域における最低限のつながりはあった方がよいのではないか。地域の法、ローカルルールによって地域的公序をつくりだしていくことができれば、人が減ってつながりが薄くなっても、人間関係の安定性が安心を生み出して、地域社会が存続できる可能性を高められるのではないか。

　地域社会は輪郭を明確にすることができず、その意味で法学的な研究対象にはしにくい。しかし、私たちにとっては、日頃からなじんでいてよく知っている環境であり、アクセスも容易である。法社会学的な研究の端緒として、まずは普段暮らしている地域の様子を観察してみるのも面白い。地元の図書館や公民館など、資料がありそうな場所を訪問して調べものをしたり、地域のことをよく知っていそうなお年寄りに話を聞いたりといったところから始めてみてはどうだろうか。地域の歴史や習俗、慣習的に行われている祭礼など、手がかりは結構ある。興味をもって、まずは一歩を踏み出してみよう。

参 考 文 献

飯國芳明ほか編（2018）『土地所有権の空洞化』ナカニシヤ出版。

牛尾洋也（2006）「土地所有権論再考」鈴木龍也・富野暉一郎編著『コモンズ論再考』晃洋書房 59-89 頁。

大塚久雄（1955）『共同体の基礎理論』岩波書店。

大野晃（2005）『山村環境社会学序説─現代山村の限界集落化と流域共同管理』農山漁村文化協会。

楜澤能生・名和田是彦（1993）「地域中間集団の法社会学」利谷信義ほか編『法における近代と現代』日本評論社 411-454 頁。

佐竹五六ほか（2006）『ローカルルールの研究』まな出版企画。

吉川祐介（2022）『限界ニュータウン』太郎次郎社エディタス。

吉原祥子（2017）『人口減少時代の土地問題』中公新書。

7 章

,,,,,,,,,,,,,,,,,,,,,,,,,,,,,,,

事故と災害
—津波被災訴訟事件が問いかけるもの

,,,

1 概 説

（1）事故と災害をめぐる「法と社会」のあり方とそのダイナミズム

　私たちの社会では日々様々な事故が発生し、同時に様々な規模の自然災害にも見舞われている。私たちはその人生において、思いがけないかたちでこうした事故や災害を経験することがある。私たちの誰もが事故や災害の当事者になりうるという意味で、私たちの人生と事故や災害とは決して無関係ではない。事故や災害をめぐる様々な法的な問題についても、私たちは他人事で済ませることはできず、日頃からまさに自分事として考えておく必要がある。

　こうした事故や災害に起因して重大な被害がもたらされた場合に、その被害救済ないし支援のあり方をめぐる問題や（被害に人的要因が関係していると判断される場合の）責任追及の問題など、様々なかたちで法的な問題が生じうる。こうした事故や災害に対する社会的な対応としては例えば、自動車事故をめぐる自動車損害賠償責任保険（自賠責）制度や学校管理下で生じた事故災害に関する災害共済給付制度、一定の要件を満たした災害を対象とする激甚災害制度など制度的な手当てもすでに一部では構築され、活用されている現状がある。

　このように、事故と災害をめぐる問題は、様々なかたちで法的な問題や制度（とその作動）との関連を視野に入れて論じることができる。法社会学は一般に、法や（法）制度が作動する局面とそのダイナミズムを学問的な考察の対象とし、その学問的な観察と分析の役割を担う学問分野である。そうすると、事故や災害をめぐる法や社会制度とそのダイナミズムを含めた広い意味での「法と社会」のあり方についての学問的な考察は、法社会学が取り組むべき一つの重要なテーマとして位置づけることができる。

（2）自然災害下での人の死とその責任—東日本大震災津波被災訴訟事件

　事故と災害をめぐる「法と社会」のあり方とそのダイナミズムを法社会学的に考察する上で重要な手がかりとなる事例として、2011 年 3 月に発生した東日本大震災での津波被災に起因する一連の訴訟事件（東日本大震災津波被災訴訟事件）を挙げることができる（詳細は、飯 2017、2019 を参照）。具体的な事例の詳細は後で紹介するが、以下では簡略に自然災害下での人の死とその責任という観点に絞って概説を試みる。

　東日本大震災が甚大な被害をもたらし、多くの人命が喪われる結果となったことは改めていうまでもない。ただ、このことに対する人々の受け止め方の中には、抗い難い自然の猛威の下での悲劇的な出来事であり「不運な死」としてその死をとらえる見方も少なくない。日本はこれまで地震や津波を含む様々な自然災害を歴史的に幾度となく経験してきた「災害大国」であり、東日本大震災の教訓を踏まえた将来的な防災の備えは必要であるにせよ、喪われた人的な犠牲そのものはもはや取り返しがつかないことから、その死を悼みつつも受け入れて行かざるをえないとするのがむしろ一般的な受け止め方なのかもしれない。

　こうした日本社会での自然災害による人の死に対する一般的な受け止め方に対し一連の東日本大震災津波被災訴訟事件で問われたのは、事案ごとに詳細は異なるが、総じて津波被災に関わる被告当事者側の人為的な責任の問題であった。つまり、これらの事案で訴えを提起した原告当事者側の認識に立つならば、その事案における津波被災者の死は被告当事者側の何らかの人為的な行為の結果による「人災」なのであり、本来は「防げたはずの死」なのだから、不可抗力的な自然災害による「不運な死」として済ませてしまうことは許されず、民事訴訟という手段を通じてその法的責任の所在を明らかにする必要があったのである。

　ここには、大坂（2016）がアメリカの政治学者ジュディス・シュクラーの議論を紹介して整理しているように、自然災害下での人の死と責任についての「不運」と「不正義」の区別をめぐる認識の問題が大きく関わっている（大坂 2016：142 頁）。つまり、一連の東日本大震災津波被災訴訟事件は、個々の事案における津波被災による人の死が「天災」による「不運な死」ではなく、被告当事者側の「人災」がなければ「防げたはずの死」であったとしてその「不正義」の責任を問う訴訟類型であったと見ることができる。同時にそれは、津

波被災による人の死が特定の誰かの責任といえるかどうかを問う法的な争いで
あり、その責任の帰属と責任負担（誰が具体的にどのような責任を負うのか＝責任の
具体的な内容）をめぐる当事者間の紛争が最終的に法的な訴訟に発展し争われた
事案でもあった（和田 1994）。

2　論　点

（1）事故や災害の法的な問題化／法的救済をめぐる構図とダイナミズム

　一般に、事故や災害をめぐる様々な問題のうち、例えば事故の原因究明や責
任追及、被害の法的救済をめぐる問題などは、社会の中で法的な問題として意
識され、扱われることが多い。これらの問題が法的な問題として構成される過
程（法的問題化のプロセス）を法社会学的な観点から学問的に「観察」すると、
法や制度の存在と作動、被害／加害当事者の行動と当事者間でのやり取り、当
事者による法／制度利用と法専門家の関与、周囲の人々の事態に対する認識や
反応など、様々な要素がせめぎ合うダイナミズムとしてとらえることができる。
　そうすると、実際の事故や災害の事案において、その法的な問題化や被害の
法的救済をめぐる構図がどのようなかたちで布置されているかを描き、そのダ
イナミズムと合わせた分析を行うことが法社会学にとっての重要な課題となる。
この点、一連の津波被災訴訟事件の分析に際しても、訴訟当事者・関係者を対
象としたインタビュー調査の実施等により、その紛争展開過程を緻密にとらえ
記述する作業を通してこうしたダイナミズムをとらえ、これらをめぐる様々な
課題を解き明かしていくことが求められる。

（2）紛争の展開過程を理解することの重要性

　一般に、事故や災害事案の法的な問題化や被害の法的救済をめぐっては、一
方で報道等を通じて社会の関心が集まることで社会問題として認知されること
がある。他方、こうした問題が関係当事者間での紛争に発展して訴訟を通じた
問題の法的解決が図られるケースもしばしば見られる。一連の東日本大震災津
波被災訴訟事件も事情は同様である。
　その際、当事者が訴訟提起に至るまでの経緯や当事者間のそれまでのやり取

りがどのようなものであったかなど、紛争の展開過程に関わる情報が社会の構成員たる第三者には必ずしも十分に明らかとはならないことがある。そうした中でいざ訴訟が提起されると、訴訟の提起それ自体と訴訟上の法的な論点（請求内容や主張）にのみ関心が法学的に集中してしまう事態が見られる。

　こうした場合に法社会学的な観点から見て重要なことは、事故や災害事案をめぐる紛争の過程がこれまでどのように展開してきたのか／今後どのように展開して行くのかを適切にとらえることである。その際、紛争の展開過程を意識してこれを広くとらえて理解することが重要となる。一連の津波被災訴訟事件についても、第三者からは見えにくい訴訟提起に至るまでの紛争展開過程の存在に目を配り、これを常に意識しておくことが必要であり、訴訟上の法的な争いのみに囚われないスタンスを維持することが重要である。

（3）被害当事者の選択とジレンマ─提訴動機と金銭賠償原則をめぐって

　一般に、事故や災害によって人が亡くなるなどの重大な結果がもたらされた場合、被害当事者が法的な責任追及や原因究明、被害の法的救済を目的とした民事訴訟（損害賠償請求訴訟）を提起することがある（代表的な例として鈴鹿市「隣人訴訟」事件など。津地判昭 58 年 2 月 25 日判時 1083 号 125 頁）。その際、被害当事者はなぜ民事訴訟を提起するに至ったのか、その提訴動機や背景、訴訟に対する期待の内容等を被害当事者の視点に立って理解し解明することが重要となる。この点、一連の津波被災訴訟事件についても事情は同様である。

　また、こうした人身損害賠償の死亡事案においては、一般に、原告当事者側が損害賠償請求を行うに際し直面する金銭賠償原則をめぐるジレンマに対する理解も必要となる。これには一方で、かけがえのない存在の死をめぐって金銭的な賠償を得ることが訴訟の主たる目的では必ずしもないにもかかわらず、訴訟を提起するための前提条件として、かけがえのない存在の喪われた「命の重み」を金銭的に評価することに伴う苦痛を避けて通れないという困難さがある。他方では、金銭賠償の原則があるからこそ喪われた「命の重み」をその責任の重さとして相手方に知らしめることが可能になるのであり、今度は逆にその金銭的評価を蔑ろにできないこととの間でジレンマ的状況に陥ることが避けられないのである（小佐井 2004、2006、2007、2012 を参照）。

一連の津波被災訴訟事件を分析するに際しては、個別事案の訴訟提起に際して、原告当事者の側でこうしたジレンマがどのように語られているかに注目する必要がある。また、実際の訴訟提起に際してこうしたジレンマを緩和・克服することを目的にどのような請求上の工夫がなされているかにも注目する必要がある（石巻市立大川小学校事件について河上ほか 2021、飯編著 2023 を参照）。

（4）第三者／「世間」の反応をめぐる問題

　一般に、被害当事者による事故や災害の法的な責任追及や被害発生に至る原因の究明、被害の法的な救済を目的とした訴訟提起などの法的な問題化・争点化をめぐっては、いわゆる紛争の準拠集団（六本 1986）としての周囲の第三者／「世間」の当該事故・災害に対する見方や評価が大きな影響を及ぼすことになる。一連の津波被災訴訟事件に関しては、本章の概説でも触れた通り、日本社会での自然災害の下での死に対する人々の一般的な見方も、ここでは大きな影響を与える要因となる。

　また、かつての鈴鹿市「隣人訴訟」事件でも問題となった人々の判決に対する一連の「リアクション」と当事者に対する「バッシング」の問題の分析（星野編 1984）を契機として、日本の社会／「世間」に広く抱かれていると指摘される人々の裁判ないし金銭賠償原則への忌避的アレルギー反応の問題、いわゆる「日本人の法意識」をめぐる問題（河上ほか 2021）は、一連の津波被災訴訟事件の分析に際して今なお無視できない問題の一つである。

3　事　例

　以下では、具体的な事例として、一連の東日本大震災津波被災訴訟事件のうち日和幼稚園事件を取り上げる（同事件を扱った先行研究として大坂 2016、飯 2017）。本件は、宮城県石巻市の私立幼稚園で園児たちを乗せた送迎バスが東日本大震災で発生した津波に被災し、園児5名と添乗員1名が亡くなった事案であり、うち園児4名の遺族が被告幼稚園の運営法人および園長を相手取り提訴した。一審・仙台地裁は、原告遺族側の請求をほぼ認容する判決（仙台地判平25年9月17日判時2204号57頁）を下したが、被告・幼稚園を運営する学校法人が控訴、

最終的に二審・仙台高裁にて訴訟上の和解が成立した。

　以下では、最初に事件の展開／紛争過程のプロセスを時系列に沿って簡単に確認・整理した後、紛争解決のあり方に関わる若干の論点を提示する。

（1）事件の展開

1）バスの被災状況

　本件で被災した送迎バスは、地震発生後、石巻市内に大津波警報のサイレンとアナウンスが鳴り響く中、安全な高台にあった幼稚園から園長の指示で低地の海岸方面へ向けて出発した。バスはその後、幼稚園から徒歩で2、3分の距離にある近隣の小学校まで戻り、幼稚園から歩いてバスへと向かった教諭が子どもたちの様子を確認したものの、子どもたちを降車させて幼稚園へ連れ帰ることはなかった。その後、バスは幼稚園に引き返すよう指示を受けて戻る途中、避難する車の渋滞に巻き込まれ、幼稚園まであと少しの場所で津波に被災した。

　被災後、バスの運転手一人だけが助かり、歩いて幼稚園に帰り着いたが、運転手は幼稚園にバスの被災状況等を一切伝えなかった。その後、幼稚園は被災した子どもたちの捜索を行わず、子どもたちを迎えに来た保護者らにも当初、子どもたちが被災した事実や被災した正確な場所を教えなかった。

　被災から3日後の3月14日、保護者らが自らの手で子どもたちを発見、その死亡を確認する。死因は津波被災後の重油火災による焼死。このときの捜索にも、園職員は誰一人立ち会わなかった。なお、亡くなった子どもたちの自宅はバスが向かった低地の海側とは異なる方向の内陸側にあり、普段は別のコースで送迎されていたが、幼稚園側は保護者にも知らせることなく海側のコースの子どもたちと一緒に送迎する運用を普段から行っていたことがのちに判明した。亡くなった子どもたちは、本来、乗るはずのないバスに乗せられていた。

2）被災事故発生後から提訴に至るまでの経緯

　事故後、園児遺族らの求めで計4回、事故状況の説明の機会が設けられるも、幼稚園側は「判断ミス」「頭の中が真っ白になって」などの曖昧な説明に終始した。遺族からの「（事故は）人災か、自然災害か」との問いには、最後まで答えなかったとされる。一方、遺族ら自身の調査によってバス被災現場付近では「夜中まで子どもたちの声が聞こえていた」との情報が寄せられた。

遺族らは当初、地元警察署に殺人罪による被害届を出そうとしたが、署員らに説得され被害届は受理されなかった。幼稚園側の対応に業を煮やした遺族らは、宮城県私学文書課（私立幼稚園所管部署）に対し電話で問い合わせを行ったが、県の担当者からは「この事件は裁判になると思います」といわれたのみだった。

　被災から1ヶ月後の4月11日、園長らが遺族宅へ焼香に訪れた。その際、遺族に説明なく見舞金200万円を祭壇に残して帰っている。その後、4月20日に幼稚園は再開、遺族の一人が園長に対し「私たち遺族の気持ちを置き去りのまま、幼稚園を再開されるおつもりですか」と問いかけると、園長は「はい、そうさせてください。もう前に進ませてください」（佐藤 2017:81頁）と答えたという。

　その後、遺族は、幼稚園の刑事告訴を念頭に複数の法律相談に足を運んだが、最終的に石巻市内の弁護士に代理人を依頼、同弁護士を通じて仙台市内の複数の弁護士も加わるかたちで弁護団が結成された。6月に入り、遺族側代理人弁護士らは幼稚園（学校法人）宛てに内容証明郵便を送り、事件の法的責任を認めるかどうか回答を求めたが、幼稚園側代理人弁護士からの回答書は「損害賠償請求に応じることはできない」とする内容だったため、最終的に民事提訴に踏み切った。

3）提訴から一審・仙台地裁判決まで

　提訴動機について、原告遺族当事者の一人は筆者が行った聴き取り調査の際、「裁判所のジャッジがほしかった。司法にすがるほかなかった」と話している。また、別の原告遺族当事者は、「お金ではなく真実を明らかにしたい。……一般人のできることには限界。……司法の手に委ねることで一歩でも真実に近づけるのではないか、という期待」を抱いていた（佐藤 2017：87頁）。

　こうして始まった一審・仙台地裁での民事裁判について、原告遺族当事者らは当初、裁判の場で真相が究明されることへの素朴な期待を抱いていたことが理解される。しかし、裁判では津波の予見可能性が主な争点となり、原告遺族当事者らが裁判で明らかにしたかった「なぜ、亡くなった子どもたちは本来乗るはずのないバスに乗せられ、高台から降りて低地へ向かったのか」との疑問は、結局のところ解明されないまま終わったとの印象を抱いている。証人尋問では、幼稚園教諭らが「忘れました」「覚えていません」等の発言を繰り返すなど期待外れに終わった一方で、証人尋問での園長の発言内容から、被災後、遺族当事者たちに対して園長が一貫して否定していた「防災無線が聞こえていた」

事実を確認できたことにより、一定の意味があったと評価していることが確認される。

　2013年9月17日に下された一審・仙台地裁判決は、原告遺族側の請求をほぼ全面的に認める内容となった。判決は、津波の予見可能性の判断には踏み込まず、園長が地震発生後の津波に関する情報収集義務を怠った結果、高台の幼稚園から海側の低地に向けてバスを出発させたことについて、安全配慮義務違反の債務不履行責任、不法行為責任を認定、幼稚園側に計1億7000万円余の損害賠償の支払いを命じた。

4）二審・仙台高裁での訴訟上の和解成立とその後の経緯

　一審・仙台地裁判決に対して被告幼稚園側が控訴したことから、事件の審理は二審・仙台高裁へと移ることになった。被告幼稚園側は、控訴審での審理当初の段階から和解に応じる意向を示したため、以降、一審判決で認められた法的責任を被告幼稚園側が認めることを前提に具体的な和解協議が重ねられていった。

　最終的に訴訟上の和解に応じるか否かをめぐって、原告遺族当事者らは苦悩と葛藤に苛まれた。一方で、被告幼稚園側の謝罪など「和解でしか得られないものがある」ことについて原告代理人弁護士からの説明もあり、原告遺族当事者間でも意見が分かれる中、まさに「苦渋の選択」として原告遺族当事者たちは訴訟の「出口を出る」選択を決断する。

　最終的に、提訴から3年を経た2014年12月3日、本件について訴訟上の和解が成立した。和解調書には「本件事故を風化させず、後世の防災対策に活かされるべきこと」に言及した「異例の」前文が付された。その主な内容は、1）原判決（一審・仙台地裁判決）で認められた幼稚園側の法的責任を認め、被災園児らと被災園児らの家族に対し心から謝罪する、2）本件幼稚園において津波に対する防災対策が十分に構築されていなかったことを認める、3）被告学校法人が本件幼稚園の敷地および建物において、幼稚園等の教育機関および保育所等の施設を運営しないことを約束する、など。和解金額は全員分で6000万円となった。

（2）紛争解決のあり方に関する若干の検討

1）本件訴訟に対する原告遺族当事者らの評価と訴訟戦略の困難さ

　本件訴訟をめぐって原告遺族当事者らは、事故後、警察にも行政（市、県）にも相手にされず、事故をどこにも持って行きようがない状況で「裁判に訴え

ざるをえなかった」との認識を示している。また、あくまで仮定の話としてではあるが、本件事件について第三者委員会等が設置され、原告遺族当事者らが知りたいと思っていたことを調査して一定の結果が得られていたら、「裁判はしなかったかもしれない」とも述べている。裁判については総じて「（やらなくて後悔するよりは）裁判はしてよかった」との評価がなされている。

　その一方で、訴訟上の和解成立後に幼稚園側の謝罪など期待した行動がなされなかったこと（詳細は後述）で、裁判の限界について原告代理人弁護士らから説明を受け、頭では理解できているつもりでも、いまだ裁判に対して納得の行かない思いを抱えていることが理解される。少なくとも幼稚園との関係において訴訟上の和解の先へ進めないことが、幼稚園や裁判のあり方に対する「反芻・問い返し」につながっているものと思われる。

　これに対し、一方で原告代理人弁護士らは原告遺族当事者が訴訟に寄せる真相究明ニーズへの期待（「裁判をすれば、事故の真相を明らかにできる」との素朴な思い）について、訴訟の限界を強く意識しながら、「裁判は真相究明につながらない」ことを「原告遺族当事者らにずっと言い続けてきた」とする。他方、原告遺族当事者の一人によれば、原告代理人弁護士から「賠償請求額が低いと、相手は『このお金さえ払えばいいんでしょ』と、裁判を終わらせてしまう。それではダメなんです。ある程度の高額の請求をしないと、幼稚園を法廷に引きずり出せないし、真実を明らかにしたいという皆さん方ご遺族の望みが実現できません」との助言があったとされている（佐藤 2017：87-88頁）。

　ここからは、一方で原告代理人弁護士らが原告遺族当事者らに裁判への「過度な期待」をもたせないよう釘を刺しつつ、他方で証人尋問の機会等を活用し一定の範囲で原告遺族当事者らの「期待」に応えるかたちで訴訟活用の道を開こうとした本件訴訟の意義とその目的達成に向けた訴訟戦略上の困難さがうかがえよう。

2）和解に盛り込まれた「心からの謝罪」条項をめぐって

　和解条項に盛り込まれた「心からの謝罪」条項の解釈をめぐって、原告遺族当事者らの理解（将来、具体的な行動として現実化する謝罪）と原告代理人弁護士らの理解（文言としての謝罪）との間には、認識の齟齬が見受けられる。

　一方で原告遺族当事者らは、「政治家のような言葉だけの謝罪には意味がない」との考えから訴訟終局後の具体的な行動として幼稚園側の自発的な謝罪実

現を期待し、実際に訪問や手紙等のかたちで実現を働きかけたが、実際には幼稚園側関係者の強い拒絶に遭い、謝罪は実現に至っていない。他方、原告代理人弁護士らは、「内心の自由」との兼ね合いで「謝罪は強制執行できない」ことを原告遺族当事者らに（主観的には）十分に説明した上で、紛争を終局させる目的で「謝罪の文言」を盛り込むことに注力したものと見ることができる。

　こうした両者の認識の齟齬は、依頼者に対する弁護士の説明義務とも関わる重要な問題の一つである。法の世界における法専門家の認識としては、後者の原告代理人弁護士らの理解が当然の認識であることに間違いはない。だが、訴訟の終局後も依頼者が相手方との間で何らかの関係性継続や対話を望むような場合は別途、何らかの工夫と一定のフォローが必要となるのではないだろうか。

4　ディスカッション

（1）法的な責任追及がもたらす萎縮と関係性の遮断をめぐる問題

　日和幼稚園事件における幼稚園側の事故状況説明等における消極的な対応に象徴されるように、事故や災害の原因究明や法的な責任追及を求める訴訟提起などの事態の法的な問題化は、しばしばその法的責任を問われる側に、やや過剰とも思える自己防衛的な反応をもたらすことがある。また、法的な責任追及を受けた側が自己の不利益を恐れるあまり被害当事者との間で十分な対話やコミュニケーションを行わないことで両者の関係性が悪化し、紛争の激化につながるだけでなく、紛争の一定の終局後も両者の関係性の回復を図ることが困難となる例が見られる（日和幼稚園事件での「心からの謝罪」実現をめぐる顛末など）。

　こうした法的な責任追及によってもたらされる、ある種の避け難い「副作用」としての様々な「萎縮」の問題と、関係当事者間でのコミュニケーション／関係性の遮断・断絶の問題について、私たちはどのように考えたらよいだろうか。

（2）事故や災害発生の予見可能性判断と事前の備え義務化をめぐる問題

　事故や災害の発生に際しては、その予見可能性判断と事前の備えが尽くされていたかどうかがしばしば問題となる。近年、事故や災害に関する科学的な知見の積み重ねにより私たちの事故や災害に対する予見可能性は従前よりも高ま

図表 7-1 日和幼稚園事件の慰霊碑

り、一方で社会的レベルでの責務として事前の備えが求められるようになっている（代表的な例として石巻市立大川小学校事件仙台高裁判決：仙台高判平 30 年 4 月 26 日判時 2387 号 82 頁がある）。他方、法的な責任判断の場面では、予見可能性の判断基準が社会的に期待されるレベルよりも低い次元にとどまるかたちで判断されることがあり（法的責任認定をめぐる法の抑制的性格）、社会的に事前の備えを進める上で逆行する判断となることがまま見られる。

　私たちは、こうした予見可能性をめぐる社会的に望ましい判断と法的判断のズレの問題、事前の備えの義務化をめぐる問題をどのように考えたらよいだろうか。日和幼稚園事件の教訓は、どうしたら後世に活かすことができるだろうか。

（3）裁判／紛争アレルギーと当事者へのバッシングをめぐる問題

　かつての鈴鹿市「隣人訴訟」事件での人々の「リアクション」に見られるように、訴訟利用をめぐる人々／「世間」の裁判／紛争アレルギーに起因すると見られる当事者へのバッシング行為が残念ながら今なお後を絶たない現状にある。近年では、インターネットや SNS 上での誹謗中傷行為も無視できない状況にあり、日和幼稚園事件の原告遺族当事者もこれらの被害経験を有している。

　こうした訴訟当事者へのバッシングをめぐる問題について、私たちはどのように対処したらよいのだろうか。また、訴訟利用をめぐる人々の裁判／紛争アレルギーの解消に向けて、具体的にどのようなことができるだろうか。

（4）事故や災害の事後的な検証と被害の再発防止をめぐる問題

　事故や災害をめぐって被害当事者が責任追及や原因究明、被害の救済などを

求めて訴訟提起などにより法的な問題化を図る場合、事故や災害の事後的な検証が社会的にほとんどなされないか、きわめて不十分な状況にあることが背景要因の一つとして考えられる。日和幼稚園事件もそうした事案の一つであった。

これに関して、訴訟提起に伴う一定の効果として被害当事者の期待にある程度は応えうる側面がある一方で、他方では訴訟に特有の限界もあり、訴訟とは別に事故や災害の事後的な検証と被害の再発防止策の提言等を担う社会制度（例えば、学校事故調査検証制度など）の構築と運用が求められる。私たちはこうした制度構築の必要性と訴訟の限界について、どのように考えたらよいだろうか。

参 考 文 献

飯考行（2017）「津波被災者遺族による訴訟提起とその思い」上石圭一ほか編『現代日本の法過程（下）』信山社 543-562 頁。
―――（2019）「津波訴訟への接近―パブリック法社会学の試み」フット, ダニエル・H. ほか編『法の経験的社会科学の確立に向けて』信山社 399-417 頁。
―――編著（2023）『子どもたちの命と生きる―大川小学校津波事故を見つめて』信山社。
石井美保（2022）『遠い声をさがして―学校事故をめぐる〈同行者〉たちの記録』岩波書店。
大坂恵理（2016）「その瞬間、僕たちは―不運と不正義の間」阿部昌樹・和田仁孝編『新入生のためのリーガルトピック 50』法律文化社 142-145 頁。
河上正二ほか（2021）『水底を掬う―大川小学校津波被災事件に学ぶ』信山社。
小佐井良太（2004、2006、2007）「飲酒にまつわる事故と責任（一～三・完）―ある訴訟事例を通して見た死別の悲しみと法」九大法学 88 号 468-310 頁、93 号 312-226 頁、94 号 350-307 頁。
―――（2012）「『死別の悲しみ』と金銭賠償―法は死者を悼みうるか」江口厚仁ほか編『圏外に立つ法／理論―法の領分を考える』ナカニシヤ出版 45-68 頁。
佐藤美香（2017）『ふたりのせかいりょこう―東日本大震災から 6 年　姉妹人形の奇跡』祥伝社。
土屋明広（2018）「津波被災訴訟における『真実解明』のゆくえ」法社会学 84 号 241-268 頁。
西田英一（2021）『語りから学ぶ法社会学―声の現場に立ち会う』北大路書房。
日和幼稚園遺族有志の会（2016）「私たちの命を無駄にしないで―悲劇を繰り返さないために」https://www.311hiyori.com 掲載冊子。
星野英一編（1984）『隣人訴訟と法の役割』有斐閣。
六本佳平（1986）『法社会学』有斐閣。
和田仁孝（1994）「交渉的秩序と不法行為訴訟」棚瀬孝雄編『現代の不法行為法―法の理念と生活世界』有斐閣 97-115 頁。
（ウェブページの最終アクセス日はいずれも 2024 年 1 月 15 日）

8　章

高　齢　者
—認知症高齢者をどのように支えていくか

1　概　説

（1）法制度における「高齢者」

　2022 年現在、日本の総人口における 65 歳以上の人口は約 29％である（総務省統計局 2023）。これは世界的に見ても最も高い水準であり、日本は超高齢社会である。

　「高齢者」は年齢による属性区分であるが、法制度の目的等によりその年齢定義は様々である。例えば、「高齢者虐待の防止、高齢者の養護者に対する支援等に関する法律」では高齢者を 65 歳以上としている。他方、「高齢者の居住の安定確保に関する法律」では高齢者を 60 歳以上、「高年齢者等の雇用の安定等に関する法律」では高年齢者を 55 歳以上と定義している。また、日本老年学会と日本老年医学会のワーキンググループは、現在の高齢者をめぐる状況をかんがみ、65〜74 歳を准高齢者、75〜89 歳を高齢者、90 歳以上を超高齢者とする提言を発表した（日本老年学会・日本老年医学会高齢者に関する定義検討ワーキンググループ 2017）。このように、高齢者の年齢定義は健康・医療、生活状況等により変わりうるものであり、法制度上の高齢者の年齢区分もその趣旨により異なる。本章では特に断りのない限り、現時点での一般的な定義である 65 歳以上を高齢者として扱う。

　このような高齢者を対象とした専門の法分野として「高齢者法」という分野がある。高齢者法は、高齢者の法的課題について民事法、社会保障法など一つの法領域だけでなく分野横断的に検討する学際的な学問である（関 2019：3 頁）。関（2019：16-21 頁）は、高齢者法の核となりうる法理念として、障害法における「合理的配慮」に加え、「高齢者の尊厳」（の保障）、支援が必要な高齢者に対する「保護の法理」「差別禁止の法理」「世代間公正」を挙げている。また、樋

口（2017：1275-1276頁）によれば、高齢者法においては、事前あるいは予防的な準備のアプローチ、高齢者の well-being な生活に向けたエンパワメントのアプローチ、そして高齢者の多様性を踏まえたよりパーソナルな法が重要であるという。高齢者法はアメリカにおいて発展しており、近年は日本においても高齢者法に関する書籍が刊行されている（例えば、山口・小島 2002、樋口・関編 2019 など）。高齢者法の全体像をつかみ、体系的に学びたい読者はこれらを参照することをお勧めする。

（2）高齢者の社会経済的状況

　高齢者と一口にいってもその家族構成、労働、健康状態など、生活の状況は様々である。令和 2 年国勢調査によれば、65 歳以上の世帯員がいる一般世帯のうち、単独世帯が約 671 万 7000 世帯（29.6％）、夫婦のみの世帯が約 684 万8000 世帯（30.2％）となっており、約 6 割が単独世帯あるいは夫婦のみの世帯という状況である（総務省統計局 2021：40 頁）。近年の特徴としては、単独世帯が増加し三世代世帯が減っている点が挙げられる。また、就業率に関しても、2021 年時点で 65〜69 歳では就業率が 50％を超えており、70〜74 歳でも32.6％となっている（総務省統計局 2022：6 頁）。60 代のうちは半数以上が就業しているという状況であり、高齢者の就業率は年々増加傾向にある。さらに、高齢者の健康状態について見てみると、要介護（要支援）認定者のうち、介護保険第一号被保険者（65 歳以上）は 2021 年度末の時点で 677 万人であり、このうち約 89％が 75 歳以上である（厚生労働省 2023a：6-7 頁）。

　このように、高齢者の中でも健康で仕事に励む人もいれば、年齢を重ねるにつれ認知症や身体の疾患を抱え他者や社会からの支援を必要とする人もいる。本章では、高齢者の中でも特に周囲や社会による支援が必要な、認知症高齢者に焦点を当て、議論していくこととする。

　近年、認知症高齢者数の増加や患者および家族に対する支援の必要性が広く認識されている。推計によると、認知症高齢者数は 2012 年で 460 万人以上、2025 年には 700 万人前後との予想も出ている（内閣府 2017：19, 21 頁）。さらに、2022 年国民生活基礎調査によると、（高齢者に限らず）要介護者全体において介護が必要になった理由として最も多いのは認知症であった（厚生労働省 2023b：

23頁)。また、認知症に限らないデータだが、要介護者等のうち、約46％が主たる介護者と同居しており、要介護者等と同居の主な介護者の年齢の組み合わせは65歳以上同士が63.5％、75歳以上同士が35.7％と、同居家族によるいわゆる「老々介護」が少なくない状況にある（厚生労働省 2023b：24-25頁）。主な介護者のジェンダー構成を見ると、同居・別居を問わず約7割が女性、3割が男性となっている（厚生労働省 2023b：24頁）。

　このように、認知症高齢者が増加していく中、2023年には「共生社会の実現を推進するための認知症基本法」が制定され、認知症の人やその家族の意思の尊重や地域社会による支援の重要性が理念として掲げられている。

2　論　点

　これまで、法社会学において「高齢者」を正面から扱った研究はあまり多くなかった。しかし近年、司法アクセスや紛争経験などに関する研究において、高齢者に特徴的な点について検討した論文が発表されている。また、家族による高齢者のケアに関しては、法社会学における家族研究という位置づけもできる。本節ではこのような論点のうち、特に認知症の高齢者に関わるテーマについて議論していく。

（1）認知症高齢者による法的ニーズの認知と司法アクセス

　人々の司法アクセスを妨げうるものとして、距離のバリア、費用のバリア、情報のバリア、心理的バリアが指摘されている（山本 2012）（→22章）。これらに加えて、佐藤（2017）は、法的ニーズ——自分自身に問題の解決に対する法的支援の有用性——が認知できない「認知のバリア」の存在を指摘した。これには法制度や法的支援サービスに関する情報の不足が関連することもありうるが、認知症により判断能力が低下したことで、法的支援の必要性ないし有用性が認知できないということも考えられる。佐藤（2017：154-155頁）は、このように潜在化したニーズの顕在化プロセスにつながる取り組みとして、法専門家と行政・医療・福祉関係者等が連携しアウトリーチ活動や総合的な支援を行う「司法ソーシャルワーク活動」を位置づけている（→22章）。

（2）判断能力が低下した高齢者の意思決定支援のあり方

　判断能力が低下した高齢者の意思決定を、どのように支援するべきか。特に認知症高齢者にとって重要になりうる制度として、成年後見制度と日常生活自立支援事業がある。成年後見制度は、かつての禁治産・準禁治産制度を廃止し、2000 年に開始された。成年後見制度には法定後見制度と任意後見制度があり、法定後見制度は判断能力の程度に応じ後見、保佐、補助がある。任意後見制度は、判断能力が低下する前にあらかじめ後見人を決め、支援内容等について任意後見契約を締結しておくものである。裁判所が選任する成年後見人等は、制度開始直後は家族・親族が多かったものの、近年では弁護士、司法書士、社会福祉士などの第三者の比率が約 8 割と高くなっている（最高裁判所事務総局家庭局 2023）。また、日常生活自立支援事業は社会福祉協議会が担当しており、福祉サービスの利用や日常生活上の金銭管理等を支援している。

　成年後見制度をめぐっては、近年、家族・親族よりも専門家が成年後見人等として選任されることが多く、家族・親族ではなく市町村長が申立てを行うケースも増えているなど、「成年後見の社会化」という現象が見られている。特に、専門職後見人が増加した背景には、身寄りのない単身者の増加、家族規範の変化、専門職後見人に対する家裁の信頼感等といった複数の要因があるといわれている（税所 2020）。税所（2020）は、主に法学者によって議論されてきた「成年後見の社会化」現象および「社会化」概念について、社会学的にとらえ直している。また、「社会化」現象は、これまで家族の領域とされていた部分における法制度や法専門家の役割が大きくなっているという意味で、「法化」とも関連づけられる。「成年後見の社会化」が高齢者の生活や地域社会にどのような影響を及ぼすのか、また、高齢者の状況や社会構造の変容が「成年後見の社会化」の態様や進行にどう影響するか、法社会学的研究のさらなる発展が期待される。

（3）家族による高齢者のケアと人々の意識

　すでに述べたように、要介護者等の約 46 ％が主たる介護者と同居しており、同居の主な介護者のうち多いのは順に配偶者、子、子の配偶者である（厚生労働省 2023b：24 頁）。2001 年調査では主な介護者が同居の家族親族である人が

71％であり（厚生労働省 2002）、近年は「子の配偶者」という回答を中心に減少傾向にあるといえるが、同居率 46％といまだ高い比率である（図表 8-1）。また、内閣府「高齢者の健康に関する調査」によれば、介護が必要になったときに頼みたい相手としてはヘルパーなど介護職の人が最も多く、続いて配偶者、子という結果であった。ジェンダーで比較すると、男性の方が配偶者を希望する人が多く、女性の方がヘルパーなど介護職や子を希望する人が多い傾向にあった（内閣府 2023：63-65 頁）。

　では、そもそも家族が介護を担うべきとされてきたのはなぜか、また人々の間でそのような規範意識が共有されているのだろうか。社会学者の上野は、「孝」という概念が存在していることが、介護が「人為的におこなわれる規範的な行為」（上野 2011：105 頁）だと示している、と指摘する。この「孝」について、川島（2000）が分析を行っている。川島（2000：88-90, 95-109 頁）によれば、江戸時代以降の日本の儒教道徳教育において、「孝」およびその条件としての「恩」が位置づけられることがあった。「恩」は親が子を育ててくれ、財産を遺してくれるといったことであり、「孝」には親を敬う、出世する、子孫を残すなどが含まれ、特に重要な「孝」として、高齢になった親を世話する義務が挙げられている。ただし、川島も指摘するようにこれはイデオロギー上の「孝」の考察であり、実際に市民が日常生活においてこの規範を内面化していたかというと、親が子に恩を与えるだけの経済的な余裕がないこともあり、必ずしもそうとは言い切れない状況だった。このようなことから、明治期から「孝」の道徳教義自体が変容しており、その過程で特に若い世代では恩よりも愛情を中

図表 8-1　要介護者等からみた主な介護者（同居）の比較

要介護者等からみた関係性	2001 年調査	2022 年調査
配偶者（同居）	25.9％	22.9％
子（同居）	19.9％	16.2％
子の配偶者（同居）	22.5％	5.4％
父母・その他親族（同居）	2.7％	1.3％
同居合計	71.1％	45.9％

出所：厚生労働省（2002、2023b）。

心に親子関係をとらえていたことも指摘されている（川島 2000：140-146 頁）。

　では、現代において人々は介護に対してどのような規範意識をもっているのか。津田（2020：53 頁）は、やはり家族が介護をするべき、それが被介護者にとっても望ましいという意識があり、現在でもそれが完全になくなったとはいえないと指摘する。上野（2011：131-133 頁）も、家族の介護責任やほかの介護者よりも家族による介護が望ましいのだとする「家族介護規範」の存在を指摘した上で、虐待の懸念や介護スキルの問題などから、家族介護が常に望ましいとは限らないと主張する。また、先の調査結果にも表れているように、現在でも女性が主な介護者である比率が約 7 割であり、女性がケアを担うべきという規範の存在もうかがえる（上野 2011：122-130 頁）。

　これまでの介護に関する法制度についても、それが家族介護を前提としたものであったことがたびたび指摘されている（津田 2020：53 頁、上野 2011）。介護保険制度は、高齢者人口増加に伴いニーズが増大する一方で家族が介護をすることが難しくなったこと、ニーズ増加に伴う介護費用の確保のための新しい社会保険制度の必要性等を背景に 2000 年に開始された（山口・小島 2002：125-127 頁）。そこでは「介護の社会化」が目指されたわけであるが、介護保険法においても要介護認定の手続や給付の上限設定など、家族の負担が大幅に軽減されたとはいえないことが指摘されている（津田 2020：54-55 頁）。ただし、介護者支援策として、例えば「認知症施策推進総合戦略（新オレンジプラン）」（厚生労働省 2015）において、介護者の介護に関わる精神的・身体的な負担を減らすための施策が提言されるなど、家族介護者支援の重要性も認識されつつある。

3　事　例

　ここでは、具体的な事例として認知症高齢者の鉄道事故に関する遺族の損害賠償責任が問われた裁判例（最判平 28 年 3 月 1 日民集 70 巻 3 号 681 頁）を取り上げ、認知症高齢者とその家族に関わる法社会学的論点についてさらに検討する。本件事故は、2007 年 12 月 7 日に発生した、当時 91 歳の認知症の男性 A と列車の衝突事故である。判決文をもとに、当時の A の状況や家族による支援内容をやや詳しく記述した。

（1）Aの状況

Aには、事故の7年ほど前から認知症と思われる症状が見られ、5年前には要介護認定を受けていた。本件事故発生年には要介護4と認定されていた（要介護状態は5段階）。本件事故当時には週6回福祉施設に通いながら在宅で暮らしていた。

（2）家族による支援状況

Aには妻Y1と複数の子どもたちがおり、妻Y1と二人暮らしであった。妻Y1は本件事故までに要介護1の認定を受けていた。すでに高齢である妻Y1が一人でAの介護を行うのは困難なため、遠方に住んでいた長男Y2の妻BがA宅近くに住み、A宅に頻繁に通い介護の補助を行っていた。Aの就寝中には妻Y1が様子を見るようにしていた。長男Y2も普段は遠方で勤務しながら、月に1～2回（事故前は3回ほど）、A宅を訪れていた。

2005～2006年に2回ほど、Aが一人で外出し行方不明になる事件が起きた。これを踏まえ、家族はAの連絡先を警察に伝えておく、自宅玄関にセンサーチャイムをつけAの外出が他の家族に分かるようにする等の対策を行っていた。なお、A宅は自宅と事務所部分があり、事務所の出入り口にもセンサーチャイムがついていたものの、本件事故当日まで電源が入っていなかった。

2007年にAが要介護4と認定されたことを受け、家族は特別養護老人ホームへの入所も検討したが、環境が変わるとAの症状が悪化するのではないか等の懸念や入所まで時間がかかることから在宅介護を続けることにしていた。Aの日常的な買い物等はBとY1、金銭管理はY1が行っていた。

（3）本件事故当日の状況

Aが福祉施設から帰宅した後、Y1は事務所部分で「まどろんで」おり、Bは玄関付近で片づけをしていた。その間、Aはセンサーチャイムの切れている事務所玄関から一人で外出し、列車に乗った。Aはフェンス扉からホームに降り、そこで列車と衝突してしまい死亡した。

（4）判　決

　地裁判決（名古屋地判平 25 年 8 月 9 日判時 2202 号 68 頁）では、鉄道会社による妻 Y1 および長男 Y2 への損害賠償請求をともに認めた。Y1 に関しては民法 709 条の不法行為責任を、Y2 に関しては「事実上の監督者」であるとして民法 714 条の責任を、それぞれ認めた。

　高裁判決（名古屋高判平 26 年 4 月 24 日判時 2223 号 25 頁）では、妻 Y1 への損害賠償請求を一部認め、長男 Y2 に関しては認めなかった。Y1 に関しては、まず、精神保健及び精神障害者福祉に関する法律（以下、精神保健福祉法、改正前）の保護者制度および夫婦の同居・協力・扶助義務（民法 752 条）を根拠に精神障害者となった者の配偶者が法定監督義務者に該当するとし、Y1 の民法 714 条の責任を認めた。他方 Y2 については、A の成年後見人や保護者ではなく、長年別居していることなどから監督義務者等に該当しないと判断した。

　最高裁判決（最判平 28 年 3 月 1 日民集 70 巻 3 号 681 頁）では、鉄道会社による妻 Y1、長男 Y2 への損害賠償請求をともに認めなかった。まず、(1)精神保健福祉法における保護者の自傷他害防止監督義務は 1999 年改正で廃止されており保護者制度自体も 2013 年改正で廃止されていること、(2)禁治産制度においては後見人による療養看護義務があったものの 1999 年改正後に身上配慮義務に変更され、これに被後見人等の行動の監督義務などは含まれないと考えられることから、保護者や成年後見人の法定監督義務者該当性を否定した。また、民法 752 条の同居・協力・扶助義務から第三者に対する配偶者の行動を監督する義務は導けず、Y1 が民法 714 条の法定監督義務者であるということはできないとした。しかし、「責任無能力者との身分関係や日常生活における接触状況に照らし、第三者に対する加害行為の防止に向けてその者が当該責任無能力者の監督を現に行いその態様が単なる事実上の監督を超えているなどその監督義務を引き受けたと見るべき特段の事情が認められる場合」には法定監督義務者に準ずる者に当たる可能性が示唆されたものの、Y1 は自身も要介護 1 と認定されており、Y2 も A とは別居していて加害行為を防止する監督が可能であったとはいえないため、法定監督義務者に準ずる者に該当しないと結論づけた。

4　ディスカッション

（1）高齢者にとって裁判は利用しやすいか

　担当弁護士による論稿によれば、第一審、第二審において裁判所から和解が勧められている（浅岡 2017）。第一審においては、裁判官が特に A 宅に近居の別の子（Y3）と Y1 について和解を強く勧めていた様子がうかがえる。Y3 は介護関係の仕事をしており、判決となると厳しい判示になりうるといった発言があったとのことだが、Y3 は家族で相談して行ってきた A の介護は尊厳の保たれた望ましいものであったと主張したという（浅岡 2017）。2 で議論したように、家族介護が常に望ましいとは限らないが、少なくとも本件のケースは、家族間で方針についてたびたび議論を重ね、判断能力が低下した A の希望を推し量りながらできる限りの介護をしてきたのだと推測できる。

　また、事故当時すでに 85 歳であった Y1 にとっては、6 年に及ぶ長期の裁判は結果として大きな負担であったことは容易に想像できる。この点も配慮しての和解勧告だったのではないかと想像するが、裁判を受ける権利を訴訟手続の時間的コストが妨げてしまうとしたら、そのこと自体が問題である。裁判の迅速化に関する法律等により対策が講じられているが、高齢者の平均余命等にかんがみ、高齢者の権利実現が迅速になされるような制度改善が求められる（西上 2019：247-248 頁）。実際に、民事訴訟当事者および代理人を対象とした訴訟利用調査における分析をもとに、飯田（2023：524-527 頁）は、被告当事者において時間的なコストなどを利用しにくい点として挙げており、高齢者の場合はこのようなコストが大きくなる可能性を指摘している。

（2）裁判所、弁護士による高齢者への配慮は必要か

　人口における高齢者の比率が高まる中、法専門家が高齢の相談者、依頼者、訴訟当事者と接する機会は今後ますます増えてくるだろう。しかしながら、法システムが高齢者にとって利用しやすいかというと、必ずしも十分とは言い難い。本件ケースについても、法専門家側に認知症やその介護に対する理解が不足していたのではないかということが指摘されている（浅岡 2017：41 頁）。さらに、訴訟当事者が高齢の場合、設備面の配慮に加え、複雑な手続の支援等さら

にきめ細かな配慮を与えることも重要になるだろう（飯田 2023：53頁）。

　裁判所だけでなく、弁護士等の法専門家も高齢者による相談等の実務において配慮すべき点がある。例えば、相談までのアクセスのしやすさはもちろん、相談場面でのコミュニケーション、判断能力が低下した高齢者の希望を優先するかどうか、家族と同伴で相談に来る場合の「依頼者」は誰かという問題、医療・福祉など他職種との連携といった課題が挙げられる（西上 2019：248-251頁）。これらに関しては、アメリカ法曹協会（ABA）の法律家職務模範規則を参考にした弁護士倫理の検討（西上 2019：248-250頁）などとともに、高齢の相談者・依頼者との接し方を法専門家がどこでどのように学ぶべきか、という議論も必要になる。

（3）判決は家族介護に対し萎縮効果をもたらしたのか

　最高裁判決について、概ね妥当とする評価が多いとされるが（西上 2019：240頁）、本ケースに対する判示としては妥当でも、準法定監督義務者の基準について、結果的に介護に対する萎縮効果を生んでしまうのではないかという批判が寄せられた。つまり、最高裁の基準だと、介護により積極的に関わるほど準法定監督義務者と判断される可能性が高くなり、在宅介護を回避したり認知症患者の行動を制限する方向にいくのではないかという懸念である（大塚 2017：104-106頁、太田 2018：32頁）。

　今回の判決が人々の意識に影響を与えたのかについての貴重な実証研究として、太田（2018）によるサーベイ実験研究がある。太田（2018）は、インターネット調査により、介護経験の有無と調査票4種の2×4要因（①判例等の提示なし、②最高裁判例の説明、③最高裁判例をADR事例として説明、④鉄道会社の請求認容事例の説明）のサーベイ実験を実施した。なお、②③では準法定監督義務者についての説明も記載している。分析の結果、②最高裁判例・③ADR事例を提示された群では認知症の親と同居し自分が主に介護をする意欲が高まる傾向が見出された。つまり、認知症の家族と同居し自分が主たる介護者として介護することについての萎縮効果は確認されなかった。この点については、太田（2018：56頁）が指摘するように、準法定監督義務者の基準についての判示よりも結論としてY1およびY2の責任が否定されたという部分が人々にとっては

重要だったのではないかと思われる。

（4）認知症患者による事故に対する責任を誰が負うべきか

　本件については Y1、Y2 ともに責任が否定されたが、それでは判断能力が十分でない成人による事故の損害賠償責任を誰が負うべきなのか、という論点が残る。特に、本件では配偶者や成年後見人の法定監督義務者該当性を否定しており、被害者救済の観点から現行法上監督義務者に該当する者がほぼいなくなることの問題点が指摘されることがある（窪田 2016：65-66 頁）。

　窪田（2017：82-83 頁）は、①責任無能力者は免責、代わりに法定監督義務者の責任とする現行民法の枠組み、②被害者が負担する（本件最高裁判決）、③加害者（責任無能力者）の賠償責任を認める、④社会による負担という 4 つの選択肢に整理している。④に関しては、保険の活用や新しい制度設計といったものがありうる。読者のみなさんには、どの選択肢が望ましいか、ぜひ考えてみてもらいたい。そこでは、法解釈論だけでなく、これまでに述べてきた認知症患者や家族の状況や、被害者の救済、認知症患者を支える社会的リソースなどの社会状況についても考慮する必要があるだろう。

参 考 文 献

浅岡輝彦（2017）「JR 東海認知症高齢者事件」法学セミナー 62 巻 3 号 37-41 頁。

飯田高（2023）「高齢者にとっての民事裁判」佐藤岩夫ほか編『現代日本の紛争過程と司法政策―民事紛争全国調査 2016-2020』東京大学出版会 515-533 頁。

上野千鶴子（2011）『ケアの社会学―当事者主権の福祉社会へ』太田出版。

太田勝造（2018）「裁判と ADR 判断のインパクト―要介護高齢者の事故の法的責任の社会的影響」高田裕成ほか編『高橋宏志先生古稀祝賀論文集　民事訴訟法の理論』有斐閣 29-59 頁。

大塚直（2017）「監督義務者責任を巡る対立する要請と制度設計」法律時報 89 巻 11 号 104-107 頁。

川島武宜（2000）「イデオロギーとしての『孝』」『日本社会の家族的構成』岩波現代文庫 87-148 頁（初出は川島武宜〔1948〕「孝について」『日本社会の家族的構成』学生書房）。

窪田充見（2016）「最判平成 28 年 3 月 1 日―JR 東海事件上告審判決が投げかけるわが国の制度の問題」ジュリスト 1491 号 62-68 頁。

―――（2017）「責任無能力者による不法行為と『家族』の責任　企画趣旨　問題の所在」法律時報 89 巻 11 号 82-83 頁。

厚生労働省（2002）「平成 13 年　国民生活基礎調査の概況」https://www.mhlw.go.jp/

toukei/saikin/hw/k-tyosa/k-tyosa01/3-3.html

─── (2015)「認知症施策推進総合戦略（新オレンジプラン─認知症高齢者等にやさしい地域づくりに向けて〔概要〕)」https://www.mhlw.go.jp/file/06-Seisakujouhou-12300000-Roukenkyoku/nop1-2_3.pdf

─── (2023a)「令和 3 年度　介護保険事業状況報告（年報）」https://www.mhlw.go.jp/topics/kaigo/osirase/jigyo/21/dl/r03_gaiyou.pdf

─── (2023b)「2022（令和 4）年　国民生活基礎調査の概況」https://www.mhlw.go.jp/toukei/saikin/hw/k-tyosa/k-tyosa22/dl/14.pdf

最高裁判所事務総局家庭局（2023）「成年後見関係事件の概況─令和 4 年 1 月～12 月」。

税所真也（2020）『成年後見の社会学』勁草書房。

佐藤岩夫（2017）「ニーズ顕在化の視点から見た地域連携ネットワーク─『法的ニーズ』概念の理論的再構成をかねて」法と実務 13 号 141-159 頁。

関ふ佐子（2019）「高齢者法の意義」樋口範雄・関ふ佐子編『高齢者法─長寿社会の法の基礎』東京大学出版会 1-25 頁。

総務省統計局（2021）「令和 2 年　国勢調査─人口等基本集計結果」https://www.stat.go.jp/data/kokusei/2020/kekka/pdf/outline_01.pdf

─── (2022)「令和 3 年　労働力調査　基本集計」https://www.stat.go.jp/data/roudou/report/2021/pdf/summary1.pdf

─── (2023)「人口推計─2023 年（令和 5 年）3 月報」https://www.stat.go.jp/data/jinsui/pdf/202303.pdf

津田小百合（2020）「介護者支援とそのあり方についての理論的検討」法律時報 92 巻 10 号 53-59 頁。

内閣府（2017）「平成 29 年度版　高齢社会白書」。

─── (2023)「令和 4 年　高齢者の健康に関する調査結果」https://www8.cao.go.jp/kourei/ishiki/r04/zentai/pdf/2_3_3.pdf

西上治（2019）「超高齢社会・高齢者と裁判」樋口範雄・関ふ佐子編『高齢者法─長寿社会の法の基礎』東京大学出版会 237-251 頁。

日本老年学会・日本老年医学会高齢者に関する定義検討ワーキンググループ（2017）「高齢者の定義と区分に関する、日本老年学会・日本老年医学会　高齢者に関する定義検討ワーキンググループからの提言（概要）」https://www.jpn-geriat-soc.or.jp/proposal/pdf/definition_01.pdf

樋口範雄（2017）「100 歳時代の到来で求められる人生を再設計するための法制度とは─日・米法の対比から考える超高齢社会の課題」Geriatric Medicine 55 巻 11 号 1273-1281 頁。

─── ・関ふ佐子編（2019）『高齢者法─長寿社会の法の基礎』東京大学出版会。

山口浩一郎・小島晴洋（2002）『高齢者法』有斐閣。

山本和彦（2012）「総合法律支援の現状と課題─民事司法の観点から」総合法律支援論叢 1 号 1-23 頁。

（ウェブページの最終アクセス日はいずれも 2023 年 9 月 28 日）

第2部

●●●●●●●●●●●●●●●●●●●●●●●●●●●●●●●●●●●

社会生活と法

9 章

まちづくりと法
―都市計画提案制度を題材にして考える

1 概　説

（1）「都市計画提案制度」とは

　法制度は、当初のもくろみに従って設計すれば、その通りに実社会で動き出すとは限らない。実際には、他の社会制度との関係で影響を受けるだけでなく、法制度に関わる様々なアクターが、自己の利益に適うよう法制度を利用しようとするからである。そもそも、複数のもくろみが絡み合って一つの法制度をつくりだす場合さえありうる。

　土地所有者、住民、商業者、土地を開発したい者、自然を残したい者、「迷惑」と思う施設を遠ざけたい者、あるいは、こうした各利害を調整し総合的にまちづくりを進めなければならない自治体など、多様なアクターが関わるまちづくりの世界では、法制度が当初の見込みとは違う使われ方となることは、なおさら起こりうる。そんなまちづくりにおける法制度の使われ方を、「都市計画提案制度」という仕組みを例に考えてみたい。

　都市計画提案制度とは、0.5 ヘクタール以上の土地の区域について、区域内の「土地の所有権又は建物の所有を目的とする対抗要件を備えた地上権若しくは賃借権」を有する者（以下、土地所有者等）が、都市計画の策定権者に対して、マスタープランを除くすべての都市計画の決定・変更を求める提案ができる仕組みである（以下、都市計画法 21 条の 2～21 条の 5 を参照）。また提案は、まちづくりの推進を図る活動を行うことを目的とする特定非営利活動法人（NPO 法人）・一般社団・財団法人、各自治体が条例で定める団体などもできるので、こうした団体を設立することで、土地所有者等だけでなく、その他の人々（通例、住民やその地で事業を営む者等であろう）も、提案を行うことができる。したがって、提案制度は、都市計画の内容決定を策定権者に独占させることなく住民等にも

開放する、住民参加のための一つの手段ということになる（策定権者となるのは、主として都道府県や、市町村などの基礎自治体である。例外的に国土交通大臣も策定権者となるが、以下は最も想定されうる基礎自治体を念頭に置いて話を進める）。

　提案を行うためには、提案に際して提出する「素案」が、法令の定める都市計画の基準に適合していなければならないだけでなく、その区域内の土地所有者等の3分の2以上の同意を得る（かつ同意する者の所有・借地する面積が区域内の総面積の3分の2以上となる）必要がある。しかし、この条件をクリアできれば、策定権者は、提案された素案をもとに、都市計画を決定・変更する必要があるか否かの判断を「遅滞なく」行わなければならなくなる。さらに、決定・変更すると決めた場合には、策定権者は、決定・変更案を作成し、素案とともに都市計画審議会に付議する必要がある。決定・変更の必要がないと判断した場合であっても、策定権者は、都市計画審議会に素案を提出し、素案に対する意見を聴いた上で、決定・変更しない理由をつけて提案した者に「遅滞なく」通知しなければならない。

　要するに、提案制度は、策定権者に対して、提案を放置することを許さず、提案内容を必ず検討することを義務づけ、提案者に、策定権者と都市計画審議会の提案に対する意見を知る機会を必ず与えてくれるのである。

（2）都市計画提案制度ができるまで

　このような、策定権者以外の、とりわけ住民たちが都市計画の決定・変更に関与できる仕組みは提案制度に始まるものではなく、一定の歴史がある。その大きな転機となったのは、1980年の地区計画制度の導入である。

　日本の都市計画は、マスタープラン（都市計画区域ごとにつくられる「整備、開発及び保全の方針」いわゆる「区域マスタープラン」や、市町村別につくられる「市町村マスタープラン」など）によって、まず大まかな方針が決められるが、マスタープラン自体は、所有権などの権利を具体的に制約するものではない。マスタープランが示した方針は、様々なゾーニング（市街化区域や市街化調整区域の区分、第一種低層住居専用地域などの用途地域の指定など）によって、具体的に建てられる建物の種類や利用目的などが制約されることになる。ただし、ゾーニング制度は、一定の区域をゾーンとしてとらえ、法律によってゾーンごとに類型化されたいく

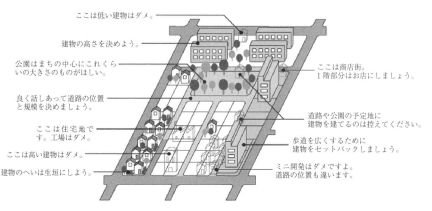

ここは低い建物はダメ。

建物の高さを決めよう。

公園はまちの中心にこれくら
いの大きさのものがほしい。

良く話しあって道路の位置
と規模を決めましょう。

ここは住宅地で
す。工場はダメ。

ここは高い建物はダメ。

建物のへいは生垣にしよう。

ここは商店街。
1 階部分はお店にしましょう。

道路や公園の予定地に
建物を建てるのは控えてください。

歩道を広くするために
建物をセットバックしましょう。

ミニ開発はダメですよ。
道路の位置も違います。

図表 9-1　地区計画でできること
出所：国土交通省「みんなで進めるまちづくりの話」。

つかの規制のうちの一つを選んで規制をかけるに過ぎず、異なる来歴をもつ土
地や地域の一つひとつの個別具体的な状況に合った規制の組み合わせとなるよ
う、規制内容をファイン・チューニングすることができるようにはなっていな
い（例えば、用途地域は 13 種類しかない）。

　そこで、地区計画はゾーニングよりもきめ細かく規制がかけられる仕組みと
して導入された。具体的には、地区内の一つひとつの土地に対して特定の用途
や高さなどの規制ができるだけでなく、公園などの施設の場所、個々の建物の
壁面の位置やデザイン、柵の材料や色の規制などについても規制をかけること
ができる（図表 9-1 を参照。地区計画など都市計画法の仕組みについては、安本 2017 参照。
また、多くの自治体が地区計画の内容をホームページで公表しているので、身近な場所の計
画を調べ実際に訪れて確かめてみるのもよい）。

　このように、地区計画は地区の性質に即してきめ細かな規制をかけられるこ
とから、土地上の権利に対する厳しい制約となりうる。そこで、地区計画を定
める際には、土地所有者等に意見を聴くことが法律により義務づけられていた。

　この地区計画制度ができた際に、住民参加に熱心に取り組んでいた自治体の
中には、条例を使って法律以上の手続を整備し、より多くの住民の意見を反映
させる仕組みを導入するところがあった。その最初の例は、神戸市の「地区計
画及びまちづくり協定等に関する条例」（1981 年）である。この条例では、まち

づくりを活動目的とする住民組織が、「地区の住民等の大多数により設置」「その活動が、地区の住民等の大多数の支持を得ている」などの要件を満たすことで、まず市長から条例上のまちづくり協議会として認定を受けることができる。そして、認定を受けた協議会が、自ら住む地区の将来構想をまとめた「まちづくり提案」をつくると、市長は、これを「尊重しなければならない」という緩やかながら一応の義務を負うことになる。また協議会は、まちづくり提案をもとにして、市長と「まちづくり協定」を結ぶことができる。そうすると、協議会は、一定の開発・建築行為を行おうとする者と、協定を前提に協議ができるようになるほか、協定の内容のうち地区計画に適合的なものについては地区計画へと移行することができる。つまり、条例は、住民たちがつくった構想を、最終的には地区計画というかたちで都市計画として実現させることを可能としているのである。

　このような自治体の取り組みは、やがて都市計画法そのものに組み込まれていくことになる。まず1992年に、地区計画が指定され、その大まかな方向性を示す「地区計画の方針」が定められているものの、まだ具体的な規制となる「地区整備計画」が定められていない地区計画について、地区内の土地所有者等が、地区整備計画を作成するよう「要請する」ことが可能となった。ただし、すでに方針が定められている必要があるだけでなく、要請を行うには地区内の土地所有者等の全員の合意によって協定を締結する必要があった。続いて2000年に、条例が定める「住民又は利害関係人」は、地区計画を決定・変更するよう、もしくはその案を「申し出」ることが可能となった。ただし、申し出をできるのは誰か、土地所有者等の同意率等どのような条件が必要か、申し出はどのように取り扱われるのかなどは、すべて条例の中身次第であっただけでなく、そもそも市町村等が条例を制定しない場合には、申し出自体ができなかったのである。

　こうした要請制度、申し出制度の様々な制約が取り払われるかたちで設けられたのが、提案制度である。繰り返しになるが、提案制度は、マスタープランを除き提案の対象となる都市計画に制限はなく、条例がない自治体でも、NPO法人や一般法人を設立することで提案者になることができるし、提案の取扱いも法定されているのである。

2　論　点

（1）提案制度の二面性

　先進自治体のまちづくり条例の先進たる所以は、地区計画を定める際、法律ではその対象地区の土地所有者等にだけ意見を聴けばよいのに対して、地区内に所有権等をもたない、より多くの住民の意見も反映させようとしたところにある。それだけでなく、地区計画案の作成に至る順序に、法制度にはない、より住民の意見を反映させる仕組みが組み込まれているのである。

　もちろん、こうした条例をもつ自治体も、法律の規定を無視することはできないので、地区計画案をつくった際には土地所有者等から意見を必ず聴くのである。しかし、この地区計画案は、（上述の神戸市の例に従えば）あくまで地区の大多数の住人等で形成されている協議会が作成したまちづくり提案を下敷きにした、協議会と市長が結ぶまちづくり協定にもとづいて、その内容がつくられている。つまり、土地所有者等は、あくまで住民の意見が反映された地区計画案に対して、権利者の立場から意見するに過ぎないのである（名和田 1998）。ところが、提案制度は、こうした前提が担保されていないのである。

　上述の通り、提案制度による提案は、法令の定める都市計画の基準に適合し、かつ土地所有者等の3分の2以上の同意さえ得られれば、提出が可能である。提出そのものは、ある土地所有者単独でもよいし、ごく一部の住民がつくる一般社団法人でもよい（規定上、提案者の中に住民や土地所有者等が一人もいなくても構わない）。したがって、所有者等ではない住民たちや、土地所有者等でもその3分の1の考えとは全く異なる提案が、法制度上、可能となっているのである。

　2006年に提案制度は一部改正され、提案できる者に、営利を目的としない法人や都市再生機構などと並んで、「まちづくりの推進に関し経験と知識を有するものとして国土交通省令で定める団体」が加えられた。ここでいう国交省令に当たる都市計画法施行規則は、この団体について、0.5ヘクタール以上の開発行為を行ったことのある者としている（同規則13条の3）。要するに、2006年の改正は、一定規模以上の開発実績のある事業者にも提案を認めるものである。この開発事業者が営利企業であれば、自己の利益を最大化するような提案を行うのが当然の理であって、住民が求めるまちづくりの方向性は、利害が一

致する場合を除けば、提案に際しての主要な考慮要素とはなりえない。しかも、提案可能な面積の下限が0.5ヘクタールに過ぎないことを考えると、開発事業者が下限面積以上の所有者となり、自身の利益を最大化することを目的とした提案を単独で行うようなことも、あながち極端な想定ともいえないのである（なお、この下限面積は、自治体の条例により0.1ヘクタールまで下げることができ、実際にそうしているところもある）。そうなれば、提案の対象区域周辺の住民らの様々な利益は、十分に考慮されないまま提案が提出されてしまうことも考えられる。

　以上見てきた通り、都市計画提案制度は、協議会型まちづくり条例の法律化という意味で、より多くの住民の意見を都市計画に反映させる仕組みともなりうるし、逆に、一部の土地所有者や開発事業者の利益だけが反映した提案がなされうるという、二面的な性格をもったものといえる。

　この二つ目の側面は、以上見てきたまちづくり条例の登場、要請制度、申し出制度へと向かう流れとは別の、もう一つの都市計画提案制度へと至る（やや短い）道筋を確認することで、より理解できるかもしれない。

　都市計画法上の提案制度が制度化されるのにわずかに先立ち、都市再生特措法が制定され、そこにも同じような提案制度が設けられている（都市再生特措法は2002年4月5日制定、6月1日施行。都市計画提案制度を含む改正法は、同年7月12日制定、2003年1月1日施行）。都市再生特措法が施行されたことで、都市再生緊急整備地域において都市再生事業等を行おうとする者は、条文に列記された都市計画について、都市計画法と同じ条件で、都市計画の決定・変更の提案を行うことができるようになったのである（都市再生特措法上の提案制度については、国土交通省都市・地域整備局市街地整備課・河合 2005 参照）。

　都市再生特措法は、「現在の都市計画等が、民間事業者が創意工夫を実現しようとするときに、その要請に十分応えられるものとなっていないこと」「必要となる都市計画手続等に長時間を要するなど、事業実施の予見可能性が低く、時間リスクを抱えることになること」などを「隘路」ととらえ、これらの問題を「都市再生緊急整備地域」等の指定により既存の規制を撤廃・緩和することで乗り越えようとするものである（都市再生特別措置法研究会編 2002：35 頁）。そのため、同法に対しては、公共性の名の下で中央政府が主導して迅速に私的利益を確保させるようなものといった批判が寄せられていた。

都市計画法上の提案制度は、こうした都市再生特措法上の提案制度と並行して制度化されてきたという側面がある。もちろん、より一般的な都市計画法上の制度とする際には、都市再生特措法においては都市再生事業等を行おうとする者に限られていた提案権者を、土地所有者等・NPO法人・一般法人、さらには各自治体が「条例で定める団体」にまで広げたり、提案を受けた策定権者は「速やかに」決定・変更の必要性を判断し、さらに決定・変更の場合には「六月以内に」都市計画決定までしなければならないのを、単に「遅滞なく」判断すればよいとするなどの変更を加えている。そのことで、まちづくり協議会のような条例にもとづく団体も利用可能となり、また策定権者に提案を少し熟慮する期間を許した仕組みとなったことも事実である。しかし、提案が一部の者の利益のみを反映したものにならないことを担保するような仕組みは組み込まれなかったのである。そうすると、都市計画提案制度は、結局のところ「力量のある私的団体＝事業者のみの提案を現実的には想定したものとみるしかないであろう」（見上 2006：175頁）という批判に説得力が出てくる。

（2）提案制度の現状

　これまでどのような都市計画提案が行われてきたかは、国土交通省のホームページ「都市計画現況調査」を見れば、その概要をつかむことができる。令和4年調査によれば、令和4年3月31日現在、全国で466の提案が行われている。これを都道府県別に見ると、うち55件が北海道で、さらにそのうち41件が札幌市である。都道府県単位で20件以上に達するところを見ても、北海道のほかは、千葉（31）、東京（24）、神奈川（28）、愛知（29）、大阪（21）、広島（39）、福岡（37）、長崎（21）の9つだけである。これで285件、全体の約61％となる。制度ができて20年を経ても、大都市圏を中心とした一部の自治体のみで提案が行われていることが分かる。また、検討中の5件を除く461件のうち、都市計画の決定・変更等に至らなかったのは18件（取下げ2件を含む）だけで、多くの提案は何らかのかたちで成果を上げていることが分かる。ただし、これは提案前に自治体の事前相談（後述）を経る手続が普及したことで、見込みがないケースはそもそも提案が行われなくなったからと見るべきであろう。事実、18件中12件は、制度発足から5年以内のケースである。

提案者は、土地所有者等である場合が9割以上であるが、この中に地権者でもある開発事業者が含まれているのが判明しているケースもあるので、単なる地権者の提案がほとんどであると単純に判断できない。2016年末に政令市・中核市・その他の県庁所在市、23区を対象に行われたアンケート調査では、都市計画法にもとづく提案を「住環境・まちづくり型」と「開発型」の2つに想定し質問したところ、返答した80の自治体のうち、51.2％が提案を受けた実績があり、そのうち開発型が69.7％を占めたという（福島・矢嶋 2021）。初期の分析になるが2006年までに提案された28件について提案主体を分類した研究によると、「提案主体を企業・大規模地権者と住民（組織）に分類した場合、企業提案件数が22件……、住民提案件数が6件」としている（林崎ほか 2007）。

　ただし、開発型や企業提案のものであれば、必ず住民の意向を無視した問題事例となるわけではない点については、注意が必要である。都市計画においては、これまでも、総合設計制度や再開発地区計画など、事業者が行う開発計画の中に公共施設の整備などを組み込ませることで、規制を一部緩和しより高度な開発を認める仕組みがあった。そのような仕組みは、事業者に特別のインセンティブを与えるものではあるが、その見返りとして、例えば地域に不足していた公園などの公共施設用地を提供させるなど、周辺住民にも利益をもたらすことを想定したものであった。そして、提案を原因として地域紛争にまで至る事例は、これまでのところ、ごく少数といえる。どうしてそうなるのかについては、まず事例を確認した上で、最後に考えてみたい。

3　事　例

　比較的大きな地域紛争に発展したケースとして、横浜市栄区の上郷猿田地区開発がある。舞台となったのは、JR横浜線の港南台駅から約1kmほど離れた30ヘクタール余りの谷戸地である。谷戸とは、丘陵地が浸食されてできた谷間の湿地のことをいうが、この地区も湧水を起点とする瀬上沢という流れがあり、ここにホタルやカワセミ、オオタカなど貴重な生物の生息地をはじめとした豊かな自然が形成されている。横浜市は、これまで、ここを含む周囲一帯を市街化調整区域と指定してきた。しかし、人口増加に伴う住宅需要の増加から

周囲の市街化区域への編入が進んだが、この場所は、一部に農業的利用が見られるほかは自然にほぼ手がつけられることなく残されていた。このような環境が残されたのは、起伏の大きな土地であるため大規模埋立などの大がかりな開発を行わない限り都市的な土地利用が不可能だったからと思われる。

　2000年代に入り、この土地の一部を購入した建設会社は、他の土地所有者などとともに、この地を住宅地等にする開発計画をもつようになる。2007年には、一部を自然として残しつつも全体を市街化区域へと編入することを提案の中心とする一度目の都市計画提案が行われているが、横浜市は、翌年、提案にもとづく変更を行わない旨を通知している。この計画が発表されて以降、「上郷開発から緑地を守る署名の会」が結成され、9万2000筆余りの署名が添えられた陳情書が市長・市議会に提出されたことも影響したのであろう。

　2012年になると、建設会社は、横浜市に事前相談し助言を受けた上で、新たな計画案を発表している。今度は、残す緑地を計画地の7割まで高めることでより緑地保全を図る内容で、前回案の批判に応えたものといえた。そのためには保全地を市に有償譲渡することが前提となっていたが、直後に、市が緑地を買い取る旨表明している。しかし、計画への批判はやまず、翌月には10万筆を超える反対署名が市長・議会に提出された。ところが今回は、市は、緑地として残す部分も市街化区域とする部分を変えて市街化調整区域として残すこととしたほかは、提案を受け入れることとしたのである。2017年に計画案は公告縦覧の手続にかけられるが、ここでも9000通を超える反対意見が提出された。そして、2018年、都市計画審議会はこの提案に関する採決に至り、結果、賛成多数で計画案を承認している。2019年には、建設会社が、市へ開発事業計画を提出している。しかし、この段階になっても計画に反対の声は強く、繰り返し反対の署名活動などが行われ続けた。

　結局、2023年に、建設会社は開発を断念することになった。報道によれば、2021年に熱海市で起きた大規模土石流災害のような事態を防ぐため、盛り土に必要なコストが大幅に増えたことなどが理由として挙げられていた。提案は、複数所有者がもつ緑地を個別開発から守り一体的に保存するほか、医療モールを設置するなど、周辺住民の要望・利便性に一定の配慮した内容とも評価できるものであった。しかしながら、人口減少下において貴重な自然環境を潰して

まで新規の住宅開発をすることに、そもそも無理があったように思われる。

4　ディスカッション

　最後に、提案制度をよりよい制度として活用するためにどうしたらよいか、提案者・反対者など様々な立場に立って事例を眺め考えてみたい。

　建設会社がこの地に興味をもち自ら土地所有者となって都市計画提案をしようと考えたことは、その他の土地所有者にとって大きな力となったはずである。提案には、「法令に基づく都市計画の基準」に適合する必要があるため、専門的な知識がなければそもそも提案することができなかったはずだからである。

　これは、住民等がつくる団体が提案者になる場合も同様である。そのため、自治体によっては、住民団体が専門家からアドバイスや提案内容の作成代行等のサポートを受けるための費用を一部負担する制度をもっているところがある。

　提案のためのもう一つの条件である、3分の2以上の同意についてはどうだろうか。これも、大方の土地所有者等にとってはよい話であっただろう。都市的な利用に適さない土地が開発によって変われば、それだけ地価が上がるだろうからである。7割の土地を緑地として残せるという提案に安堵した地権者もいたかもしれない。2回目の提案は、開発地最大の地権者となった建設会社のみならず、地権者全員が同意した上で行われている。他方、この地の特性からすると、ここに実際に住んでいる人はいなかったはずである。仮にここに住民が住んでいて住民団体が提案を行ったとしたら、どういうことが考えられるだろうか。この場合、住民団体は、3分の2以上の同意を得られず提案できないかもしれない。無事に同意を得られても、実際とは異なりすべての土地所有者等の同意は得られないかもしれない。

　さらに仮に、同意しない所有者等がたった一人のわずかな土地をもつ人だった場合はどうだろうか。全員合意を条件にした場合、個々の権利者は事実上拒否権をもつことになる。これを望ましくないと考えるならば、一定の同意率を条件にすることに（「3分の2」が適切かは別として）一応の理由があるといえる。地区計画には、周囲の土地利用とそぐわない抜け駆け的な土地利用（実際には中低層の個別住宅が建ち並ぶ中、用途地域上たまたま許容されていたので高層マンションを

建設しようとするなど）を防ぐという機能もあるので、場合により、全体の利益を図る上で個別の権利者の意思を無視する必要性もあるのである。

　ただし、現実の対応においては、特に地区計画の策定を求める提案については、土地所有者等の全員の合意を条件とする自治体が少なくない。代わりに、同意しなかった所有者の土地を除外することで、一つのまとまった区域とは言い難い不整形な区域設定での提案を受け入れるところもある（建築協定における「穴抜け」〔→ 10 章〕と同様の問題である）。法制度としては、こうした状況の出現を防ぐことができるのであるが、現実としては、規制を受けることとなる土地の権利者への配慮に重きが置かれていることになる。

　今度は、提案を受ける自治体の立場になって考えてみよう。策定権者とは異なる発想を都市計画に活かすことが提案制度の目的だとすれば、多様な主体から多くの提案を受けることが望ましいことになる。そのため、一部の自治体は、すでに述べてきた事前相談や専門家派遣に加えて、事前相談時点での助言、土地所有者等の同意調達の補助など、提案を容易にする様々なサポートを提供している。こうしたサポートは、逆に、実現性のない提案がそのまま安易に提出されることを防ぐ効果ももつだろう。しかし、これらをより積極的に行えば、提案に反対の立場の者からは、自治体が提案者と一体となって話を進めているように映り、自治体として公平性に欠けるとの批判を呼びかねない。

　そこで重要になるのは、提案を承認／拒否する際の基準の明確化である。そのため、自治体によっては、ガイドラインや要綱を策定し提案までの手続を整えるだけでなく、その中で、マスタープラン等の上位計画との整合性、提案により実現される公共性の有無・程度など、提案の実質を審査する際の項目をあらかじめ明示しているところがある。これに加え、提案が周辺環境に配慮したものであるか、周辺住民の理解が得られているかを審査項目としたり、周辺住民に素案の閲覧・意見表明の機会を設けるなどすることで住民の意見を提案段階からできるだけ取り入れるようにし、開発事業者や土地所有者等のみの利益を図るような提案とならないよう工夫している（自宅や学校のある自治体は、どんな取り組みをしているのだろうか。この点もホームページなどで確認してみるとよい）。

　また、より積極的に、上述の神戸市条例のような仕組みを都市計画提案制度との関係においても条例化しているところもある。そこでは、住民をはじめ商

店街振興組合、農業協同組合など、その街で暮らし働く多様な人々を主体として提案がなされるようにしている（尹・高見沢 2014）。

　以上から明らかな通り、提案制度が極端な方向で用いられていない理由の一つは、法制度外の仕組みを自治体が用意してきたことにあるといえる。それでも、この節で見てきたように、よりよい制度運用のために考えなければならないことは多く残されているし、同意率の問題一つを取り上げても、そもそも何を「よりよい」とするかについても判断が分かれるであろう。そして、それは各自治体の判断に委ねられているが、それでよいのだろうか。法制度を見直して、自治体の取り組みの中に法律化する必要がある部分はないのだろうか。この点を含めて考えてみることも重要である。

参 考 文 献
尹荘植・高見沢実（2014）「まちづくり条例による都市計画への提案の仕組みに関する研究」都市計画論文集 49 巻 3 号 495-500 頁。
国土交通省「みんなで進めるまちづくりの話」https://www.mlit.go.jp/crd/city/plan/03_mati/index.htm
──「都市計画現況調査」https://www.mlit.go.jp/toshi/tosiko/genkyou.html
──都市・地域整備局市街地整備課・河合麦（2005）「都市再生特別措置法に基づく都市計画提案制度及び認可等の特例の活用による市街地再開発事業の推進について」市街地開発 428 号 7-15 頁。
Save SEGAMI　http://savesegami.com/
瀬上沢だより　上郷開発から緑地を守る署名の会　http://segamizawa.blog54.fc2.com/
東急建設ニュースリリース　https://www.tokyu-cnst.co.jp/topics/
都市再生特別措置法研究会編（2002）『都市再生特別措置法の解説 Q&A』ぎょうせい。
名和田是彦（1998）『コミュニティの法理論』創文社。
野呂充（2014）「私人による都市計画提案」松本和彦編『日独公法学の挑戦』日本評論社 193-210 頁。
林崎豊ほか（2007）「住民発意による都市計画提案制度の運用実態と活用促進に向けた研究」都市計画論文集 42 巻 3 号 229-234 頁。
福島茂・矢嶋祐貴（2021）「都市計画提案制度に対する自治体のスタンスと対応」計画行政 44 巻 2 号 33-45 頁。
星卓志ほか（2017）「住環境の維持、向上に資する都市計画提案制度の活用方策に関する研究」日本建築学会計画系論文集 82 巻 737 号 1757-1764 頁。
ホタルのふるさと瀬上沢基金　http://www.segamikikin.org/
見上崇洋（2006）『地域空間をめぐる住民の利益と法』有斐閣。
安本典夫（2017）『都市法概説（第 3 版）』法律文化社。
（ウェブページの最終アクセス日はいずれも 2023 年 9 月 28 日）

10 章

住宅と景観
—制度的法現象としての建築協定

1　概　説

（1）居住地選択と法

　仕事やプライベートも安定してくると、マイホーム購入が検討されることも生じよう。近年では、駅近の大型マンションの人気が高いが、郊外の住宅地であれば同じ値段で一戸建に手が届くかもしれない。従来は、新築でなければという人が多かった。一戸建も新たに宅地開発されたニュータウンに建てられることが多かった。しかし、中古の方が手頃な価格で自由にリノベーションできるため、若い人に好まれるようになってきた。何より中古だと購入前にマンションや住宅地を見学し、コミュニティの雰囲気を知ることができる。これを理由に中古を勧める本も多い。

　それでは、コミュニティとは何であろうか。この言葉を社会学の用語としてつくりだしたマッキーヴァー（1914 = 2009）は、コミュニティを一定の領域内で共同生活を営み、そこに共属感情をもつ構成員からなる地域集団と定義した。大型マンションであれば、マンションそれ自体が一つの領域をなし、同じマンションに住むという共属感情にもとづき、マンションの管理組合や自治会の活動がコミュニティとして営まれていることになろう。戸建住宅地でも自治会が領域ごとに存在することが一般的であり、都市での共同生活を支える自治組織として機能してきた。マンションや住宅地を訪問すれば、これらの自治組織の活動の様子が雰囲気として伝わってくるであろう。

　しかし、コミュニティの雰囲気をつくりだすのは、このような自治組織だけではない。都市には、都市計画法にもとづき都市計画が定められている。郊外の住宅地が閑静な雰囲気であるのは、都市計画が当該地域での店舗や飲食店の設置を禁じ、住居専用の地域としているからである。駅近くに大型マンション

を建設できたのは、そこが都市計画で近隣商業地域とされ、高い建物を建てることを許容しているからである。近隣商業地域では、店舗や飲食店の設置も自由である。ゆえに利便性も高いが騒がしさもある。建物を建てようとしない限り、このような都市計画法のルールに気づくことはないかもしれない。しかし、法はこのようにして都市やコミュニティの姿に影響を与えている。

（２）建築協定という法のルーツ

　戸建住宅地の中には、都市計画法のルールとは別に自分たちで自主的なルールを定めて住環境の保全やまちなみ景観の創出に取り組んでいる地域もある。そのようなルールとして早くから用いられてきたのが建築協定という法制度である。詳しい説明の前に、この法制度がなぜ戦後直後の1950年に制定された建築基準法に盛り込まれたのか、という歴史的起源を先に説明しよう。

　緑溢れる住宅地は、各国の都市計画家のユートピアであった。新一万円札の図柄になった渋沢栄一は、銀行をはじめ数多くの会社を創設した「日本資本主義の父」である。渋沢は、今日の東急電鉄・東急不動産の前身となる田園都市株式会社という鉄道会社も創設している。この会社は、鉄道の開設だけでなく、その名の通り田園都市の建設を目標とした。栄一の四男である渋沢秀雄は、田園都市視察のため欧米11ヶ国を訪問し、自らの理想を実現すべく現在の田園調布の住宅地開発を1923年から開始する。

　田園調布駅を中心として放射線状に道路を配置し、同心円状に宅地開発を行う区画割は、パリの凱旋門のエトワール広場やイギリスの田園都市「レッチワース」をモデルにしたとされる。しかし、宅地分譲時のルールは、民間ディベロッパーが開発を行ったサンフランシスコのセントフランシス・ウッドの制限的不動産約款が参考にされた（秋本 2000）。

　高級感ある住宅地をつくりだし、それを維持していくには、大きな区画で分譲し、その後の宅地分割を禁じる必要がある。小さな家が建つと高級感が崩れるからだ。そこで田園都市株式会社は、土地譲渡契約の中で宅地分割禁止を盛り込み、住居以外の用途に用いることも禁止した。それ以外にも、①建設敷地は宅地の5割以内に、②建物は3階建以下に、③住宅の工費は坪当たり120円以上に、④塀を設けるときは典雅なものに、⑤近隣に迷惑行為をしない、と

いったルールも紳士協定として締結した。これらのルールは、すべてセントフランシス・ウッドでの宅地分譲時にディベロッパーと土地購入者との間で締結された制限的不動産約款にならったものである。これらルールの主たるものは、現在でも田園調布会という社団法人により継承・運用されており、田園調布内で家を建てるには、事前に田園調布会と協議を行う必要がある。田園調布が成功した芸能人も多く住む高級住宅地として知られるのは、そのためである。

　東武鉄道が 1936 年から宅地分譲を開始した常盤台でも同様のルールが建築規約として分譲時に設定された。1950 年に建築基準法が初めて制定されたが、その当初から建築協定という制度が建築基準法の中に存在したのは、田園調布と常盤台での協定をモデルにすることができたからである。

（3）建築協定の現在と観察

　2017 年度末の国交省集計となるが、今日、全国で 2399 の地域で建築協定が運用されている。建築協定の内容は、当該地域内で建物を新築・改築しようとする方に守ってもらう必要があるため、多くの市町村では、ホームページで建築協定のある地域と協定内容を公表している。

　筆者は、毎年、都市・環境法の講義のレポート課題として建築協定のある地域のまち歩きを課題にしてきた。協定の内容が実際のまちなみにどのように反映しているか、建築協定の対象地域とそうではない隣接地域を歩いてみると、どのような違いがあるか、を観察することでローカルな法の社会学的分析を実践してもらってきた。みなさんもぜひ行ってほしい。建築協定地域が行ける範囲になければ、Google ストリートビューを活用してほしい。協定内容がまちなみに反映していることが多いが、そうでない場合もある。「百聞は一見にしかず」なので、まずは自分の眼で観察してほしい。

２　論　点

（1）住民による法運用

　建築協定を調べてみれば、その多くは、いわゆる「ニュータウン」と呼ばれる郊外で大規模な宅地開発がなされた住宅地で締結されていることに気づくは

ずだ。このような建築協定は、「一人協定」と呼ばれる。この協定は、宅地開発を行った民間ディベロッパーが分譲前に自らが所有している土地に対して自分一人で建築協定を締結して行政の認可を受け、その後、その効力が宅地の購入者に及ぶかたちを取るからである。

これとは反対に「合意協定」もある。これは、既成住宅地でマンションの建設を防止したり、商店街で風俗店の進出を防いだりといった目的で一定の地域内の土地所有者の間で協定が締結されたケースである。反対運動を契機に締結された場合が多い。

一人協定であっても建築協定を運用するのは、土地所有者である住民たちである。通常、建築協定のある地域では、自治会を基盤に建築協定運営委員会が設置され、建築を行おうとする者と事前協議を行ったり、違反建築物がないかを監視したり、違反に対して是正を求めたりする活動が行われる。それゆえ法社会学でも地域中間集団による法形成（棚澤・名和田 1993）、ローカルな法秩序（阿部 2002）、コミュニティによる法使用（長谷川 2005）として建築協定の研究が行われてきた。

建築協定で定めることができるのは、建築物に関するルールであり、①最低敷地面積、②道路からのセットバック等の位置、③耐火建築物とする等の構造、④マンション、店舗や風俗店を禁ずる用途、⑤建物の階数や高さ、建蔽率等の形態、⑥建物や塀の色や形である意匠、⑦エアコン室外機の位置等の建築設備、につき定めることできる。これらにつき建築基準法で定めている基準を緩めることはできず、厳しくする場合にのみ認可を受けることができる。

これらのルールを相互に遵守すれば、当該地域の住環境が保全され、まちなみ景観も生まれ、地域全体の価値が高まるため、建築協定は、コモンズのルールとしての側面をもつ（高村 2012）。

（2）法的拘束力の不完全性と地区計画への移行

ただし、法的拘束力を実効的に及ぼすという点で建築協定には脆弱さもある。第一に建築協定は、それに同意した土地所有者の土地にしか法的拘束力を及ぼすことができない。それゆえ合意協定では、当初から協定に参加していない穴抜け地区があることが多い。第二に建築協定には有効期間がある。有効期間は、

長くても 20 年間、実際には 10 年間としているところが多い。有効期間を迎える際に土地所有者間で協定更新の手続を行う必要がある。それゆえ協定が更新されず、廃止になったり、一部の土地所有者が更新に加わらなかったりといったことが実際に生じている。第三に建築協定を遵守させるのは、建築協定運営委員会の役割となり、行政ではない。行政が建築確認の申請を審査する際には、建築協定のルールを考慮せず、都市計画や建築基準法のルールのみとなる。従来は、窓口での行政指導として建築協定の存在が建築主に伝えられ、建築協定運営委員会と先に事前協議を済ませるべきことが指導された。しかし、1999年以降、建築確認の審査が民間の指定確認検査機関に委ねられるようになり、窓口指導が行われにくくなった。第四に建築協定に違反して建築された建築物に対しては、行政が是正命令を出すことはなく、建築協定運営委員会が民事訴訟を提起し、裁判所に是正命令を出してもらうしかない。

　それゆえ 2000 年以降、建築協定の内容を地区計画という都市計画法の中の制度へと移行させる地域や自治体が増えていった。地区計画のメリットは、以下の点にある。第一に地区内の土地所有者の 3 分の 2 程度の賛成があれば、地区全体に法的拘束力をもつルールとして自治体が都市計画決定するため、穴抜け地区が発生しない。第二に建築確認の審査で必ず適合が求められるルールとなるため、違反が生じにくい。第三に有効期間を定める必要はなく、恒久的なルールとなる、といったメリットがある。先の田園調布も重要なルールは、地区計画に移行させており、植栽や外構、隣接地のプライバシーの配慮などルールとして客観化しにくい事柄につき田園調布会との事前協議を求めるかたちにしている。

（3）制度的法現象としての建築協定

　他方で地区計画は、住民たちではなく、行政が運用するルールとなるため、ルールの存在が忘却されたり、定期的な見直しが行われなくなったりして、まちづくり活動の停滞を招くこともある。それゆえ、後の事例のように建築協定をまちづくり活動のシンボルとして継続させている地域もある。

　また建築協定は、穴抜け地区に対して法的拘束力をもたないが、実際には、穴抜け地区に対しても建築協定を守ってほしい旨の要請が住民たちにより行わ

れ、土地所有者も協定を遵守したり、ある程度の譲歩を行ったりすることがよくある。これは、建築協定というルールが遵守されねばならない「法的なもの」として当事者に観念されるのは、それが建築基準法等の国家法により法的拘束力が付与されたからではなく、そのルールの理念に賛同する都市住民たちの共同体を制度的な基盤としてルールが規約化され、制度として自治的・持続的に運用されてきたからであることを示唆する。19世紀末に活躍したフランスの公法学者モーリス・オーリウは、このような法現象を「制度（institution）」的法現象として理論化した。磯部（1990）は、オーリウに依拠して制度的法現象として建築協定をとらえるべきとした。このようなとらえ方は、実定法学と異なる法社会学に固有のものであり、続く事例からもこのようなとらえ方が不可欠であることを示していきたい。

3　事　例

　以下では、筆者による聞き取り調査や筆者が京都市の建築協定連絡協議会や地域景観づくりネットワークの研修・シンポでコーディネーターを務めた中で知りえた事柄にもとづき、2つの事例の紹介を行う。事例を通じて建築協定がどのように生成し、今日、運用されているか、を見ていく。

（1）桂坂ニュータウン――一人協定から地域景観づくり協議会へ
　京都市の西山丘陵地を開発して造成された桂坂ニュータウンは、人口約1万2000人、4200世帯の大規模ニュータウンである。緑溢れる住宅地をコンセプトに西武グループのディベロッパーが開発を行った。西山の山並みを背景にしながら、大きな緑として野鳥公園が設けられ、中くらいの緑として街路樹、緑道、児童遊園が豊富に配置され、小さな緑としてフォルトと呼ばれる道庭が各細街路に設けられている。駅までバスで20分程度かかる郊外住宅地だが、住環境がよいため人気が高い。
　宅地開発は、工区を分けて行われた。第一工区の入居開始は、1986年であり、2010年に最後の工区が完成した。工区ごとに宅地分譲を開始する前にディベロッパーが有効期間を20年とする一人協定の建築協定を設定してきた。現在、

39 の建築協定地域が存在し、建築協定の内容は、各地域とも共通して、①一戸建の専用住宅のみとする用途制限、② 160 ㎡未満となる宅地分割の禁止、③ 10 mまでの建物の高さ、④敷地の 50 ％以内の建築面積、⑤ 20 ％以上の緑化率、⑥屋根や外壁の意匠・色彩・材料の制限、といったルールが設けられている。

　ディベロッパーの働きかけにより工区ごとに自治会が結成され、自治会を基盤に建築協定運営委員会が住民たちにより組織・運営されてきた。しかし、住民たちの建築協定への関心は高いものではなく、実際には、ディベロッパー会社と宅地販売の会社が新たな建築計画に対して建築協定にもとづく審査を先に行い、その後、その結果を各建築協定運営委員会に伝達する方式が取られていたとされる。

　ところがディベロッパー会社が 2001 年に破産し、2007 年にセンター地区で 5 階建のマンション建設計画が持ち上がった。桂坂の住民は、この計画に反対する運動を展開していくことになった。これと並行してこれまで連絡を取り合うことのなかった各建築協定運営委員会の連絡組織として桂坂地区建築協定連絡協議会が発足し、「建築協定のある街にマンションはいらない」という反対運動のスローガンが構築されていった。

　マンション建設の予定地は、都市計画では近隣商業地域となっており、高い建物を建てることができる場所になっていた。またこの地区では、建築協定が締結されておらず、建築協定に拘束されることもない。しかし、反対運動の広がりが大きくなる一方だったので、マンション事業者は、計画を断念した。それ以降、建築協定の有効期間の満了を迎える地区では、連絡協議会からのノウハウ提供や支援にもとづき、建築協定の更新が住民合意にもとづき進んでいった。

　2013 年からは、桂坂地区全体で、京都市の景観条例にもとづき、桂坂景観まちづくり協議会が発足した。これは、京都市により認定された協議会であり、桂坂地区で新たに建築を行う者だけでなく、公園や街路の樹木を伐採したり、設備を設置したりする行政にも事前協議を求めるものとなっている。また桂坂地区には、異なるディベロッパーが開発したため、建築協定が存在しない地域もいくつかある。このような地域でも桂坂景観まちづくり協議会の認定・発足後は、建築の前に協議会との事前協議が義務づけられ、協議会は、桂坂の建築

協定の内容に沿った建築とするように求めている。事前協議での要請は、法的に拘束力があるものではなく、お願いに過ぎないが、建築主もそれに従っている。

　ディベロッパーが設定した建築協定を、マンション紛争を契機に自分たちのものとし、協定の効力が事実上及ぶ範囲を拡張することに成功した事例といえる。

（2）上京区一松町—民泊規制という新たな目的追加による波及効果

　京都市上京区の一松町は、狭い道路沿いの静かな住宅地であり、54世帯が住んでいる。伝統的な京町家が7、8軒残っているが、上京区の中では少ない方である。それ以外は、3階建か2階建の戸建住宅であり、まちなみ自体にさほどの特徴はない。大学が近くにあるため、ワンルームマンションが建築されやすい場所にある。そのため、2008年に町内の37世帯が参加するかたちでマンションの建設を禁ずる建築協定が締結された。協定では、そのほかに建物の高さを12m以下の3階建までとしたり、夜間に営業を行う店舗やホテルや旅館の開業を禁じたりした。

　協定の効果もあり、マンション建設を防ぐことができた。しかし、その後、民泊を始める住宅が現れ、近隣とトラブルも生じるようになった。2018年に建築協定の有効期間が終了となるため、協定更新に際しては、民泊を禁止する規制を盛り込むか、が争点となった。地域で話し合いを始めてみると、建築協定に参加していない世帯の中にも民泊禁止には賛成という世帯がいることが分かった。そのため、建物の高さ・用途を規制する建築協定の更新と分けて、民泊を禁止する建築協定を別途新たに締結することにした。図表10-1を見比べてみれば分かるように、建物の高さ規制の建築協定に参加していないが、民泊禁止の建築協定には参加している世帯がある。このように目的別に建築協定を締結できたのは、建築協定に参加しなかった世帯とも分け隔てのない近所付き合いをしてきたからである。

　民泊禁止を建築協定の中に盛り込んだのは、京都市では、この一松町が最初であった。京都市では、2007年に新景観政策がスタートし、市による都市計画の変更により建物の高さ規制が全域的に強化され、建築協定の高さ規制より

高さ規制の建築協定区域図　　**民泊禁止の建築協定区域図**

凡例

建築協定地区

区画番号
建築協定区域
地番

建築協定区域隣接地
＝穴抜け地区

図表 10-1　京都市上京区一松町の高さ規制の建築協定と民泊禁止の建築協定の区域図の比較

　も市による高さ規制の方が厳しくなる建築協定地域が多く生じた。それゆえ建築協定を更新しない地域が増えていったが、一松町が民泊規制の建築協定を設けた以降は、これがモデルになり、民泊規制の建築協定を締結する地域が増えていった。

　この事例では、建築協定の更新を機に民泊問題への対応という新たな目的が協定に託され、従来よりも賛同者が増えることが判明したため、モデル事例となり波及効果を生み出したといえる。

4　ディスカッション

　しかし、建築協定は、よいことばかりではない。これから建築協定の問題点や限界につき説明していくので、授業やゼミのクラスでもディスカッションしてほしい。

（1）オールド・ニュータウン問題と世代間正義

　建築協定のある地域は、丘陵地帯を切り拓いた郊外ニュータウンが多い。協

定で建物の用途を住居のみとしているため、このような地域では、店舗や病院・福祉施設が存在せず、買い物や通院のためには、必ず車に乗る必要がある。高齢になり、運転も難しくなると、住みにくい街となり、転出を余儀なくされる方も多い。

　あなたは、自治会内の輪番で建築協定運営委員長を務めていると仮定しよう。高齢者の方々を中心に建築協定の撤廃を求める署名があなたに提出された。この署名運動を知った若い世代の世帯からは、逆に建築協定をなくすと閑静な街の雰囲気が損なわれて不動産価格が低下するという理由で建築協定の存続を求める署名が提出された。このままだとコミュニティが年齢によって分断され、対立の収拾がつかなくおそれがある。あなたなら、この局面を打開するために、どのように行動するだろうか。建築協定をどうしたらよいだろうか。

（2）環境正義と人種的正義─地方自治権の適切な範囲

　アメリカでは、同様の問題が人種対立や環境問題といった論点も加わりながら先鋭化している。建築協定のモデルになったアメリカの制限的不動産約款は、当初は、人種的制限約款とも呼ばれ、白人以外の人種への宅地転売を禁じることが主たる目的であった（マッケンジー 1994 = 2003）。渋沢らが参考にしたサンフランシスコのセントフランシス・ウッドの制限的不動産約款でもアジア人に不動産を譲渡することを禁ずる条項が盛り込まれていた。1948 年の連邦最高裁の「シェリー vs クレーマー」判決により、人種を理由に不動産譲渡を制限することは、違憲とされた。それゆえ、そのような条項は無効となり、用いられなくなった。しかし、宅地分割を禁じたり、一区画に居住できる人数を制限したりしている条項は、実質的には、お金持ちの白人しか住めない住宅地とするルールであり、人種的隔離政策の継続であるとの批判も強い。

　アメリカでは人口増加も続いており、住宅価格が高騰し、低所得層の居住条件が悪化している。そこでリベラル派が強い州においては、一戸建（single-family）専用地域としている地域のゾーニングを州の立法で改め、アパート（multi-family）を建築できるようにする動きが広まりつつある。この動きは、環境派からも支持されている。なぜなら一戸建専用地域は、自動車生活に依存した低密度な土地利用であり、今後も一戸建専用の住宅地開発を続けるならば、

さらに自動車による二酸化炭素排出が増えるからだ。

　しかし、伝統的には、都市計画のゾーニングは、まちづくりのための最も重要な手段であるため、基礎自治体の自治権限とされてきた。これを理由に州の立法によるゾーニング変更に反対する者もいる。とはいえ、環境や人種の問題は、広域的な問題であるため、基礎自治体に委ねていては、抜本的な取り組みが期待できない。あなたは、州政府が基礎自治体のゾーニングに介入していくことに賛成か否か。

（３）改めて景観とは何か—設計された法と自生的秩序

　ところで建築協定や法が得意なのは、「○○を禁ずる」といった禁止的ルールを設けることであり、望ましい建築や景観をルールとして定めて積極的に誘導することは、ほとんど行われていない。また実際に魅力のある街は、定立されたルールにもとづき形成されることは稀であり、模倣の連鎖により形成されることが多い。ある古民家をリノベーションしてアトリエにする人が最初に現れ、その後、同じように古着屋やカフェを開業する人が続き、その後も連鎖が生まれると、オシャレで人気のある街になっていく。今日、このようなリノベ型の都市再生が増えている。

　秋葉原は、戦後の焼け野原にラジオや無線を扱う露天商が集まり、その後の高度経済成長期に家電販売店が集積する電気街として有名になった。1995 年に Windows95 が発売されると、パソコン街へと変容し、その後、アニメやサブカルの聖地となった。今日では、アイドルに出会え、メイドカフェが集積する街としてさらに人気になっている。仮に電気街としての歴史を守るために家電販売店しか認めないという建築協定を定立していたなら、街の自生的な進化は阻害され、衰退していたであろう。

　ハイエク（1978 = 2007）は、このような秩序形成を「自生的秩序」と表現し、「設計された法」に対置させた。法を設計する立法者は、将来起こりうることを知りえないから、自生的秩序の方が変化に柔軟に対応でき、望ましいとした。紛争や裁判をきっかけにして出される判例の方が立法よりも望ましいルールになるともハイエクは主張した。法学部で望ましい立法のつくり方の授業がなく、判例研究ばかりなのは、望ましい立法のつくり方を法学者が理論化できていな

いからかもしれない（→17章）。あなたは、このような説明に賛成だろうか。魅力的な街や景観をつくりだすために、法や法学は、何をどこまでできるだろうか。

参考文献

秋本福雄（2000）「カリフォルニアの田園的郊外セントフランシス・ウッドの成立」都市計画論文集35巻649-654頁。

阿部昌樹（2002）『ローカルな法秩序』勁草書房。

磯部力（1990）「『都市法学』への試み」成田頼明ほか編『雄川一郎先生献呈論集　行政法の諸問題（下）』有斐閣1-36頁。

栩澤能生・名和田是彦（1993）「地域中間集団の法社会学」利谷信義ほか編『法における近代と現代』日本評論社405-454頁。

高村学人（2012）『コモンズからの都市再生』ミネルヴァ書房。

ハイエク, フリードリヒ・A.（1978 = 2007）『法と立法と自由 I』（西山千明ほか監修・訳）春秋社。

長谷川貴陽史（2005）『都市コミュニティと法』東京大学出版会。

マッキーヴァー, ロバート・M.（1914 = 2009）『コミュニティ―社会学的研究　社会生活の性質と基本法則に関する一試論』（中久郎・松本通晴監訳）ミネルヴァ書房。

マッケンジー, エヴァン（1994 = 2003）『プライベートピア―集合住宅による私的政府の誕生』（竹井隆人・梶浦恒男訳）世界思想社。

11 章
,,,,,,,,,,,,,,,,,,,,,,,,,,,,,,,

農業・漁業
—生産要素に対する財産権はいかにして経済的に実現されるか
,,

1 概 説

（1）農業法の特徴—生産要素に対する規制

　法あるいは法学は、憲法、刑法や民法等を中心に様々な個別領域から成り立っている。ある領域が独立した領域であるといえるためには、その領域に特有の法原理が存在することが重要な条件となる。例えば労働法の場合、労働者と呼ばれる人々に特有の権利を認め、労働条件について国家的規制を設けている点に固有の特徴を認めることができる。これは市民の自由・平等という近代法の理念を部分的に修正するものだが、ここからは、労働をめぐる法関係においては低賃金、不当解雇や長時間労働といった問題がどうしても生じてしまう現実があることから、労働者に団結権を認め、雇用者側に労働基準に関する一定の法的制約を課すことで社会秩序の安定を図るという労働法ならではの発想を読み取ることができる。

　以上と同様のことは農林水産業関係の法の総称としての農業法についてもいえるだろうか。かつて、民法学者であると同時に農業法学者でもあった加藤一郎は、農業法とは農業および農民に特殊に適用される法であり、その基本原理の一つとして他産業に対して劣位にある農業を保護するというプロ農業的な（農家寄りの）要素を挙げた（加藤 1985：2-3頁）。他方で農業保護という理念は、法原理というよりは政策の方向性程度の意味にとどまらざるをえない変動性の高い脆弱なものであり、現に農業法は数多くの規制緩和、つまり農業保護的な性格の後退を経験しており、その限りではプロ農業性を独自性の根拠とするのは、すでに相当に困難になっているのは間違いないように思われる。

　しかし、今なお農業法分野には特徴的な法規制が残存しているのも確かである。農地法2条3項（農地所有適格法人の要件）、同3条（農地又は採草放牧地の権利

移動の制限）、同4条（農地の転用の制限）、同5条（農地又は採草放牧地の転用のための権利移動の制限）等が代表的なものであろう。これらは、農地の所有権を取得しようとする主体に対して課される規制（要件）や農地の潰廃防止のための規制である。例えば2条3項は、農業法人（農業を営む法人組織）が農地を借りるだけでなく所有までするためには、法が定める要件を充足し、さらに農地所有適格法人となる必要があると定めている。これらの限りで、農地は法的に土地一般と異なる扱いを受けていることになる。

　これらの規制が存在している理由は何であろうか。思うに、第一次産業における生産活動に従事するためには、生産要素（土地、労働力、固定資本、経常財）、その中でも特に土地に対する権利を保有していることが重要である。土地は有限であり、一度農業的利用を離れると、再び回帰することは性質上難しい。つまり生産の基礎となる生産要素を生産要素として守るため、権利主体や権利移動あるいは形質変更に対する法規制が設けられているということである。もちろん地主制を解体した農地改革の成果を維持するという歴史的意義も重要である。商品性を認めつつも、同時に法を通じた国家介入という非市場的配分を併用する点に、生産要素としての農地の特徴があると論じられてきたところである（楜澤 2011：85頁）。

（2）生産要素に対する規制とその緩和─漁業権制度の場合

　生産要素に対する規制とその緩和の内容について、漁業権制度に即して具体的に見てみたい。

　漁業法は2018年に大きな改正が行われた。その内容は多岐にわたるが、本章との関係で重要なのは漁業権制度の改正である。養殖業を行うには、海面を土地のように区画に分けた上で、その区画で養殖業を行う法的根拠、すなわち漁業権が必要となる。この養殖漁場に対する権利は、農地に対する権利と類似したものと見ることができるだろう。法改正はこの区画漁業権の仕組みを本質的に変更するものであり、従来の特定区画漁業権はなくなり、団体漁業権と個別漁業権の2つに再編された。

　改正前の漁業法は、この養殖のための漁業権である特定区画漁業権について免許の優先順位を定めており、第1位は地元漁協（漁業協同組合）で、第2位以

下が地元漁民からなる法人や漁業者となっていた（漁業法〔改正前〕18条）。そして、その法運用の実態は、地元漁協が免許を取得するものの、漁協自身が漁業権行使者となって養殖業に従事することは基本的になく、漁協組合員である個々の漁民が実際の行使者となる、というものであった。この方式の特徴は、地元漁協が一度免許を一括して取得し、実際の漁業権行使の方法（漁場の区割りをはじめとするルール）については、免許を出す行政が裁定するのではなく、漁協内部での調整に任せていた点にあり、組合管理と呼ばれていた。つまり漁協をフォーラムとした漁業者による自主管理である。この方式は地域の多様な事情を柔軟に反映させつつ、行政コストを下げる方法として有効であった半面、漁協組合員以外は実質的に区画漁業権に関与できないことを意味していたため、組合員の減少傾向ゆえ漁場の過少利用が生じつつあるのに参入規制を課しているのは不当であるといった声が高まり、改正に至った。法改正によって法定優先順位の仕組みがなくなった。そして、漁業法（現行）73条は、漁場を適切かつ有効に活用しているかどうかだけが免許基準であり、この基準に適合すると判断されればこれまでと同様に漁協が免許を受ける組合管理型の漁業権が維持されるが（団体漁業権）、そうでない場合には漁業者（非漁協組合員でもよい）が単独で直接に漁業権を取得・行使できるとした（個別漁業権）。具体的には地域外の企業による養殖業への参入が想定されている。非漁協組合員による漁業権取得が個別漁業権というかたちで法改正前より容易になっており、その限りで、漁協でなければ区画漁業権を取得できず、漁協組合員でなければ行使できないわけではなくなったため、事前の参入規制は緩和されたといえる。

（3）財産権と生存権

ところで、生産要素に対する諸権利は、農地所有権や漁業権といった財産権のかたちで把握される。この財産権の意義をめぐっては、第一次産業との関連を想起させる議論が憲法学の中で展開されている（以下、**（3）**は亀岡 2020 より一部抜粋し加筆修正の上引用）。

財産権を含む経済的自由権に対する立法による制限は、二重の基準論により、立法府の専門的判断を尊重する趣旨から、精神的自由権に対する制限に比べて、より緩やかな基準による審査で足りると考えられている。つまり、保障の程度

という点で、財産権は人権体系の中で相対的劣位にあるということである。

　しかし財産権は、自由の前提形成機能と呼ぶべき機能を現実において担っていると評されることもある。この議論は、「自律的人格の展開に対する物理的前提の提供」のために、現実的には「人間は自由の前提条件をなす一定の財産を所有」しなければならないのであるから、人格的自律を支える「人権としての財産権」と呼ぶべきものが存在するのであり、財産権保障の地位は低くあるべきではない、という主張を含んでいる（棟居 1992：265, 252 頁）。この議論は、生存に不可欠であり専ら使用価値を目的とする財産（「小さな財産」）と、収益・処分を目的とする独占的資本家的財産（「大きな財産」）の区別という財産の峻別論から発展したものであり、「人権としての財産権」として保障されるべき前者の典型として農業用財産が想定されていた（高原 1978：31-36 頁）。

　この議論が人権論である以上、農地に関する権利の重要性は、農地という客体の性質から当然に導出されるわけではなく、農業者という主体から導出される。「大きな財産」との対比で生存に不可欠な「小さな財産」を説く以上、その主体は家族経営を典型とする自作農的な小生産者ということになる。この生産要素に対する諸権利は、生産活動を保障するものとして機能しており、さらに生産活動の保障は生産者にとっては再生産、すなわち生活の保障にも直結していることから、生存権的財産権としても把握されてきた（渡辺 1977：87 頁）。

　生産要素に対する諸権利は、規制によって消極的に裏づけられてきたに過ぎず、それも規制緩和によって縮小しているともいえるが、生産者の生存を下支えする財産権として固有の意義を有しているととらえることもできそうである。現在、農地制度や漁業権制度について議論するのは専ら経済学であり、法学からの発信はもはや稀であるが、このように法学独自の議論を展開する余地がないわけではない。

2　論　点

（1）財産権の経済的実現

　小生産者にとって生産要素に対する財産権は、経済的自由権にとどまらず生存権的な意味を有するとして、それは現実的にどのようなメカニズムによって

実現されているのだろうか。第一次産業において生産要素に対する財産権が生存権的な意味をもつということは、具体的には、財産権を根拠とする生産活動が経済的価値を産出し、それが市場において交換され、所得となり、家計を支えるということである。このメカニズムは財産権を保有しさえすれば当然に作動するものではない。農地に対する権利も漁業権も実定法に明文をもって規定されている権利だが、権利として法的に存在が認められているというだけでは、裁判規範となることは保障されても、現実における経済的再生産までは当然には保障されない。書かれた権利自体より現実において財産権を経済的に実現する機構こそ重要であり、これは法解釈ではなく法社会学的な観察によって初めて把握されうるものである。

（2）農林水産団体の事業活動に目を向ける法学的意義

　この財産権の経済的実現のメカニズムを観察するには、どのような方法を用いればよいか。このメカニズムを作動させるために、各種の農林水産団体が重要な役割を果たしているというのが筆者の着眼である。漁業権を例とすると、財産権としての漁業権の経済的実現に際しては、漁協が重要な役割を果たしている。漁協は、組合員が漁業権にもとづき漁獲した水産物を集荷し、まとめて販売する販売事業を通じて、適正な魚価を実現し、漁業者の経済的再生産を支援する役割を担っているためである。

　以上のように、農林水産団体はその事業を通じて構成員である農林水産業者が生産要素について有する財産権を経済的に実現するのを支援する役割を果たしているととらえるなら、これらの団体を憲法上の価値の担い手として把握する理論的可能性も開かれることとなる。すなわち、農林水産団体の事業論は経済学だけではなく法学の対象にもなりうるということである。

（3）伝統的な村落構造論との違い―基礎集団か機能集団か

　これまで農林水産団体は法学、特に本書の主題である法社会学によってどのように議論されてきたのだろうか。

　多くの農林水産団体は、集落をベースとした基礎集団としての側面と、集落をベースとしつつも事業主体となるべく法人格を備えた機能集団としての側面

を同時に有するという二重性を特徴としている。農林水産団体は、農業協同組合法、土地改良法、水産業協同組合法といった個別の根拠法を有していることが多いが、これらの法は機能集団としての側面の根拠となっている。

　戦後の法社会学は、近代法秩序に離反した支配関係等を浮き彫りにし、批判するという問題意識が強かったこともあり、専ら集落、すなわち基礎集団としての側面に目を向ける傾向があった。このアプローチにおいては、法社会学のキーワードである「生ける法」は、国家法批判のポジティブな手がかりというより、超克されるべきネガティブな対象として観念された（六本 1972：255, 262頁）。また、法人格のある団体が外形上対象となっていても、その分析の目線は実質的には集落に向けられており、機能集団としての固有の側面、例えば団体の根拠法にもとづき営まれる各種事業に積極的な関心が寄せられてきたわけではなかったように思われる（林 2013）。

　しかし本章では、生産者の権利実現と生存に寄与する法人格を備えた事業主体としての側面に目を向けたい。事業論を法学の分析対象とするということは、事業主体である法人としての側面に注目することと同義だからである。また、基礎集団としての集落ではなく機能集団としての法人が行う事業活動を財産権の経済的実現機能と読み替え、その実態を明らかにすることは、農漁村地域に存在する生ける法を再びポジティブな自律的秩序としてとらえ直す試みとして意義があるとはいえないだろうか。

（4）農林水産団体のどこに注目するか

　以上のような観点から農林水産団体による事業活動に注目するなら、その事業活動の決定のされ方についても理解しておかなければならない。農林水産団体の事業活動は、対外的側面と対内的側面から規定されている。

　対外的側面としては、事業実施の与件となる外部環境に注意を払う必要がある。漁協による販売事業を例に取るなら、水産物のフードチェーンにおいては川上（生産者）と川下（量販店等のより消費者に近い側）の交渉力の不均衡や産地仲買人の減少が課題となっており、販売事業の伝統的な形態である受託販売では魚価が維持できなくなりつつあることから、販売形態の変更、例えば買取販売の比重増大といった変質が確認される（尾中 2020）。買取販売は、漁協が組合

員から手数料を徴収し、仲買人への販売を代行するだけの（したがって組合員が水産物の所有権を保有し続ける）受託販売とは異なり、組合員からの買取により水産物の所有権を漁協が引き受けた上で他に販売することで、漁協がその売買差額を得る販売形式である。組合員にとっては市況に依存する受託販売以上の価格で水産物を販売できるメリットがあり、漁協にとっても外部への販売力があれば売買差額を大きくできるので、手数料収入にとどまる受託販売の場合より事業収益の改善が期待できるというメリットがある。その反面、漁協は販売額が買取額を下回る逆ざやリスクや在庫リスクを負うことになる。

　対内的側面としては、事業活動のあり方に関する団体内部の合意形成のあり方と、さらにその前提となるメンバーシップ制度のあり方に注意を払う必要がある。つまり、団体の事業活動に注目しようするなら、その事業に関する合意形成の具体的方法とその合意形成プロセスへの参加資格に関するルールが現実的に重要だということである。引き続き漁協に即して説明するなら、前者は実際に団体の合意形成はどのようになされているのかという実態に直接関係する論点であり、リーダーの存在、部会組織の運営を通じた多様な意見の吸い上げ方法といった点が研究上の関心を集めてきた。後者をめぐっては、職能組合として職業人としての漁業者の利益を志向する方向性と、地域組合として漁村地域に居住する人々全体の利益を志向する方向性が理念レベルでは対立しており、利益配分方法等の事業活動に関する合意形成の結果もどちらに傾斜するかで変わってくる。

3　事　例

　農林水産団体の事業活動を通じた生産者の財産権の経済的実現について、具体例として大分県漁業協同組合（大分県漁協）の取り組み事例を見ていく。大分県漁協は大分県全体を管内とする一県一漁協であり、現在県内に 24 の支店を有している（3 は、工藤 2019 を参照しつつ、筆者が 2023 年に実施した大分県漁協等に対するヒアリングにもとづき執筆した）。

　一般的に漁協の事業の中心は販売事業であり、わが国の漁協全体の事業総利益の 40％程度を占める。上述の通り販売事業は受託販売方式で行われるのが

通常であり、販売事業全体の取扱高に占める買取販売の割合は全国で例年5％前後に過ぎない。しかし、大分県はこの買取販売率が2022年度において27.9％と非常に高い。また、2018年度の25.3％から漸増傾向にある（県漁協提供資料による）。この積極的な買取販売の実施は、組合員である漁業者と漁協にとってどのような意味を有するのだろうか。

大分県漁協が行う買取販売には、県南で生産された養殖水産物（ブリ類）を対象とするものと漁船漁業によって漁獲されたサバやマアジを主対象とするものの2種類がある。後者は佐賀関支店（大分市）が独自に行うものであり、著名なブランド魚である「関サバ・関アジ」として販売されている。

本章が注目するのは前者である。前者は、漁協支店が組合員から養殖水産物を買い取り、販売するものだが、単に買取販売するだけでなく、県漁協の支店扱いとなっている水産加工処理施設で加工を施し、販売される点に特徴がある。

2011年に竣工した水産加工処理施設は、魚類養殖が盛んな地域の一つである佐伯市米水津に所在している。加工能力は2000尾／日である。この施設で加工されるのは、主に県漁協米水津支店、上入津支店、下入津支店（いずれも佐伯市）の組合員が生産した養殖ブリ類である（買取だけでなく、通常の受託販売により販売された後に、改めて販売先から加工を依頼され、当施設に持ち込まれるものもある）。また、フィーレ等に加工された商品は、主に特定の商社2社に販売され、そこから全国の小売店や外食産業等に販売されている。安定的な販路が確保された状態にあるため、買取販売のネックである逆ざやや在庫リスクは生じにくい。買取価格は市況に依拠することが基本となっており価格の面では他の出荷先と大差ないが、選択肢が増えたことで既存販路に対する牽制力はある程度増していると考えられる（工藤 2019：57頁）。

県漁協がこのような買取と加工を組み合わせた販売体制を組織的に構築しているのは、市場ニーズに適合した商品を販売することで、販路の安定確保と魚価の向上を企図しているためである。現在、水産物の実需者であるスーパー・量販店は、コストや人材育成難ゆえ、独自のバックヤードを保有し、魚をラウンド（未加工の状態）で仕入れて加工することに負担を感じている。その結果、より産地に近い段階での加工ニーズが高まりつつある。大分県漁協の取り組みは、漁協としてこの加工ニーズに対応することで、産地としての地位向上を試

みるものであるといえる（工藤 2019：57頁）。

　さらに、県漁協は 2023 年に佐伯市蒲江にて新しい加工処理施設の建設に着手しており、買取加工の一層の体制整備を図っている。実需者の加工ニーズが高まる一方、米水津の施設に過剰稼働傾向が見られることもあり、新施設が建設されることとなった。今後は 2 施設で 100 万尾／年を安定的に処理する体制の整備が計画されており、加工のバリエーションも拡大される。また、米水津の施設では 30 名程度の人員が必要となっているが、新施設ではより省人化された設備を導入し、効率化が図られる予定となっている。さらに、新施設の建設とともに、県漁協は商社筋以外の新しい販路の開拓や輸出の拡大にも取り組もうとしている。

　以上のように大分県漁協は、その組織力を活かし、施設整備を通じて個々の組合員では対応し難い販路を構築することで、販路の安定確保と魚価の向上に貢献している。この関係は、漁協が漁協だからこそ可能な事業を通じて、組合員の財産権を経済的に実現する機能を積極的に発揮している例としてとらえることができるのではないだろうか。

4　ディスカッション

（1）構造の変質をいかに把握するか—規制緩和と法

1）規制緩和が農業法にもたらすもの

　以上のような分析がある程度妥当であるとしても、第一次産業の衰退や規制緩和といった動向は、財産権の経済的実現機能構造の変質をもたらし続ける。改めて、規制緩和とはどのような現象なのであろうか。

　規制緩和とは、例えば「市場主導型の経済運営が望ましいと考える場合の政策手段の 1 つで、産業や事業について、政府の規制を縮小すること」（金森ほか編 2013：218頁）と定義される。この規制緩和がわが国で本格化したのは 1990 年代からだが、その背景には、右肩上がりの経済成長の時代の終わり、あるいはバブル経済の崩壊といった経済危機があったと考えられている（吉田 2000）。この経済危機への対応策が行政改革、財政構造改革、経済構造改革等の諸改革であり、その具体的手段が法規制の緩和であった。この規制緩和は、参入を規

制する事前規制型社会から事後救済型の社会への転換を通じて、経済活動を活性化するものとして認識されているが、この動きの中には、市場を円滑に成立させるために法の一般化・自立化を志向する方向と、個別行政領域の政策手段として法の政策化すなわち政治への従属により法の自律性の喪失を志向する方向とが混在している（吉田 2000：179-180頁）。農業法も市場経済に同化するという意味での一般化を進めてきたが、それは規制緩和という政策に適合するために農業法に固有の原理を排除する過程でもあった。漁協による漁業権の自主管理という漁業法独自の原理が、漁協外からの参入の許容というかたちで緩和され変質したことは、先に確認した通りである。

2) 規制緩和による構造変容—漁業の場合

　結局のところ、農業法分野における規制緩和は成果を収めたといえるのだろうか。漁業権制度に即して言い換えるなら、規制緩和は現実的には漁協を中心に活動している漁村にどのような影響をもたらすと考えられるだろうか。先に見たように、漁協が行う販売事業は、個別漁業者が保有する漁業権という財産権の経済的実現の機構としての側面を有していた。漁業法という実定法に書かれた漁業権という権利は、漁協の存在をもって現実的意味を獲得していたともいえる。この関係は、さらに漁協単位で漁場利用が調整され、生産から販売まで一貫した計画の下で行われることでより効果的に行われることになる。

　漁業権制度の規制緩和は、この漁協を中心とした生産から販売までの有機的な結びつきを部分的に崩す意味をもったと考えられる。なぜなら、改正後の漁業権制度の下では、漁協組合員でない区画漁業権者が存在しうるため、調整の場として漁協が十分に機能するという制度上の基盤が失われたといえるためである。もし漁協と非融和的な個別漁業権者が登場したとしたら、連続した海面を対象とする漁場利用の性質上、団体漁業権の行使にも悪影響がもたらされる懸念がある。また、生産のレベルだけでなく販売のレベルにおいても、非協調的行動が生じることで、地域漁業のブランド価値の毀損も起こりうるかもしれない。

　現に、東日本大震災後に2018年漁業法改正のパイロット事業のようなかたちで行われた水産復興特区では、以上の懸念が現実のものとなった。水産復興特区は、大震災により被災した宮城県石巻市内の特定の浜限定で旧漁業法にも

とづく漁業権免許の優先順位の適用除外を認めたものである。県知事が個別に直接免許する形式を取ったため、改正後の個別漁業権に近い内容が先行して採用されたものといえる。水産復興特区は、既存の漁協・漁民と特区による参入企業の間の調整の困難、地域内の分断といった問題を誘発し、参入企業は漁協が申合せで決定していたカキの出荷解禁日前に独自で出荷するといった逸脱行動を実際に行ったとされる（濱田 2013、綱島 2019 等）。

　規制緩和政策は、農業法制の特徴である生産要素に対する規制を緩和した。それは生産者の財産秩序を以上のような回路で変質させ、結果的に生存権を脅かす可能性をも潜在している（中島 2013）。今後も規制緩和が進められていき、そのたびに農業法の伝統的特徴は失われ、特別の法カテゴリーとして観念する根拠はなくなり、一般的な産業法制への同化が進んでいくことになるだろう。こういった動向をどのように評価するか、もし批判するならどのように批判するか、特に法学にはどのような議論が可能であるか、存在価値が問われる局面である。

（２）地域社会の危機にいかに接近するか―地域と法

　また、協同組合を含む団体に対しては、封建遺制を引きずる非公式権力であるとの批判が根強く、その傾向は法学において特に強い。しかし、非公式権力の解体を志向するリベラルなアプローチは、その目的を果たせぬまま、結果として単に地域社会の崩壊を助長する役割を担っただけではなかっただろうか。このような教条主義的で硬直したイメージが果たして本当に現実を反映しているものなのか、フィールドワークを通じて現場の息づかいを伝えることに長けた法社会学からの発信が期待される。最近の実定法学の中には、リベラルな価値への依拠が無自覚に都市優先に陥りがちであることについて自己反省する姿勢も見受けられるが（新井 2021）、一般化を志向する法学は個性ある「地域」をとらえることが性質上得意ではない。洗練された法律学ほど地域社会の擁護者ではなかった。

　地域社会はそれぞれの具体的な社会関係を構築し、その中に人々の生存を実現する機構も根づいている。したがって、一般化を慎み、抽象化を避け、個別性をひとまずはありのままに受け入れる姿勢が必要となる。漁業に関しては特

にそうであり、ある漁協で得られた知見のアナロジーは、すぐ隣の漁協に対してであってもほとんど妥当しないことが多い。法学の中でこういった現実を汲み取るアプローチと最も親和性が高いのは法社会学であろう。地域の危機が深まる中、地域についての確かな認識が一層必要とされているとするなら、法社会学の果たす役割もまた増しているように思われる。そして、地域社会や産業といった対象に対して、法解釈学と法社会学はそれぞれどのようなアプローチが可能であるか（あるいは難しいか）考察することを通じて、法社会学のイメージをより具体的につかむことも可能ではないだろうか。

参 考 文 献

新井誠（2021）「〈田舎と都会〉の憲法学」法律時報93巻1号23-28頁。

尾中謙治（2020）「漁協における買取販売の実態と意義・役割」農林金融73巻12号653-669頁。

加藤一郎（1985）『農業法』有斐閣。

金森久雄ほか編（2013）『有斐閣経済辞典（第5版）』有斐閣。

亀岡鉱平（2020）「社会学的農地所有論と法学的財産権論の架橋─集落に注目して」農中総研　調査と情報79号22-23頁。

工藤貴史（2019）「大分県漁協における販売事業の取り組み」農林中金総合研究所『漁協における買取販売に関する実態調査（総研レポート）』農林中金総合研究所50-62頁。

楜澤能生（2011）「法の普遍的妥当とコンテクスト（2・完）─農地取引規制法を素材に」早稲田法学86巻2号1-87頁。

高原賢治（1978）『財産権と損失補償』有斐閣。

綱島不二雄（2019）「復興特区における漁業権行使・経営の経過と展望」漁業経済研究62巻2号・63巻1号45-57頁。

中島徹（2013）「既得権と構造改革─『危機』は財産権の制限を正当化するか」奥平康弘・樋口陽一編『危機の憲法学』弘文堂381-413頁。

濱田武士（2013）「被災地における復興の動向─水産業復興特区の行方」水産振興47巻1号1-39頁。

林研三（2013）『下北半島の法社会学─〈個と共同性〉の村落構造』法律文化社。

棟居快行（1992）『人権論の新構成』信山社。

吉田克己（2000）「経済危機と日本法─1990年代」北大法学論集50巻6号152-217頁。

六本佳平（1972）「戦後法社会学における『生ける法』理論」石井紫郎編『日本近代法史講義』青林書院新社241-272頁。

渡辺洋三（1977）『土地と財産権』岩波書店。

12 章

環　境
—野生動物問題を題材に

1　概　説

（1）多様な環境問題に対応する法体系としての環境法

　環境とは意味の広い多義的な言葉である。environment の訳であるが、私たち人間を環のように囲うものという語意である。そのため環境問題は、地面からはるか 20 km 上空のオゾン層から、近所のカラオケ騒音まで、広いのである。その影響も、眺望のような美的感覚やアメニティ（快適さ）を問うものから、水や大気の汚染のように、人の生死に関わるものまである。それらの環境問題に対処するのが、環境法という法分野の使命なのだが、**環境基本法**という法律で、現在および将来の国民が環境の恵みを享受できるように、環境への負荷の少ない持続的発展が可能な社会の構築等の基本理念を定めた上で、個別の環境問題への対処は、各々の法律（個別法）に委ねている。オゾン層であれば**オゾン層保護法**、騒音であれば**騒音規制法**だ。これらの個別法は、公害防止系、自然環境系、廃棄物系などに分類することも可能である（北村 2019 など）。**生物多様性基本法**や**循環型社会形成推進基本法**のように、各分野の基本法が定められている場合もあるが、**環境基本法**と各分野の個別法の中間的な存在といえよう（なお、初学者には、「環境法」のような複数の法律を束ねた学問上の概念と、「**環境基本法**」のような個々の法律との区別がつきづらいので、本章では個々の法律名を太字とした。また、長い法律名の略語は、p.vii凡例参照）。

（2）野生動物に関する法を取り上げる理由

　本章ではこのように多岐にわたる環境法分野を俯瞰（すべてを見る）することはできないので、自然環境系に属する野生動物に関するテーマを取り上げることにする。先に述べたように、環境を保全することは人類の生存に必要である

が、環境保全を考える際には、人間中心主義と生態系中心主義（ディープエコロジー）の対立がある（鬼頭 1996 など）。それは、環境は人間のためだけではなく、生物や自然のためにも環境を守らなければならないのではないか、という議論であり、対立が最も顕在化するのが、野生動物をめぐる問題だからである。

　自然の生態系が維持されないと人間の生存にも悪影響が及ぶことは、中学校の理科でも学ぶことであり、**環境基本法**でも環境の保全に際しては、「生態系の多様性の確保、野生生物の種の保存その他の生物の多様性の確保が図られる」ことが求められ（14条）、**生物多様性基本法**により、その重要性が再確認されている。しかし、人間は生物を利用しないと生存できないし、ときには人間の利益と生物の行動は正面から衝突する。

　また、野生動物をめぐって人間社会内にも衝突が見られる。環境社会学では、公害研究をめぐって、受益権と受苦圏のズレというものが指摘されている。企業に利益をもたらす工場の排出物で、地域住民に公害病の苦しみを与えるような事例が典型であるが、鳥獣害問題にも該当するといわれる（渡辺 2001）。動物をめぐっては多様な意見があり、思想的にも面白いテーマである上に、農林業の比重が減り、人口減少と過疎高齢化が進む現在では、野生動物問題はこれからの重要課題である。

（3）野生動物に関する法とその法目的

　そもそも野生動物は、**環境基本法**が「微妙な均衡を保つことによって成り立って」いると述べる生態系の重要な要素であり、特に絶滅が懸念されるいわゆる絶滅危惧種の保護は重要視され、**種の保存法**がそれらの保護を規定している。生物種の絶滅は、生物多様性の深刻な喪失につながる。環境省が 2020 年に発表したレッドリスト（環境省 2020）では、絶滅危惧種（I類、II類）だけでも 1446 種の動物が掲載されているが、そのうちで**種の保存法**による保護対象（国内希少野生動植物種）に指定されている動物は、2024 年 1 月現在で 239 種にとどまっている[1]。国は国内希少野生動植物種の指定を進めているが、すぐには追

1　哺乳類 15、鳥類 45、爬虫類 11、両生類 41、魚類 10、昆虫 60、貝類 50、甲殻類 7（単位は種〔亜種を含む〕）。なお植物は、レッドリスト 2270、国内希少野生動植物種 203。

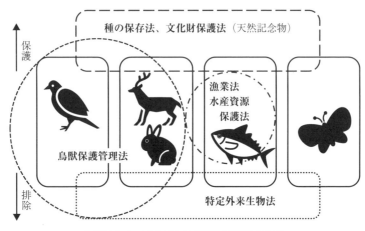

図表 12-1　日本における野生動物法の体系

いつかない上に、個々の国内希少野生動植物種の回復を目指す保護増殖事業の展開や保護区の指定には、さらなる課題が待ち受けている。しかし、野生動物に関する法すなわち野生動物法は、図表 12-1 にあるように、絶滅危惧種にとどまらず、様々な動物を対象としている。**特定外来生物法**は生態系、農林水産業、人の健康や財産などに悪影響を与える外来生物を排除（防除）することを目的にしており、**種の保存法**と真逆である。

　野生動物法に分類される法令の目的は、生物多様性や自然の保護に限定されず、多様なのである。高橋（2016）は、野生動物法の法目的を次の六つに分類した。①資源配分と権利調整、②自然保護と資源保全、③リクリエーション（スポーツ）の推進、④文化・精神的価値（動物愛護を含む）の実現、⑤社会秩序と安全の維持、⑥野生動物からの人間社会の防衛。詳細な解説は省くが、法目的の多様性と、例えば自然保護と人間社会の防衛など、矛盾する要素をはらんでいることが分かるだろう。

2　論　点

（1）鳥獣保護管理法の複雑な法目的

　さて、**鳥獣保護管理法**は鳥類と哺乳類（クジラ類など海棲哺乳類の一部を除く）の全体を規定対象とするために、野生動物法の一般法といえるが、その１条では、「自然環境の恵沢を享受できる国民生活の確保及び地域社会の健全な発展に資すること」を最終目的とし、その目的を、「鳥獣の保護及び管理並びに狩猟の適正化を図り、もって生物の多様性の確保（生態系の保護を含む。以下同じ。）、生活環境の保全及び農林水産業の健全な発展に寄与することを通じて」達成するとしている。ちなみに、**鳥獣保護管理法**でいう鳥獣の「保護」とは、鳥獣の生息数または生息地を拡大または維持することである一方、鳥獣の「管理」とは、鳥獣の生息数を減らし、生息地を狭めることとされ、相反することを目標にしている（2条参照）。そもそも、鳥獣保護や生物多様性の確保を目指しつつも、生活環境の保全や農林水産業の発展に寄与することを目的にすること自体に、のちに述べるような難しい課題が伴うのである。

　まず鳥獣の保護を達成する具体的規定として**鳥獣保護管理法**は、鳥獣の捕獲を原則として禁止し、許可を得た場合か、法が認めた狩猟でしか捕獲できないとしている（8条）。許可による捕獲は、渡り鳥調査用の足環をつけるための捕獲や、鵜飼いのウの捕獲のような、学術や文化目的の捕獲もあるが、大半は有害鳥獣捕獲（駆除）や、増え過ぎて特定鳥獣に指定された種（シカやイノシシが代表例）の個体数調整のための捕獲であり、増え過ぎた鳥獣を減らすための管理のための捕獲である。また、狩猟を適正・安全に行わせることも**鳥獣保護管理法**の重要な使命だが、狩猟も鳥獣の管理に貢献することが求められる。狩猟は狩猟免許を取得し、狩猟者登録をした者が行うも

図表 12-2　箱わなに入ったイノシシに銃で止めを刺す

有害鳥獣捕獲。豚熱対策で防護服を着ている。この個体は、穴を掘って埋めた。2021 年 7 月富山市・筆者撮影。

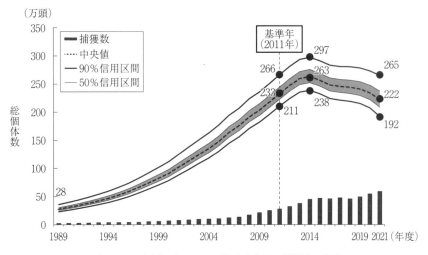

（万頭）

図表 12-3　本州以南のシカの推定生息数と捕獲数の推移
注 1：2021 年度の自然増加率の推定値は、中央値 1.20（90％信用区間：1.17-1.23）。
　　2：北海道は、統計手法上グラフには含めていない。2021 年度の北海道の推定個体数は、
　　　72〜89 万頭（北海道資料）。
出所：環境省自然環境局（2023）。

ので、登録狩猟とも呼ばれるが、狩猟対象は環境大臣の定めた狩猟鳥獣（シカ、
イノシシ、クマ、キジ、カモ類など）に限られ、猟期（主に冬季）、猟具（猟銃、空気銃、
わな、網。図表 12-2 参照）、場所等について法令による規制[2]を受けながら行うス
ポーツである。
　一方で、有害鳥獣捕獲などの許可による捕獲は、一年中可能で、鳥獣保護区
でも実施できるなど、登録狩猟に課せられた資源保護のための規制の多くは除
外されるが、従事者は狩猟免許所持者（ハンター）であることなど、安全面か
らの制限は基本的に適用される。

（2）鳥獣害の増加に伴う鳥獣管理の必要性と課題
　図表 12-3、図表 12-4 に示すように、近年シカ（標準和名ニホンジカ）やイノ

2　銃を用いる場合には、**銃刀法**が定める銃砲所持許可も必要。

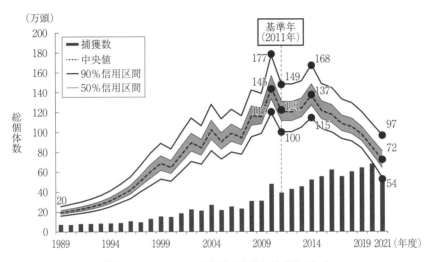

図表 12-4　イノシシの推定生息数と捕獲数の推移

注：2021 年度の自然増加率の推定値は、中央値 1.47（90％信用区間：1.29-1.64）。
出所：環境省自然環境局（2023）。

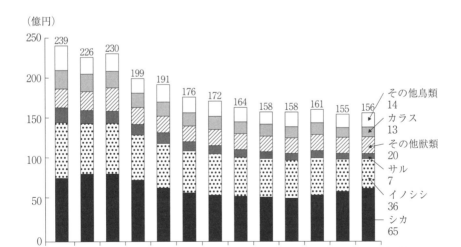

図表 12-5　野生鳥獣による農作物被害金額の推移

出所：農林水産省農村振興局鳥獣対策・農村環境課鳥獣対策室（2023）。

シシの個体数が増加している。これらの鳥獣は、農林水産業を中心に鳥獣害を発生させることが知られている。図表 12-5 は農林水産業における鳥獣害の推移である。近年は横ばいだが、これには市場に出ない自給作物や、鳥獣害による耕作放棄などは反映されていないので、実態はより深刻である。また、クマ（本州ではツキノワグマ、北海道ではヒグマ）による被害も深刻である。クマによる農林業への被害金額は比較的高くないものの、山の木の実が不作の年などには人身被害が多発し、2023 年度には被害者数は約 220 人で 6 人が死亡するなど（環境省 2024）、社会問題化した。

　このような鳥獣害増加の要因には、狩猟者人口の減少、高齢化による捕獲圧の減退、自然生態系の回復など、様々な要因があるが、耕作放棄地の増大や、雑木林の管理不全など、中山間地帯（いわゆる山村）の過疎化・高齢化が大きいといわれる（田口 2017 など）。従来は野生鳥獣の住む山と、都市との緩衝地帯となっていた里山や山村に人がいなくなった現在では、都市郊外の住宅地でも、鳥獣害は日常化している。

　そもそも日本における野生動物の生息数は、狩猟活動の活発化と、農地林地の開発拡大が始まった明治期以降は減少が著しく、特に第二次世界大戦後の鳥獣行政は、保護が主要な課題であった。しかし、1990 年代後半には生息数の増加、生息域の拡大に転じ、鳥獣害も増加したため、保護だけではなく、鳥獣を管理する必要が認識され、欧米からワイルドライフ・マネジメント（wildlife management）という技術が導入され、「鳥獣管理」または「野生動物管理」として浸透しつつある（梶 2023 など）。国も鳥獣管理を推進するために、2007 年に**鳥獣被害防止特措法**を制定し、補助金などの予算措置（2022 年度 137 億円）や、規制緩和などの制度の見直しを行っている（農林水産省 2023）。被害住民との距離が近い地方自治体にとって鳥獣害は一層深刻で、様々な対策を展開しつつ、一層の対策を国に要望している。

　一方で、鳥獣捕獲は地域の狩猟者に依存している。狩猟者は全国で約 15 万人と少数な上に、過半数が 60 歳以上と高齢化が進み、技術継承が危ぶまれる。そもそも趣味として活動する狩猟者のボランタリーな奉仕だけに頼るには限界があるため、報酬金の増額、あるいはプロのハンターの育成なども試みられているが、予算や人的資源の制約にさらされている。また、捕獲した獣類の処理

も課題である。欧米では野生鳥獣の肉（ジビエ）は珍重されるが、わが国ではなじみのないことや、衛生的な加工流通経路の未整備（家畜の肉と一緒に加工はできない）なことから、ほとんどは食利用されずに廃棄されている。大型獣の廃棄処分は骨の折れる作業でもあり、いただいた命を無駄にしない処理加工施設等の整備が狩猟者からも要望されている（図表12-6 参照）。

（3）鳥獣管理、特に鳥獣捕獲をめぐり相反する見解

ところで、鳥獣害を減らすための鳥獣管理の手法には、獣の侵入を防ぐ電気柵の設置など様々だが、捕獲の推進が重視されている。有害鳥獣の捕獲は、繁殖効率が比較的低いツキノワグマで、捕獲後の奥山放獣が一部で行われているものの、基本的には致死的な捕獲、すなわち捕殺である。

国は 2014 年に、10 年以内にシカとイノシシの生息数の半減することを目標に掲げて捕獲を推進している。シカとイノシシの推定生息数に

図表12-6　狩猟後のシカの引き出し
捕殺したシカを引き出すのは重労働だが、山野に放置するのは**鳥獣保護管理法**違反。この村には鳥獣処理加工施設があり、解体して食肉利用されている。2022 年 3 月北海道西興部村・筆者撮影。

は減少が認められるものの、特にシカの目標達成は絶望的だ（図表12-3 参照）。そのため、2023 年に国は計画を修正し、2028 年までにシカとイノシシの生息数を 2011 年の生息数の半分まで減らす目標を掲げた（環境省・農林水産省 2023）。しかし、シカもイノシシも捕獲圧を継続することは容易ではなく、抜本的な対策もない中で、計画達成には大きな困難が予想される。

このような状況の中で捕獲の推進に対しては、①補助金等の支援不足や、捕獲の妨げとなる規制に対する不満、②捕獲に効果はあるのかという技術論（例えば、河川でアユなどを食害するカワウの群れを猟銃で撃っても、捕獲できるのは数羽で、残りは広範囲に分散して被害を広めてしまう）、③捕獲が生態系に悪影響を与えない

だろうか、という生態系・生物多様性への理解の相違、④そもそも人間の都合で他の生物の生命を奪うことへの反発まで、実務的なところから、科学的、思想的なレベルまで、様々な疑問や意見が出ている。また、一つの地域でよい結果を生む対策でも、生態的要因や社会的要因が異なる他の地域では通用するとは限らない。ともあれ、鳥獣管理を含めて行政は法律にもとづいて執行されるものであり、まず現行法の規定を理解するのが議論のスタートラインとなろう。その後で、法改正などの立法論の展開が可能となる。

3　事　例

　この年は獣の出没の多い年であった。その極めつけはクマだ。中山間地の集落に住む狩猟者の A は、数日前クマの駆除に出動した。クマの駆除はシカなどより危険で難易度が高く、何とか対象を撃ち取ったが、もしまた出動要請があったときに備えて猟銃の手入れをしていたところに、自宅の電話が鳴った。電話の主は B という知らない人物で、某団体の会員で都市在住だといい、難しい理論を語りながら、一方的に A らを非難するのだった。

　A は口下手ながらも、クマを誘引する柿の木を切るなど、防除に努めてはいるが、集落の安全のためにも駆除が必要である。自分は狩猟免許をもち、行政からの要請もあり、法的手続に問題はないこと、生け捕って奥山に放獣することも諸般の事情から難しい、狩猟は地域に伝わる文化で、捕殺したクマは、肉や熊胆 [3] など、伝統的な手法で利用している、などと説明しても、B は聞く耳をもたず、A の無知を責めて電話は切れた。A は、これが噂に聞く「愛護」運動家からの苦情電話なのかと悟り、その配慮のなさに腹が立った。そして翌日、A は同様の電話やメールが役所や猟友にもあったことを知るのだった。

　一方、B は動物保護の運動家である。A のような猟師には「愛護」といわれることが多い。しかし B は、動物の愛護や福祉は、食利用を含めて、人間が動物を利用する上での配慮に過ぎず、自分の考えには合わないと考えている。

3　ゆうたん。胆のうを干した民間薬。過去には高額で取引された。

Bはあくまで動物ファーストだ。そして、自然保護とも違うと思っている。自然保護は自然や生態系が守られればよいので、アライグマや野生化したネコのような外来種や、シカやイノシシのように増え過ぎた鳥獣を捕殺することも推奨するが、Bは人には人権があるように、個々の動物にも権利があり守らなければならないと考えるのである。Bは、動物の権利主義者ともいえる。

そのようなBにとって、Aらの行為は許せないものだ。農作物という経済利益や、一部の人の安全安心のために動物の命を奪うのは許せない。特にクマは美しく、かわいく、知能も高い動物である。クマが人を襲うのは、人がクマの生息域に入ったか、森林破壊がクマを森林から追い出したからで、人の側に責任がある。仮に人間に被害が生じるにしても、**動物愛護管理法**には「動物が命あるものであることにかんがみ、何人も、動物をみだりに殺し、傷つけ、又は苦しめることのないようにするのみでなく、人と動物の共生に配慮し」(2条)と書いてあり、**生物多様性基本法**など、多くの法律も自然保護の大切さを説いているではないか。Aたちの行為は、開墾のために熱帯雨林を焼き払う人たちと同様に自然や生命への配慮を欠いており、教育が必要だから電話をしたのだ。

4　ディスカッション

あなたのゼミでは、この事例を環境教育イベントの討論会で取り上げることにした。あなた方は準備のために、AとBからさらに詳しい話も聞き、次の項で示すように、①自然への配慮、②動物の命への配慮、③地域社会への配慮の三つの論点に分けてまとめた（環境教育の目標として**教育基本法**が掲げる「生命を尊び、自然を大切にし、環境の保全に寄与する態度を養うこと」〔2条4号〕を参考にしたものである）。

（1）自然への配慮

Aは長年にわたり地元の山を歩き、近年は動物が増え過ぎていると感じている。数年前からは、県鳥獣管理センターの専門家による調査にも協力し、増え過ぎたシカやクマはやせ細り、若木は食われてしまって育たないことを証明

した。Aは持続的な野生動物の利用により、増え過ぎた動物の数を管理することを含めて、人が自然に関わることで、自然は守ることができると考えている。

Bは生態系を守るためには、人間は自然に手を加えるべきではないと思っており、ワイルドライフ・マネジメントも認めない。野生動物の利用は濫獲（捕り過ぎ）を引き起こすので禁止されるべきだと考えている。特にクマは世界では絶滅の危機にある地域も多いので、Bの所属団体では、クマの捕殺は生態系に取り返しのつかない悪影響を与える可能性があるとして、国際的な専門家が主導するクマの保護キャンペーンにも参加している。

（2）動物の命への配慮

Bは動物の命とヒトの命を差別すべきではなく、ヒトが動物より尊いとする人間中心主義が環境問題の原因であり、生態系中心主義への転換が必要だと思っている。したがって、理由があっても、クマを捕殺したAの行為は、利己的で命への配慮を欠く許されない行為だと考えている。

Aは伝統を大切にする猟師で、マタギとも呼ばれている。獲物は山の神から授かるものと考えており、収穫した鳥獣はできるだけ食べたりして利用し、供養も行い、無駄な殺生や濫獲はしたことがないと主張する。

（3）地域社会への配慮

Aの住む集落は過疎高齢化が激しく、鳥獣害は深刻だ。田畑はイノシシに荒らされ、若木はシカに食われ、農村景観は荒廃している。そして、クマによる人身被害が発生し、児童の登下校にも支障が出るなど、生活環境は悪化している。Aは、集落の環境を保全するためにも、農業と狩猟を継続していこうと頑張っている。

Bは基本的に人間の都合で動物の命を奪うような人間中心主義的な行為には反対だが、地域住民を無視しているつもりはない。そもそも、生産性の低い中山間地に将来性はなく、国が毎年100億円を超える鳥獣害対策費を投入しても持続性はなく、ケニアのように、鳥獣被害を受けた農民には補償金を支払ったり、アメリカの自然保護団体が行っているように、野生動物の生息する農地を

買い取って保護区にしたりする方が賢明だと考えている。

　ＡとＢの主張の違いを確認した上で、野生動物法の目的も参考に、模擬討論をしてみよう。なお、正解はない。諸君らの出身地などの背景や経験によっても意見は異なる可能性がある。多様な意見がありうることを知るだけでも有意義であり、自分と異なる意見にも傾聴できる姿勢を養おう。

参 考 文 献

梶光一（2023）『ワイルドライフマネジメント』東京大学出版会。

環境省（2020）「レッドデータブック・レッドリスト」https://ikilog.biodic.go.jp/Rdb/booklist

――――（2024）「クマに関する各種情報・取組」 https://www.env.go.jp/nature/choju/effort/effort12/effort12.html

――――自然環境局（2023）「全国のニホンジカ及びイノシシの個体数推定の結果について」https://www.env.go.jp/content/000124721.pdf

――――・農林水産省（2023）「シカ・イノシシの捕獲強化対策と捕獲目標について」https://www.env.go.jp/nature/choju/effort/effort9/kyouka_taisaku.pdf

北村喜宣（2019）『環境法（第2版）』有斐閣。

鬼頭秀一（1996）『自然保護を問いなおす―環境倫理とネットワーク』ちくま新書。

髙橋満彦（2016）「野生動物法とは―人と自然の多様な関係性を託されて」法律時報88巻3号66-70頁。

田口洋美（2017）『クマ問題を考える―野生動物生息域拡大期のリテラシー』ヤマケイ新書。

農林水産省（2023）「鳥獣被害対策コーナー」https://www.maff.go.jp/j/seisan/tyozyu/higai/

――――農村振興局鳥獣対策・農村環境課鳥獣対策室（2023）「令和4年度　野生鳥獣による農作物被害に係る全国の状況」https://www.maff.go.jp/j/seisan/tyozyu/higai/hogai_zyoukyou/attach/pdf/index-33.pdf

渡辺伸一（2001）「保護獣による農業被害への対応―『奈良のシカ』の事例」環境社会学研究7巻129-144頁。

（ウェブページの最終アクセス日はいずれも2024年2月3日）

13　章

動　物
—「物」と「人」の間で

1　概　説

（1）動物の法的地位―「物」としての動物

　法の世界では、動物は「物」である。この場合、「物」とは、権利の主体としての「人」に対して、権利の客体を意味する。つまり、現行法上、動物は専ら権利の対象となるのみで、それ自身が権利をもつことはできない。

　所有権を例に説明しよう。民法 206 条は、「所有者は、法令の制限内において、自由にその所有物の使用、収益及び処分をする権利を有する」と定める。これを動物と飼い主の関係に当てはめると、飼い主が「所有者」、飼われている動物が「所有物」ということになる。言い換えると、「人」としての飼い主は、「物」としての動物に対して「所有権」という権利を有する。これにより飼い主は、自由に、当該動物をペットとして飼うことで癒しを得たり（使用）、他に有料で貸し出してお金を儲けたり（収益）、売却したりすることができる（処分）。

　とはいえ、動物は、人間と同じく命ある存在である。そのため、スマホやパソコンやぬいぐるみなど他の物とは異なり、様々な「法令の制限」が所有者に課されている。例えば、犬の所有者は、狂犬病予防法に基づき、飼い犬の登録や狂犬病予防注射の接種が義務づけられている（4条・5条）。また、所有する犬をみだりに殺傷したり、虐待・遺棄したりした場合には、動物の愛護及び管理に関する法律（以下、動物愛護管理法）に基づき処罰される（44条）。

（2）法における動物の「人格化」―「物」から「人」へ

　ここまで述べたことは、法学部の学生にとっては常識に属する。民法の授業等で「動物は物である」と習った人もいるかもしれない。

ところが、「動物は物ではない」と法律に謳っている国がある。その一つがドイツである。1990年、民法を改正して、「動物は物ではない。動物は特別法によって保護される。動物には、他に別段の定めがない限り、物に関する規定が準用される」とする条文を追加した（ドイツ民法典第90a条）。

　もっとも、動物は物ではないと規定したからといって、動物に権利をもつことまで認めたわけではない。それは、物に関する規定が動物に準用されることからも明らかである。

　しかし、動物は、他の物と違って命ある存在なので、単なる権利の客体にとどまらず、保護の客体としても位置づけられる。いわば、法の保護に値する人格的価値が動物に付与されており、そのような意味で、動物の法的地位は「物」から「人」に近づいていると見ることができる。ドイツではさらに、2002年、憲法を改正して動物保護を国家が果たすべき責務に加えた（ドイツ連邦共和国基本法20a条）。

　このような動物の法的地位の見直しは、ドイツの民法や憲法のみならず、オーストリア民法（1988年改正）、フランス刑法（1992年改正＝新刑法典）、スイス新憲法（1999年制定）、同民法（2003年改正）、オーストリア憲法（2013年改正）、フランス民法（2015年改正）、ポルトガル民法（2017年改正）、イタリア憲法（2022年改正）など、ヨーロッパの各国に波及している（山﨑 2019：22頁、奈良 2022：19-20頁、山岡 2022：56-58頁）。また、2009年に発効した欧州連合運営条約は、動物を「感覚をもつ存在（sentient beings）」と位置づけ、動物福祉への配慮を加盟国に義務づけた（13条）。

　さらに、これら一般法レベルの変化に加えて、動物虐待罪の重罰化や適用範囲の拡大、ペット取引の規制強化等、動物保護法の拡充も各国で進んでいる。あるいは、裁判でも、ペットが他人の過失によって死傷した場合に飼い主の慰謝料請求を認めるなど、動物を人間に近いかたちで取り扱う動きが見られる。ここに、「動物が『物』から『人』への方向にむかって、法律上、徐々に移動しつつあるという大きな潮流の存在」が見て取れる（青木 2004：221-222頁）。本章では、これを動物の「人格化」と呼ぶこととしたい。

　この流れは、ドイツをはじめ欧米の動物保護先進国のみならず、以下に述べるように、遅ればせながら日本にも及んでいる。

（3）日本法に見られる動物の人格化の趨勢—立法過程と裁判過程

1）立法過程—動物虐待の重罰化

　動物愛護管理法は 1973 年に制定され、その後、4 次の改正を経て今日に至っている。その結果、わずか 13 条しかなかった条文は 50 条にまで膨らんだ。当初は「動物の保護及び管理に関する法律」という名称だったが、1999 年の改正で「保護」が「愛護」に改められるとともに、基本原則（2 条）に「動物が命あるものであること」と「人と動物の共生」が書き込まれた。

　動物の人格化の趨勢を、動物愛護管理法の立法過程、具体的には、愛護動物の虐待等に対する罰則の変遷に見てみよう。

　当初は「保護動物」という呼称が用いられ、「牛、馬、豚、めん羊、やぎ、犬、ねこ、いえうさぎ、鶏、いえばと及びあひる」のほか、「人が占有している動物で哺乳類又は鳥類に属するもの」がこれに含まれるとされた。そして、保護動物を虐待（みだりな殺傷も含まれる）または遺棄した者に対する罰則は、3 万円以下の罰金または科料にとどまっていた。当時、器物損壊罪（刑法 261 条）の法定刑は 3 年以下の懲役または 10 万円以下（現行法は 30 万円以下）の罰金もしくは科料だったため、動物の生命の法律上の価値は「他人の物」よりも劣っていたことになる。

　1999 年の改正により、呼称が「愛護動物」に変更され、後者の範疇に爬虫類が追加された。また、犯罪類型が殺傷、虐待および遺棄の 3 つに細分化され、愛護動物をみだりに殺傷した者は 1 年以下の懲役または 100 万円以下の罰金に、虐待した者は 30 万円以下の罰金に、また、遺棄した者も同じく 30 万円以下の罰金に処するものとされた。その後、殺傷に対する罰則は、2012 年の改正で 2 年・200 万円以下に、さらに 2019 年の改正で 5 年・500 万円以下にまで引き上げられた。虐待および遺棄に対する罰則も、2005 年の改正で 50 万円以下、2012 年の改正で 100 万円以下の罰金に引き上げられ、2019 年の改正では懲役刑（1 年以下の懲役）が導入された。併せて、2012 年および 2019 年の改正において「虐待」の定義が詳細化された。

　このように動物虐待に対する重罰化が進んだことによって、動物の生命は、少なくとも条文上は以前とは比べものにならないほど重みを増した（罰金の額を比較すると約 167 倍になっている）。この間、日本でも動物は徐々に「物」から

「人」へ近づいてきているといえるだろう。

2) 裁判過程—ペットの死傷に対する慰謝料の高額化

　動物の人格化の趨勢は、裁判過程にも見出すことができる。交通事故や医療過誤など、他人の過失によって飼い犬や飼い猫が死傷した場合に、裁判所は、当該ペットの財産価額の賠償に加え、精神的苦痛（いわゆるペットロス）に対する賠償金すなわち慰謝料まで飼い主に認めるようになってきている。

　例えば、所有する自動車が相手方の不注意による交通事故で破損した場合、所有者が請求できるのは、通常、当該自動車の時価相当額またはこれを上限とする修理費の補填にとどまり、たとえ愛車を壊されたことで持ち主がどんなに悲しい思いをしたとしても、慰謝料まで認められることはない。動物が単なる「物」ないしは「財産」に過ぎないとすれば、愛犬や愛猫が交通事故の被害に遭った場合も、自動車の場合と同様、時価相当額またはこれを上限とする治療費が補填されればそれで足りるはずである。

　ところが、以下に見る通り、ペットの死傷については多くの事案で慰謝料請求が認められており、さらに、近年は認容額が高額化する傾向にある（浅野 2016：19-54, 153-223 頁、渋谷 2017：177-182 頁）。また、負傷の場合、時価を超える治療費が、死亡の場合には葬儀費用が、損害賠償に含まれることも珍しくない。

　リーディングケースとして、①東京地判昭 36 年 2 月 1 日判時 248 号 15 頁が挙げられる。原告らの飼い猫（三毛猫）が被告の飼い犬（シェパード）に咬み殺された事案で、裁判所は、「侵害された財産と被害者とが精神的に特殊なつながりがあって、通常財産上の価額の賠償だけでは、被害者の精神上の苦痛が慰謝されないと認められるような場合には、財産上の損害賠償とは別に精神上の損害賠償が許される」と述べ、原告夫婦への慰謝料として各 1 万円（計 2 万円）の支払いを被告に命じた。

　近年、飼い犬・飼い猫の咬傷事故で慰謝料請求が認められた例として、②名古屋地判平 18 年 3 月 15 日判時 1953 号 109 頁（ミニチュアダックスフンド、3 人の被告に対して計 50 万円）、③大阪地判平 21 年 2 月 12 日判時 2054 号 104 頁（雑種の猫、20 万円）などがある。

　次に、交通事故については明治時代の例（東京控判明 45 年 1 月 13 日）まで遡る

ことができるが、比較的早い時期の裁判例として、④東京地判昭 40 年 11 月 26 日判時 427 号 17 頁を挙げておきたい。散歩中の飼い犬（ダックスフンド）が走行中のタクシーと接触して死亡した事案で、裁判所は、原告の飼い主への慰謝料として 2 万円の支払いを被告（タクシーの運転手）に命じた。一方、近年の裁判例では、⑤東京高判平 16 年 2 月 26 日交民集 37 巻 1 号 1 頁（犬種不明、5 万円）、⑥大阪地判平 18 年 3 月 22 日判時 1938 号 97 頁（パピヨンとシーズーの 2 匹、10 万円）、⑦名古屋高判平 20 年 9 月 30 日交民集 41 巻 5 号 1186 頁（ラブラドールレトリバー、2 人に対して計 40 万円）などがある。

　このうち⑦は、「愛玩動物のうち家族の一員であるかのように遇されているものが不法行為によって負傷した場合の治療費等については、生命を持つ動物の性質上、必ずしも当該動物の時価相当額に限られるとするべきではなく、当面の治療や、その生命の確保、維持に必要不可欠なものについては、時価相当額を念頭に置いた上で、社会通念上、相当と認められる限度において、不法行為との間に因果関係のある損害に当たるものと解するのが相当である」と述べ、慰謝料とともに、被害犬の時価相当額を超える治療費等を損害として認めた。

　医療過誤については、初期の裁判例として、⑧東京地判昭 43 年 5 月 13 日判時 528 号 58 頁が挙げられる。帝王切開手術後、腹膜炎と敗血症で死亡した母犬（イングリッシュポインター）について、ガーゼの遺留など、被告獣医師の過失を認定し、財産的損害の賠償と慰謝料を合わせて 5 万円を原告の飼い主に支払うよう命じた。

　近年の裁判例としては、飼い犬の医療過誤について、⑨東京地判平 16 年 5 月 10 日判時 1189 号 65 頁（日本スピッツ、2 人に対して計 60 万円）、⑩東京地判平 18 年 9 月 8 日 LEX/DB28141371（ラブラドールレトリバー、50 万円）、⑪東京高判平 19 年 9 月 27 日判時 1990 号 21 頁（柴犬、3 人に対して計 105 万円）、⑫東京高判平 20 年 9 月 26 日判タ 1322 号 208 頁（ミニチュアダックスフンド、40 万円）、⑬福岡地裁平 30 年 6 月 29 日裁判所 HP 平 28（ワ）526（秋田犬、40 万円）などがある。また、飼い猫の医療過誤については、⑭宇都宮地判平 14 年 3 月 28 日裁判所 HP 平 9（ワ）529（アメリカンショートヘアー、20 万円）、⑮東京地判平 19 年 9 月 26 日 Westlaw2007WLJPCA09268003（ペルシャ、3 人に対して計 18 万円）などが見られる。

さらに、最近は、犬・猫に限らず、⑯東京地判平 28 年 6 月 16 日 LEX/DB25534472（8 万円）、⑰大阪高判平 29 年 8 月 30 日 LEX/DB25549512（5 万円）など、ペットのウサギの医療過誤について慰謝料を認めた例が現れていることが注目される。

以上の裁判例の動向から、近年、医療過誤を中心に、ペットの死傷に対する慰謝料が高額化していることが分かる。これは、財産的価値の多寡に関わりなく、ペットの人格的価値が増加していることの表れと見ることができる。そのような意味でも、動物は「物」から「人」へ近づきつつある。

2　論　点

（1）人格化の延長としての「動物の権利」

民法学者の吉田克己は、ペットの死傷の場合に慰謝料請求が認められる根拠を、「客体に人格的価値が付与され、人格的価値が侵害される場合に生じる精神的損害は、財産的損害の賠償によっては回復されることがない」ことに求める。そして、そのような特殊な性格をもつ財を「愛着財」と呼び、「動物とりわけペットについては、財産的価値とともに人格的価値をも兼ね備えた愛着財としての法的取扱いを正面から認めることが望ましい」とする（吉田 2014：12-17 頁）。

それでは、愛着財としての法的取扱いからさらに踏み出して、動物を権利主体として承認する余地はあるだろうか。いわば、動物の人格化の延長線上に「動物の権利」を位置づけることは可能だろうか。

吉田自身は、動物を主体とする法的な権利を認めることは「肝腎の『人間の権利』の稀釈化にもつながりかねない」として、慎重な立場を取る（吉田 1999：191 頁）。吉田のみならず、実定法学者は総じて、動物の権利を認めることに対しては否定的ないし消極的であるように見受けられる（吉井 2014：264 頁、山﨑 2018：33 頁など）。それは、既存の法体系とこれを対象とする従来の法律学が、世界を「人＝権利の主体」「物＝権利の客体」という二分法でとらえる「人／物」二元論を、所与の前提として成り立っているからにほかならない。そして、その根底には、あらゆる生きものの中で人間だけに特権的地位を与え

る「人間中心主義」の世界観がある。

　これに対して、日本における動物法研究の先駆者である青木人志は、以下に見る通り、動物の権利の可能性を二つの方向から展望している。一つは「人／物」二元論の枠内に踏みとどまりながら——人間中心主義を維持しながら——動物に権利主体への道を開く方向であり、今一つは、「人／物」二元論の枠を踏み越えて——人間中心主義を転換して——動物を権利主体として位置づける方向である。青木自身は明言していないが、単なる理論的な整理にとどまらず、究極的には第二の方向を目指しながら当面は第一の方向に向かって歩を進めようという実践的な企図が込められているように思われる（青木 2018：22-29頁）。

（2）動物は法人たりうるか？

　法の世界における「人」には、自然人のほか法人も含まれる。日本の民法は、「法人は、この法律その他の法律の規定によらなければ、成立しない」として（33条1項）、法人法定主義の立場を取る。併せて、「法人は、法令の規定に従い、定款その他の基本約款で定められた目的の範囲内において、権利を有し、義務を負う」と定める（34条）。

　それでは、新たな立法によって動物に法人格を付与すること、すなわち権利主体としての地位を認めることは可能だろうか。青木は、人の集まり（社団法人）だけでなく財産——すなわち無生物——にも法人格の付与（財団法人、相続財産法人）が認められていることを根拠に、これを肯定する（青木 2002：265-268頁、2004：236-238頁、2016：222-229頁）。

　法人格をもつことで、動物が、損害賠償請求権や差止請求権、扶養請求権等の私権の享有主体になることができる。もし飼い主が動物を虐待したり遺棄したりした場合、動物愛護団体等が、法人の機関として、当該動物に代わってこれらの権利を行使する。したがって、裁判が動物保護のための有効な手段として活用されることが期待できる。

　もっとも、動物に法人格を与えることは、自然人と同じ権利をすべて付与することを意味しない。青木は、「現在の人間社会を前提とするかぎり、動物の権利の中心的内容は、せいぜい『不必要に殺されたり虐待されたりせず天寿をまっとうする権利』にとどまる」と見ている（青木 2016：224頁）。その限りで

動物に権利を認めるのであれば、「人／物」二元論の枠組みを著しく損なうおそれはない。このような、より穏健な「動物の権利」論に対しては、少数ながら一定の理解を示す民法学者もいる（小粥 2004：125頁、河上 2007：211頁）。

とはいえ、動物法人の導入に当たっては、どのような動物が法人となりうるか、どのような自然人や団体が法人の機関たりうるか、また、どのような場合に、どのような内容の請求を、誰に対してできるかなど、様々な理論的・立法技術的な困難が立ちはだかる。これらの克服に加え、「動物法人の機関として想定しうる動物保護団体の社会的信頼感が高度に醸成されないかぎり、動物保護のために法人技術を用いる実益は期待できない」と青木は指摘する（青木 2016：228-229頁）。

（3）動物は「人権」をもてるか？

1978年に発表され、1989年に改定された「世界動物宣言」は、動物の生存権（1条）、尊重される権利（2条）、虐待されない権利（3条）、野生動物が自然な環境の中で自由に生き繁殖する権利（4条）、飼育動物が扶養され注意深く世話をされる権利（5条）などを掲げた上で、「動物の法的人格とその権利は、法律によって認められるべきである」と謳っている（9条）。

これらの「人権」に相当する諸権利を、単なる道徳的権利にとどまらず、法的権利すなわち裁判を通じて実現可能な権利として動物に認めようとすれば、伝統的な「人／物」二元論に抵触するのみならず、その根底にある人間中心主義とも相容れないことは、想像に難くない。人権が、人間である以上、当然に享有できる権利であるとすれば、如上の動物の権利（アニマル・ライツ）もまた、法人格を与えられた動物に限らず、すべての（少なくともある種の）動物にあまねく保障されなければならない。「人権」の享有主体としての動物──果たして、そのようなことが現実に可能なのか。

この点について、青木は、動物の人格化の潮流が遅ればせながら日本にも及んでいる現状を踏まえて、「アニマル・ライツはいまだ法学的には現実性を帯びた主張になっていないが、アニマル・ライツの法的承認へと向う道が今後開けてくる可能性は、わが国でもありえないわけではない」と述べている（青木 2010：251-253頁）。

そして、人間中心主義を克服しようとするアニマル・ライツ論の問題提起が、人権概念の拡張につながることに期待を寄せる（青木 2010：253-255 頁）。その道筋として、さらに二つの方向性が見通されている。一つは、「『人権』という概念はそのまま維持しつつ、『人』の範囲を（一部の）動物にまで拡大する」方向であり、今一つは、「『人権』という概念そのものを発展的に解消して、たとえば『生命主体権』のような別の用語を作り、人権とアニマル・ライツをその下位概念とする」方向である。

　これに関して、哲学者の浅野幸治は、動物が、人間同様、細胞や器官からできていて苦痛や快楽を感じることから、すべての動物には生命権と身体の安全保障権と行動の自由権があると主張する。そして、これらの権利を「基本的動物権」と呼び、基本的人権と同等の権利とみなす（浅野 2021：3-29 頁）。これは、上記の第二の方向に当たる試みといえるだろう。

3　事　例

（1）海外の例—ゾウに「人身の自由」はあるか？

図表 13-1　サルの「自撮り」写真
出所：ウィキペディア。

　海外とりわけアメリカでは、法的権利としての動物の権利を、実際に裁判を起こすことを通して実現しようとする動きが見られる。

　まず、サルの「自撮り」写真の著作権は誰にあるか、争われた例を挙げよう。イギリスの写真家がインドネシアの自然保護区にカメラを設置したところ、メスのクロザルがリモートスイッチを押して左の写真（図表13-1）を撮った。ウィキペディアの姉妹サイト、ウィキメディア・コモンズは、新聞に掲載されたこの写真を、著作権の発生しないフリーコンテンツとして扱った。これに対して写真家は、自らに著作権があ

ると主張して、ウィキメディア財団に対価の支払いまたは写真の削除を要求するが、同財団は、この写真を撮ったのはサルであり誰も著作権を有していないとして、いずれも拒否した（読売新聞 2014 年 11 月 2 日付朝刊〔大阪本社版〕）。

　これを受けて、2015 年 9 月、アメリカの動物保護団体が、著作権は写真を撮ったサルにあるとして、写真から得られた収益を、同団体が代理人となりサルの利益のために管理することを認める裁判所命令を求めて、連邦地方裁判所に提訴した。だが、裁判所は、2016 年 1 月、著作権法の保護は動物には及ばないと判断して原告らの請求を退けた（産経新聞 2016 年 1 月 9 日付朝刊）。

　次に、チンパンジーやゾウに「人身の自由」を認めるべきか否か、争われた例を紹介しよう。著名な弁護士・動物法学者であるスティーブン・M・ワイズが設立した非営利団体「非人間の権利プロジェクト（Nonhuman Rights Project： NhRP）」は、2013 年以降、「不当に拘禁されている」チンパンジーの自然保護区への移送を求めて、複数の人身保護請求訴訟を起こしている。2018 年には、動物園で展示されているアジアゾウについて、同様の訴訟を提起した。「少なくとも一部の動物には、人身の自由を含む基本的権利を享有できるだけの法的人格（legal persons）を認めるべきだ」というのが、その理由である（青木 2023：121-139 頁）。いずれの請求も、動物は人身保護請求の対象である「人（persons）」に当たらないとして却下されるが、ニューヨーク州上訴裁判所のユージン・ファーヒー裁判官は、チンパンジーに法的人格を認める余地があることを示唆する個別意見を述べて波紋を呼んだ。

　一方、2014 年 12 月、アルゼンチンの裁判所で、類人猿のオランウータンには人間と同じ基本的な権利が認められるとして、メスのオランウータンを動物園から解放するよう命じる判決が下された（朝日新聞 2014 年 12 月 24 日付夕刊）。2017 年 4 月には、メスのチンパンジーについて、動物園から保護施設への移送を命じる人身保護令が出されている（読売新聞 2017 年 4 月 13 日付夕刊）。

　これらの動きは、「人身保護法を梃にして裁判所の門をこじ開けて、チンパンジーやゾウの基本権を法実務上も認めさせよう」とするものである（青木 2018：29 頁）。そうした戦略が、いまだ限定的ながらも、徐々に功を奏しつつあるように見える。類人猿の「人身の自由」を起点に裁判所の堅固な門をどこまでこじ開けることができるか、今後の展開が注目される。

（2）日本の例─ウサギは裁判を起こせるか？

　日本で動物の権利が正面から争われた事案は、管見の及ぶ限りでは、まだ見当たらない。「アマミノクロウサギ訴訟」をはじめとする一連の「自然の権利」訴訟がその例として挙げられることがあるが、種の権利としての「自然の権利」と個体の権利としての「動物の権利」とは、区別する必要がある。いずれも人間中心主義からの脱却を志向する点では共通するが、「自然の権利」論が生態系中心主義の立場に立つのに対して、「動物の権利」論は生命中心主義の立場に与する。すなわち、前者が、生態系を構成する個々の生きものよりも生態系全体の方に価値を置くのに対して、後者は、生態系の価値はその生態系を構成する個々の生きものの価値の総和に過ぎないと考える（伊勢田 2008：278頁）。

　それゆえ、個体の保護と種の保存のいずれを優先すべきかが問題となるとき、「動物の権利」論と「自然の権利」論とは緊張関係に立つ。例えば、アマミノクロウサギやヤンバルクイナなどの希少種を捕食するノネコ（野山に棄てられて野生化したイエネコ）への対処をめぐって、両者は鋭く対立する。

4　ディスカッション

　仮に動物に権利を認めるとしても、すべての動物に対して、人間同様、あらゆる権利を認めるのは非現実的である。したがって、われわれは、どのような権利をどのような動物に認めるか、という困難な「線引き問題」に直面せざるをえない。さしあたり、「人／物」二元論の枠内で特定の動物に法人格を与えることを容認する立場にとどまる限り、それはすぐれて政策的な問題に過ぎない。例えば、動物愛護管理法の愛護動物を対象に、「不必要に殺されたり虐待されたりせず天寿をまっとうする権利」の保護に資する範囲で扶養請求権等、私権の享有を認めることが考えられる。

　一方、「人／物」二元論の枠を取っ払ってある種の動物が人権に類する基本権を有することを承認する立場を取るのであれば、この問いは、パラダイムの転換に関わる、より原理的な問題として立ち現れてくる。これに対して、例えば、浅野は感覚能力によって動物の基本権を根拠づけることで、また、ワイズは実践的な自律能力（practical autonomy）を動物の権利主体性の基礎に置くこと

で、人間中心主義の高い壁を乗り越えようと試みる。

アマミノクロウサギ訴訟の第一審判決（鹿児島地判平13年1月22日裁判所HP平7（行ウ）1）は、自然の権利の主張について、「人（自然人）及び法人の個人的利益の救済を念頭に置いた従来の現行法の枠組みのままで今後もよいのかどうかという極めて困難で、かつ、避けては通れない問題を我々に提起した」と述べる。両者は異質とはいえ、このことは動物の権利にもそのまま妥当するだろう。動物の権利の主張を日本でも真剣に考えるべき時が来ているといわなければならない。

参考文献

青木人志（2002）『動物の比較法文化─動物保護法の日欧比較』有斐閣。

───（2004）『法と動物─ひとつの法学講義』明石書店。

───（2010）「アニマル・ライツ─人間中心主義の克服？」愛敬浩二編『講座 人権論の再定位2 人権の主体』法律文化社238-256頁。

───（2016）『日本の動物法（第2版）』東京大学出版会。

───（2018）「動物の法的地位のゆらぎ─人間と非人間のはざまで」法律時報90巻12号22-29頁。

青木洋英（2023）「判例研究 動物園のゾウのための人身保護請求の可否─Nonhuman Rights Project, Inc. v. Breheny, 2022 WL 2122151（N.Y. 2022）」沖縄法政研究25号95-139頁。

浅野明子（2016）『ペット判例集』大成出版社。

浅野幸治（2021）『ベジタリアン哲学者の動物倫理入門』ナカニシヤ出版。

伊勢田哲治（2008）『動物からの倫理学入門』名古屋大学出版会。

河上正二（2007）『民法総則講義』日本評論社。

小粥太郎（2004）「演習／民法」法学教室291号124-125頁。

渋谷寛（2017）「ペットをめぐる法律実務」Law & Practice 11号159-182頁。

奈良詩織（2022）「フランスにおける動物保護に関する法律の改正」外国の立法293号17-54頁。

山岡規雄（2022）「諸外国の憲法における動物保護規定」外国の立法293号55-65頁。

山﨑将文（2018）「動物の権利と人間の人権」法政論叢54巻2号21-41頁。

───（2019）「動物の法的地位─憲法の観点からの考察を含めて」九州法学会会報2019 21-24頁。

吉井啓子（2014）「動物の法的地位」吉田克己・片山直也編『財の多様化と民法学』商事法務252-267頁。

吉田克己（1999）『現代市民社会と民法学』日本評論社。

───（2014）「財の多様化と民法学の課題─鳥瞰的整理の試み」吉田克己・片山直也編『財の多様化と民法学』商事法務2-61頁。

14 章
....

沖縄における慣習的制度の生成
—歴史法社会学から考える
....

1 概 説

（1）法・制度を歴史的に検討するということ

　民法は相隣関係や入会権など土地の利用、祭祀承継に関するルールについて、
「慣習」に従うとする。田中は、ある行動様式が時間的に継続的に反復されて
定着したものが社会規範としての慣習であり、それが社会成員間で法的規範と
みなされ慣習法となるという（田中 2005：21 頁）。

　また、社会規範は、他の社会現象と同様に歴史的・社会的条件に規定されて
形成される。佐藤によれば、「今ある法がどのような歴史的経路をたどって形
成されたのか。別の姿をとってあらわれた可能性もあるはずなのに、そうはな
らず、今ある法が成立したのはなぜなのか。法およびそれにかかわるさまざま
な現象が生じた経緯＝歴史を知ることは、法をよりよく理解し、説明し、ある
いは批判的な視座を得るうえで重要な方法である」という（佐藤 2004：146 頁）。

　本章では、社会規範とそれをベースとした社会制度の生成について、沖縄に
おける入会制度と慣習的相続制度を取り上げる。入会とは、ある地域の住民団
体（村落共同体）が、薪取り、飼料にする草の採取、牛馬の放牧、木材の伐採な
どを目的に、一定の山林原野（入会地）を共同で利用・管理する慣習にもとづ
く制度である（→ 4 章）。ここでは端的に村落共同体による自律的山林管理・利
用制度を入会制度と呼ぶこととしよう。さて従来の入会研究においては、日本
本土の入会制度の確立は江戸中期以降とされものの、その生成の詳細について
言及をするものは少ない。しかし、近代沖縄の歴史資料を検討すると、沖縄に
おける村落共同体による自律的山林管理・利用制度の成立は、沖縄県土地整理
事業の完成（1903 年）以降と考えられる。

　さらに、この事業の完成は、沖縄における家観念と慣習的相続制度の生成を

琉球・沖縄	古琉球		近世琉球	近代沖縄	戦後沖縄	
	第一尚氏王朝	第二尚氏王朝前期	第二尚氏王朝後期	沖縄県	アメリカ統治時代	沖縄県

1429　　1470　　1609　　　　1879　1903　　　　1972
　　　　　　　島津侵入　　　　土地整理事業完成　日本復帰
　　　　　　　　　　　　　　　　　　　1945
　　　　　　1868 明治維新

日本	室町時代		安土桃山時代	江戸時代	近代	現代
		戦国時代				
	中世		近世			

図表 14-1　琉球・沖縄と日本の時代対照図
出所：高良（1987：3頁）をもとに作成。

も誘導したと見られる。現代の沖縄において、祖先崇拝・祭祀承継と結びついた相続観念は、伝統的なものと考えられているが、実はそう古いものではなく、やはり入会制度と同様に土地整理事業完成以降に形成されたものと考えられる。以下、隣接諸分野の知見を参考にしながら見ていこう。

（2）沖縄における山林管理制度の生成の歴史

1）琉球近世期の山林管理制度と村落

　近世琉球における山林管理は、村落共同体による自律的な管理ではなく、琉球王府による各種の法令、王府の山林管理機構による指導と監督によって行われていた。それらは主として摂政・蔡温（1682～1762年）が行った改革の一環として整備されたものである。蔡温は、元文検地（1737～1750年）を実施し、王国内の各間切（旧慣行政単位。間切は複数の村から構成される）の田畑、山林の測量、境界の画定と管理主体の明確化を図った。蔡温が森林資源保護のための制度を構築したのは、近世期の人口増大に伴う濫伐、開墾等により沖縄本島中部地域の森林がほぼ消失し、森林資源は沖縄本島北部地域にしか残っていなかったからとされる。

　元文検地以前の共同体的林野利用慣行は、複数の村落による共同利用であり、

蔡温は山林荒廃の原因を主にこの山林の共同利用にあると考えた。すなわち、山林の管理主体が曖昧なため、濫伐と無秩序の開墾が行われると見たのである。それゆえ、元文検地により御用木の安定供給を目的として、利用範囲の錯綜する山林の複数村落による共同利用形態を一村所持形態に区分し、山林の管理・利用の主体と範囲を明確にした。

　王府の山林管理機構は、林野行政の最高機関・山奉行所のもとに複数の山奉行、在番を置いて監視・規律に当たらせ、さらに末端の間切・村に多くの山林担当役人を配置するというものであった。

　ここで、沖縄の旧慣土地制度と村について一瞥しておこう。沖縄において支配的な土地制度は、「村」が土地を共同的に所有し、一定年限ごとに割替えを行う「地割制度」であった。地割制度の下では、土地の管理と割替えの主体は、原則として「村」であり、納税の主体も「村」であった。近世の地割制は、王府の耕作強制・貢納強制に対して、村落側が貢租負担の均分化を図るために取った対応策の一つと考えられるが、結果として農民間の階層分化を押しとどめる機能を果たしたとされる。近世琉球の農村は、本土の近世村落とは異なり、一定の持高をもった本百姓からなるのではなく、地割に参加する地人から構成される。村落構成員たる地人全体で村の土地を管理し、割り替えるといった私的支配の弱い土地制度の下では不動産も成立しないから、一般の農民には家産も成立せず、家制度も形成されなかった（梅木 1989：201 頁）。

2）旧慣存置制度下の沖縄の山林の状況

　沖縄の近代国民国家・日本への包摂は、1872 年の明治政府による琉球王国の廃止と琉球藩の設置、外務省の管轄への移管（外務省出張所設置）に始まる。明治政府は、1879 年に琉球処分を行い、琉球王府（藩）を解体し、沖縄県を設置した。しかし、明治政府は、沖縄において地租改正などの改革をすぐに実施せず、当面の間、旧慣諸制度を存置する方針の下、沖縄県政を出発した。この方針により、「旧慣土地制度」「旧慣租税制度」「旧慣地方制度」が、「沖縄県土地整理事業」の完成まで引き続き効力をもつことになった（旧慣存置期）。これが意味するのは、日本本土において施行されている多くの法律の一部または全部が施行されないということである。

　さて、日本への包摂後の沖縄の山林の状況はどのようなものであっただろう

か。実は、琉球藩庁解体の混乱によって林野行政は機能を停止し、琉球処分直後から県下各地の山林は濫伐によって荒廃した。荒廃の原因は農村部の人口圧の増大による濫伐と開墾であり、さらに旧慣山林管理体制の致命的な弱体化と考えられる。王府時代の山林管理機構は、琉球処分後、県知事に移管され、山奉行の職務は地方役所長に委ねられたが、村落レベルの山林管理機構は自然消滅したのであった。

　こうした事態は、王府時代に由来する山林管理制度が、実は村落レベルでほとんど根づいていなかったことを示している。上述のように、村落における山林管理制度は、近世期以降の王府権力による整備の産物である。特に杣山は、本来官木を調達する山とされ、山奉行所の監督の下、間切・島・村が管理に当たっていたが、農民の利用が慣行として認められていた。しかしながら、村落における山の利用は、造林地や禁伐林以外の山であればいつどこからでも自由に伐採できるという地域も多くあり、また、伐採後に植林を行わないなど粗放な利用が見られた。

　そこで沖縄県は、1880年代以降、山林荒廃を食い止めるため旧慣山林管理機構を復活させ、村落に旧慣にもとづく山林管理機関を再度設置し、山林管理体制の再構築を図った。この旧慣山林管理機構復活を契機とし、県庁は、地方役所に対し、県庁役人の指導・監督の下、村落の各種の村内法（村落慣習法）の成文化を命じた。この村内法の成文化により、村落が山林利用管理を自律的に行う土壌が整えられていく。

3）沖縄県土地整理事業

　1898年、旧慣諸制度改革の総決算として沖縄県土地整理事業が開始された。この事業の目的は、直接的には沖縄県土地整理法にもとづき、個人に対して土地の所有権を認定し、地租を徴収するための地価を決定するというものであり、そのために土地処分、土地測量、地価査定を行い、土地台帳の調整、地租の改定が行われた。また、土地整理事業においては、土地の官民有区分により沖縄の山林の大部分を占める杣山は官有地とされ、杣山を慣習的に利用してきた住民に不自由を強いることになった。杣山の官有地化は、農民の慣習的杣山利用を踏みにじる一方的かつ暴力的な囲い込みと評価されている。しかしながら、官有とされた杣山は、のちに有償で払い下げられ（杣山処分）、払下金を負担し

た村落の中には、杣山の利用・管理を体系化し始めたところもあったことから、杣山の官有地化とその後の杣山処分という衝撃は、沖縄の村落に村としての対応を迫り、とりわけ旧来の杣山の維持・管理のあり様を再編する契機となったと考えられる。例えば3で取り上げる旧A村においては、かつて杣山で自由に薪を取ることができた。杣山が官有地として取り上げられた後、杣山の払下金を負担して取り戻さなければならなくなった。しかし、この払下金の負担以降、山林の保護と利用の体系化（メンバーシップの策定、山林の造植林・禁伐林の設定保護・盗伐取締の強化）が図られるようになる（上地 2020：239-240頁）。

2　論　点

　ここで沖縄の村落共同体による自律的な山林管理制度の生成という点から、大きく2つの時期に焦点を当て検討してみる。まず、一つ目は蔡温が王国の指揮を執っていた琉球近世期、そして二つ目は旧慣存置期である。すると、家・相続制度の生成もとらえることができる。

（1）近世琉球村落が自律的山林管理制度をつくれなかったのはなぜか
―制度の変化・生成における経路依存性（path dependence）

　蔡温が森林資源保護制度を構築したのは、森林資源枯渇を危惧したからであった。しかし、その危機に村落の自主的な対応は見られない。他方、日本本土では、江戸前期の人口増大による耕地開墾などによる森林資源の枯渇や災害の多発に際し、幕府や藩が山林原野の開発の停止と森林資源の保全へとシフトしていくと、村落において近世的入会慣行が形成されていった（佐藤・大石 1995：13, 38, 98頁）。

　この違いは何に由来するのだろう。青木は類似したエコロジー的条件をもつ韓国と日本の農村における水利システム（制度）の生成を事例に、村落の社会構造や社会規範に関して微妙に分岐した制度の進化経路が存在し、それが双方の経済がたどった制度軌道に対して永続的な影響を及ぼしてきたと考えられるとした上で（青木 2003：21頁）、「小農制度がエコロジー的にみてより望ましいところですら、それを支えるローカルな共用財の発展を促進する共同体規範は、

もし政治や社会の初期条件がその生成を誘導するものでなければ、かならずしも直線的に生成されるとは限らない」ことを指摘し、制度生成における経路依存性（path dependence）を強調する（青木 2003：57頁）。すなわち、日本の近世村落が森林資源保護の共同体規範を獲得しえたのは、それを誘導する政治的・社会的初期条件（村落の自治とメンバーの同質性）を備えていたからだといえる。そして日本の近世村落が自治村落となりえたのは、近世の幕藩領主が「ムラ」へ介入せずに農民支配のために社会組織（ムラ）を介在させたこと、また町と村の管轄上の分割などと考えられている（佐藤・大石 1995：92頁、中尾 2009：2-6頁、青木 2003：56頁）。他方、近世琉球の村落は自治村落として未成熟であったために強い共同体規範の生成を阻害し、王府のイニシアティブによる山林管理制度が村落において自律的な制度として定着しなかったと考えられる。

（2）明治末期に沖縄村落が自律的山林管理制度を形成できたのはなぜか
―伝統の創造（invention of tradition）

　上で見たように琉球処分直後からの山林荒廃に対し、県庁は旧慣山林管理制度の再構築と県庁役人の指導・監督による村内法の成文化という対応を取った。村内法の成文化そのものは山林管理のためだけではなかったものの、各村落は森林資源管理のための村内法を制定するようになっていった。

　ここで注目したいのは、村内法成文化において沖縄県庁の役人の果たした役割である。沖縄県庁は政治、外交など様々な理由により旧慣諸制度改革を急ぐことができず、政府から派遣された県知事を含めた役人は行政の円滑な遂行のために村内法の成文化など旧慣を利用せざるをえなかったのである。

　この県庁役人による旧慣の利用は、英国植民地下のアフリカにおける植民地行政官の働きを彷彿とさせる。歴史学者テレンス・レンジャーによれば、英国の行政官たちは、イギリスとアフリカの政治的・社会的・法的制度の間を接合することがほとんどできなかったゆえに、アフリカ人のためにアフリカの伝統を創り始めた。というのも、行政官自身が「伝統」を尊重していたために、彼らがアフリカにおいて伝統とみなしたものに好意をもつようになり、彼らがこの伝統を成文化し、公布したことで、柔軟な慣習は厳格な規定に変わり始めたという（レンジャー 1992：325頁）。近代沖縄においても県庁の役人らの創出した

「旧慣」を、村落は積極的に受容した。この他者（役人）の定義づけにもとづく村落による「旧慣」というルールの形成は、支配者が下した定義の支配された者への無意識の転移とでもいうべきものであるが（永渕 1998：193-194 頁）、その結果、もとは王府から押しつけられてきた旧慣（山林管理・利用のルール）が、あたかも村落住民自身で創り出した伝統的なる慣習として位置づけられるようになり、自律的山林管理制度の生成を促す経路が出来上がっていく。

　そして決定的には、沖縄県土地整理事業において生じた一連の村落外部からの不可避の圧力に対処するために、村落は共同体としての凝集性を高め、創られた伝統にもとづいて自己組織的に山林管理制度を構築していった。

（3）家・相続制度の伝統の創造―長子一括相続という伝統の創造

　旧慣が伝統と考えられるようになり、また近代的土地所有権が導入されたことにより、沖縄的な家、慣習的相続制度をも創り出されていく。すでに見たように沖縄の地割制は、農民に土地の所有権を認めていなかったため、土地を家産として所有することのなかった農民層には、土地の相続という観念は薄かったと考えられる。しかし、近代的土地所有権の導入が私有財産を生んだことにより、沖縄社会は私有財産を承継するための制度が必要となった。そこで形成されたのが、位牌（トートーメー）の承継の論理を財産の相続に関連づけるという現在の沖縄で一般的な慣習的相続制度である。

　沖縄では、祖先崇拝と位牌承継は重要な伝統的慣習と考えられており、財産の承継に優先して位牌の承継があり、その位牌に付随して財産が承継される。しかもその承継者（相続人）は長男単独で理念上一括相続であり、いくつかの承継上のタブーを伴った相続慣習として強く定着している。しかしながら、この沖縄の相続慣習は、士族層で 17 世紀頃、農民層では 18 ～ 19 世紀頃にようやく定着したと見られている。また位牌は、祖霊の宿る屋敷地と強く結びついているとされ、位牌の承継＝屋敷地の承継という観念も見られるが、この位牌と屋敷地の結びつきも比較的に新しいと示唆する論者もいる（植松 2006）。このように新しいが、伝統と考えられている祖先祭祀＝位牌祭祀が、屋敷地と強く結びつき、位牌承継＝屋敷地の承継（財産の承継）という構図になったと考えられる。

この創出された沖縄の家の観念とそれをもとにした慣習的相続制度は旧家族法の家制度・家督相続を想起させる。しかし、沖縄で家に当たる「ヤー」は、「家長の権威による統率のもとで妻もしくは主婦、長男、嫁などの地位・役割が『家』の枠のなかで厳しく規定されていた本土の家族に比べて、集団としての求心力、成員の地位・役割規制はゆるやかではないだろうか」といわれ、「『家産』や『家業』についての意識・観念は日本本土の『家』制度を支えるものに比して脆弱であった」（比嘉 1987：23頁）。そもそも家産を形成することがなかったわけだから当然といえる。中根は、沖縄における「"家"の観念の構造的欠如」を指摘する（中根 1962：337頁）。

　その実、沖縄では土地の分割相続がより一般的である。沖縄の分割相続慣行を地割制度との関連で調査した仲地によれば、地割慣行のあった地域では分割相続の割合が高く、地割慣行のなかった地域では分割相続の割合が低いことを指摘する（仲地 1991）。同じく坂根も沖縄を分割相続地帯と位置づけている（坂根 1996：13, 19頁）。

3　事　例

　沖縄における慣習にもとづく制度の事例として、入会権者の資格要件をめぐる訴訟を取り上げよう（入会権者の資格要件をめぐる訴訟：最判平18年3月17日民集60巻3号773頁）。これは、慣習に従った入会権の権利義務の主体と入会権の承継をめぐる争いである。沖縄における入会制度も家も新しい慣習（創られた伝統）にもとづくものであったことを念頭に以下の事例を見ていこう。

　本件は、現在米軍用地として接収されている杣山（本件入会地という）の管理を行うY（A部落民会、被告・控訴人・被上告人）の定める正会員の規定が、原則として杣山払下げ当時の入会権者の男子孫に限定しているのは専ら性別のみを理由とする不合理な差別を定めたものであって、民法90条により無効であるとして、入会権を有していた部落住民の女性子孫X（原告・被控訴人・上告人）らが、入会団体であるYを相手取り、正会員としての地位の確認と補償金並びに遅延損害金の支払いを求めたものである。

　A町A部落（現在A区）の杣山は、沖縄県土地整理法によりいったん官有地

とされたものが、1906年にA部落に30年間の年賦償還で払い下げられたものである。払下げに係る代金は、A部落村頭（区長）が1933年まで正規のA部落民である各戸主から賦課徴収して支払った。その後、本件入会地の一部は1937年頃A村の公有財産（1982年以降はA町の公有財産）に編入され（公有地部分という）、残りの土地は部落代表者の個人名で登記された（部落有地という）。第二次世界大戦後、本件入会地は米軍の用に供するため国が賃借し、その賃借料はYが収受・管理し、その一部を入会権者であるY構成員に対し毎年度補償金として分配している。Yは、部落有地管理団体と、公有地部分管理団体とが合併して設立されたものであり、本件入会地の入会権の得喪についてのA部落における慣習（本件慣習という）に従って入会権者とされる者を会員とする。なお、入会権を有する正会員を男性に限定する規定は旧部落有地管理団体の会則に定められていたが、旧公有地部分管理団体の会則は、本件慣習とは異なり、会員資格を男子孫に限定していなかった。本件慣習のうち争われたのは次の点である。①入会権者の資格は1世帯につき代表者1名のみ認められる（世帯主要件という）。一家の代表者の要件として住民票に世帯主として記載され、かつ現実にも独立した世帯を構えて生計を維持していることを要す。②入会権者の死亡や家督相続により一家の代表者が交替した場合には、新たな代表者が後継者として入会権者の資格を承継するが、入会権者の資格を承継する代表者は、原則として男子孫に限られ、例外的に旧代表者の妻が資格を取得することもある。また旧代表者が死亡し男子孫がない場合には1代に限り女子孫が入会権者の資格を承継することも認められる。③男子孫が分家しA区内に独立の世帯を構えた場合は、その世帯主からの届出により入会権者の資格を取得できるが、A部落民以外の男性と婚姻した女子孫は離婚して旧姓に復しない限り、配偶者が死亡するなどしてA区内で独立の世帯を構えたとしても入会権者の資格を取得することはできない。

　原審（控訴審）は、以下の通り述べ、一審を取り消し、Xらの請求をいずれも棄却した。本件慣習の世帯主要件は、入会権の本質にも合致するものであって何ら不当ではなく、また入会権者の女子孫が他部落の男性と婚姻した場合、離婚し旧姓に復しない限り入会権者の資格が認められない点につき、当該女子にA部落の入会権者の資格を認めるとA部落民として入会権者の資格、さら

に夫の有していた他部落民としての入会権者の資格をも重複して取得するなど不都合な事態が生じる可能性があるが、男子孫には、実際上、そのような事態が生ずることは想定し難いため、他部落の男性と婚姻した女子孫が離婚し旧姓に復しない限りとする取扱いとすることにはそれなりの理由があり、当該慣習が公序良俗に違反して無効であるとまではいえない。X らが上告。

　最高裁は、A 入会部落の慣習にもとづく入会集団会則のうち世帯主要件の部分は是認したが、入会権者の資格を原則として男子孫に限定する部分は無効であるとして原審に差し戻した。最高裁は、次のように述べている。本件入会地の入会権が家の代表ないし世帯主としての部落民に帰属する権利として当該入会権者からその後継者に承継されてきたという歴史的沿革を考慮し、各世帯の構成員の人数にかかわらず各世帯の代表者にのみ入会権者の地位を認めるという慣習は、入会団体の団体としての統制の維持、入会権行使における各世帯間の平等という点から、不合理ということはできず、現在においても、本件慣習のうち、世帯主要件を公序良俗（民法 90 条）に反するものということはできない。しかし、本件慣習のうち、入会権者の資格を原則として男子孫に限定し、同入会部落の部落民以外の男性と婚姻した女子孫は離婚して旧姓に復しない限り入会権者の資格を認めないとする部分は、専ら女子であることのみを理由として女子を男子と差別したものというべきであり、遅くとも本件で補償金の請求がされている 1992 年以降においては、性別のみによる不合理な差別として民法 90 条の規定により無効であると解するのが相当である。

4　ディスカッション

　入会制度は、フリーライダーを抑止し、限定されたメンバーシップにもとづき森林など限られた共有資源（パイ）をメンバーに配分する慣習的制度でもある。

（1）メンバーシップを考える
　日本本土の入会権の権利義務の主体（入会権者）は通常、男系中心の家である（渡辺 1972：143-144 頁）。家といっても判例のいう世帯（家）の代表者である。

入会制度が限定されたメンバーに共有資源というパイを配分する制度である以上、承継も限定的に行われる必要があり、全員にメンバーシップを与えるわけにもいかない。それゆえ、事例の入会集団は入会権の承継者を男子孫のみに限定したと一応は考えることもできる。そこには、沖縄で創造された慣習的相続制度の影響が見られるが、控訴審では「歴史的社会的にみて、家の代表ないし跡取りと目されてきたのは多くの場合男子、特に長男」であると判断されたが、それは戦後廃止された旧家族法の家制度や長子相続の観念に囚われている。そもそも家制度・長子一括相続こそ江戸時代の武士層の特殊な旧慣であり（坂井 1983：118頁）、また日本各地の農民層で広く行われていた末子相続を陰に追いやったのは長子相続を旧家族法により法定した結果であるからだ（中川・泉 1974：20頁）。

　さて、近年、地域公共資源の管理・保全のために伝統的な入会制度は評価されることもあるが、ここで入会団体の伝統的なメンバーシップの承継の問題点について考えてみよう。

（2）新規加入のルールをつくる

　次に新規加入のルールを考えてみよう。渡辺によれば、一般的には分家や部外者に対する入会への新規加入は共同体規制の強度に規定されているといえるが、共同体規制などとは別の要因により新規加入の取扱いが規定される場合も少なくなく、例えば入会山が官有地などに組み込まれた後、それを買い戻したり、有償で払下げを受けたりした場合には、そのときの買受代金・払下代金負担者が事後の権利者として固定化するという。さらに「山の交換価値の増大という新しい現象に対応して、権利者が自己の投下した労働や資本を回収し、交換価値の増大に伴う利益を独占しようとする欲求にもとづいて、新規加入者をシャットアウトしようとしているのである。だから代金の分配と結びついたところでは、一見封鎖的現象を呈するが、これは部落封鎖意識のあらわれなのではなく、負担者仲間の独占的私有意識の封鎖性のあらわれなのであり、入会山がほかならぬ権利者共同の私有財産（ただし権利者共同の私有財産）であることに由来する」（傍点筆者）という（渡辺 1972：147-148頁）。住民は何らかの資本投下により「われらが山」という意識をもつようになったり、事例のように賃料収

益が発生したりすると、その「共同の私有資産」に対する権利者の範囲が無限定に広がることを拒絶する。取り分が減ることを嫌うからだ。

　そこで、私たちが、共有資源という限られたパイからの取り分を減らすことなく、団体のつながりを持続させ、しかも現代にも通用する条件で新規加入のルールをつくるとしたら、どのようなルールが可能だろうか。

参 考 文 献

青木昌彦（2003）『比較制度分析に向けて（新装版）』（瀧澤弘和・谷口和弘訳）NTT 出版（初版は 2001 年）。

上地一郎（2020）「共同性の創発―土地整理事業以降の沖縄の村落共同体」沖縄国際大学南島文化研究所編『南島文化研究所叢書 4　共同売店の新たなかたちを求めて―沖縄における役割・課題・展望』編集工房東洋企画 225-260 頁。

植松明石（2006）「沖縄における屋敷地の特定性」比較家族史学会監修『シリーズ比較家族　第 I 期 6　家・屋敷地と霊・呪術』早稲田大学出版部 145-175 頁（初版は 1996 年）。

梅木哲人（1989）「近世農村の成立」琉球新報社編『新琉球史　近世編（上)』琉球新報社 181-204 頁。

坂井雄吉（1983）『井上毅と明治国家』東京大学出版会。

坂根嘉弘（1996）『分割相続と農村社会』九州大学出版会。

佐藤岩男（2004）「歴史から法を読み解く―歴史法社会学」和田仁孝ほか編『Series Law in action-1　法と社会へのアプローチ』日本評論社 146-168 頁。

佐藤常雄・大石慎三郎（1995）『新書・江戸時代 3　貧農史観を見直す』講談社現代新書。

高良倉吉（1987）『琉球王国の構造』吉川弘文館。

田中成明（2005）『法学入門』有斐閣。

中尾英俊（2009）『入会権―その本質と現代的課題』勁草書房。

中川善之助・泉久雄（1974）『法律学全集 24　相続法（新版)』有斐閣。

仲地宗俊（1991）「農地の相続慣行」農業法研究 26 号 17-32 頁。

中根千枝（1962）「南西諸島の社会組織　序論」民族学研究 27 巻 1 号 335-340 頁。

永渕康之（1998）「他者の言葉で語る自己」青木保・佐伯啓思編『「アジア的価値」とは何か』TBS ブリタニカ 191-206 頁。

仲間勇栄（2011）『増補改訂　沖縄林野制度利用史研究』メディア・エクスプレス（初版は 1984 年）。

比嘉政夫（1987）『女性優位と男系原理―沖縄の民俗社会構造』凱風社。

レンジャー，テレンス（1992）「植民地のアフリカにおける創り出された伝統」レンジャー，テレンス・ホブズボウム，エリック編『創られた伝統』（前川啓治ほか訳）紀伊國屋書店 323-406 頁。

渡辺洋三（1972）『法社会学研究 2　入会と法』東京大学出版会。

15 章

,,,,,,,,,,,,,,,,,,,,,,,,,,,,,,,,

医療と法、生命倫理
―安楽死・尊厳死を題材に考える

,,

1 概 説

（1）社会的インフラとしての医療を支える法

現代社会の人々の健康への願望を支えるため、医療は必要不可欠な役割を果たしている[1]。わが国では、医師をはじめとする医療者の資格・免許や業務、医療者が働く医療施設（病院、診療所）について法律（国会制定法）が定める。つまり、医療の担い手と医療を実践する場に関する法律として医師法、保健師助産師看護師法、医療法等がある。また、人工妊娠中絶、感染症対策、臓器移植、精神科医療、再生医療等の特定の医療行為・分野に関する特別法もある。さらに、日本で受けられる医療は専ら健康保険（国民皆保険）の対象になっており（その対象外の医療を「自由診療」という）、各人が医療を受ける際の費用（医療費）の大半は保険でカバーされ、その基本的仕組みは健康保険法が定める。こうした法律の存在は、現代の医療が法制度の下で実施されていることを意味する。

（2）医療行為を規律する法

医療行為全般に関しては、「医師でなければ、医業をなしてはならない」と定める医師法 17 条が重要である。非常に短いこの条文を理解すると、医師や医療行為に対する法の立場が見えてくる。

まず、「医業」とは「医行為（医療行為）」を反復継続的に実施することであり、「医行為」については「医師の医学的判断及び技術をもってするのでなければ

---

1 「医療」の定義や範囲を画することは難しく、医療現場で行われる看護師や薬剤師等その他の医療者の「看護」「ケア」「調剤」等を含む広い概念と理解することもできるが、本章では医師が患者に提供するサービスを主に想定する。

人体に危害を及ぼし、又は危害を及ぼすおそれのある行為」と考えられている（最判昭 30 年 5 月 24 日刑集 9 巻 7 号 1093 頁、最判昭 56 年 11 月 17 日判タ 459 号 55 頁、平成 17 年 7 月 26 日厚生労働省医政局長通知：医政発第 0726005 号等）。医師法 17 条の目的は、このような専門的判断・技術を要する医療行為を医師に業務独占させることで、患者・国民の心身への重大な危害の発生を防止することである。その目的の通りに医師法 17 条が機能するためには、医師は患者に安全性と有効性を見込める医療を適切に提供するという前提が必要であり、そこには医師に対する社会の大きな信頼がある。

つまり、医師が患者に提供する個々の医療の内容については、事前に法が規制をかけることはない（一部の特殊な医療を除く）。ただし、特別な法律がない社会一般の活動と同じく、一般法の民法（不法行為法）や刑法（生命・身体に対する罪に関する規定）による規律を受ける。専ら刑法上の違法性阻却要件として検討が進められてきたことではあるが、適法な医療行為として認められるためには 3 つの要件（手嶋 2022：48 頁）があると考えられている。

第一の要件は「医学的適応性があること」であり、当該医療行為を患者に用いることが許容されること、疾患や障害の改善に必要であることを意味する。第二の要件は「医療行為の方法としての相当性（医術的妥当性）があること」であり、医学的に認められた方法、具体的には当該医療行為を実施する時点の医療水準（標準的な医療のレベル）に照らして妥当な方法で実施することである。これらの 2 要件を合わせて「医学的相当性（妥当性）」とすることもあり、これらは純粋に医学的な正しさを求める条件である。

そして、第三の要件は「患者の同意、いわゆるインフォームド・コンセント（以下、IC）があること」である。その同意の前提になる医師からの説明内容としては、判例法上（最判昭 56 年 6 月 19 日判時 1011 号 54 頁、最判平 13 年 11 月 27 日判時 1769 号 56 頁）、次のように確立されている。すなわち①診断内容や患者の現在の状態、②これから実施しようとする当該医療行為の概要（目的と方法）、③当該医療行為が患者にもたらす危険性と副作用の可能性、④当該医療行為を実施しない場合に予測される結果、⑤自分が実施しようとする方法以外の医療行為の有無、その概要とメリット・デメリットを説明する義務が課される。

（3）患者の権利を支える法

　ここまでは医療側に向けられる法を概説してきたが、医療を受ける患者側に関する法については説明が難しい。患者の権利や義務について直接的に規定する法律はないと考えられる。憲法25条1項は生存権、同13条は自己決定権に関する規定であるが、医療を受けることや受ける医療を選択することの権利性と保障の程度は明らかではない。

　わが国の医療に関する法律は、国が医療や医療者を統制するための内容が主であり、その反射的効果として患者・国民が医療を受けることに規律が働く（内田 2022：82頁）。例えば、医療法1条の4第2項は「医師……その他の医療の担い手は、医療を提供するに当たり、適切な説明を行い、医療を受ける者の理解を得るよう努めなければならない」として、患者のICについて医療者の責務（努力義務）の観点から定める一方で、ICを患者の権利と位置づけない。

　患者・国民が医療を受けることに関する権利を主張する相手には、医療制度を整備する国・地方自治体と医療を実施する医療者の2者が本来あるはずである。しかし、これまでは専ら民事の医療過誤訴訟というかたちで医療者に対して権利主張（義務違反による権利侵害への訴え）がなされてきた。全体的な医療制度について意識せずにいられるのは、国民皆保険制度の下で、安全性と有効性が確認された高度な医療が、個人の金銭的負担が少なく国全体で迅速に受けられる奇跡的な状態が続いてきたからであるが、そこには患者のために医療を提供する医療者の矜持と努力があることも忘れてはいけない。

2　論　点

（1）法 と 倫 理

　1で取り上げた憲法、法律、判例等は「法」の諸形態であるが、法は数ある社会規範（道徳、宗教、習俗等）の一つである。法とは何か……そのイメージをもつことは法社会学にとっては重要なテーマであり（→イントロダクション）、他の社会規範との比較を通じて法に対する理解を深めることができるだろう（佐藤 2022：11頁）。

　社会規範の一つに「倫理」を挙げられるだろう。複数の国語辞典に「人とし

て守り行うべき道」との解説が見られ、本章のテーマである医療との関係では、その「人」を専門家と全社会構成員に分けて理解する。それぞれ、医師の職業倫理としての「医療倫理」と、社会全体の価値基準を示す「生命倫理」である。

（2）専門職倫理としての医療倫理

　様々な職業（occupation）がある中で、古典的には聖職者、法律家、医師が専門職業家（profession）であるとされる（他方で現在の日本語での「プロ」という概念は specialist に当たるだろう）。その特徴は、現代専門職論の出発点であるカール・サンダースとウィルソンによれば、①長期の教育訓練による専門的知識・技能の習得、②その知識・技能と関連した特別な責任感情とその表現形態としての倫理綱領の存在、③知識・技能と倫理綱領の維持・統制を行う組織の形成、④利潤追求型ではなく謝礼または給与形態の固定報酬制の採用である（進藤 1995：135 頁）。そして、医療専門職（医師）論の分野では、エリオット・フリードソンが医療専門職の中核的な特質として「自律性＝仕事に対する正当化された統制力」を示した（進藤 1995：141 頁）。専門職および医療専門職の定義や特質に関する見解はほかにも様々あり、各々の目的や射程も異なるが、ここでは「倫理綱領」「自律性」に着目する。

　医学という学問分野の知見を応用する医療という社会分野では、その活動・行為の適否の判断を同分野の中の専門家（医師）に委ねることが合理的であり、結局は社会全体にとってもよい結果が総じて得られると考えられる。その適否の判断基準が「医療倫理」である。例えば、日本医師会は「医の倫理綱領」「医師の職業倫理指針」を定め、医師としての基本姿勢や具体的場面での考え方を示す（4 の「終末期医療」に関する内容も含む）。ただし、これらと「医師会定款」が定める会員の処分（戒告または除名）理由の一つである「医師の倫理に反し」との関係は不明である。そもそも医師会に加入するのは日本のすべての医師の約半数であり、医師会が真の専門職団体であるかは議論の余地がある。

（3）社会の価値基準を示す生命倫理

　医療専門職団体の自律的規範である医療倫理を尊重した上で、その団体が活動する社会の中で、その規範の内容の正当性ひいてはそこで行われる医療の内

容は問われるべきである。例えば、医療活動の一形態であって先端的な理論や技術が求められる「医学研究」こそ、「治療」として提供される通常の医療以上に専門家である医師・医学者にその実施の適否を委ねてもよさそうだが、現実にはそうなっていない。その理由は医学の発展の歴史において世界各国で行われた非人道的な医学研究（人体実験）に対する反省の結果、被験者（研究対象者）を保護することが医学研究を行う上での大原則であることが確認されたからである（井上・一家 2018）。医学研究のあり方を示すのが「医学研究倫理」であり（その「あり方」の中心に被験者保護の考えがある）、医療における社会規範としての倫理である「生命倫理」の中でも重要な位置にある。

　「生命倫理学」は、善悪の判断を示す倫理学（応用倫理学）の一分野と考えてよい。だが、倫理学にとどまらず学際的に（様々な学問分野から）、人々の生命と健康に関わる医療と生命科学における倫理的問題（3で扱う安楽死・尊厳死はその代表例）にアプローチする学問である。対象とする問題に対する善悪の基準ましてや善悪の判断の答えを簡単に見出すことはできないが、「それでも思考を停止させずにいるために、考える道具や考え方のすじ道を提供してくれる、……今ここにふみとどまって考え続けるための一助となる」という表現に（玉井 2011：13頁）、その学問分野の深さ・豊かさを感じる。生命倫理学が示す考え方やそれが精製されてルール化したものを、規範としての「生命倫理」と理解してよいだろう。生命倫理の基本原則についての最も有力な考え方は、トム・ビーチャムとジェイムズ・チルドレスによる「自律尊重」「無危害」「仁恵」「正義」の4原則である（ビーチャム・チルドレス 1997）。医療を受ける者に対して、「その者の意思を尊重する」「（医療は不確実なものだが）害を与えない」「最善の利益をもたらす」「複数の者の間で公正に扱われる」医療であることを求める。

3　事　例

　多くの人が「安楽死」「尊厳死」という言葉を知っているだろう。それでは、その言葉を聞いて思い浮かべるのは、どのような場面のどのような行為だろうか？　細部に注意して次の5つのケースを見てほしい。

ケースA：死期が迫った末期がんの患者が激しい肉体的苦痛を訴えている。

患者の家族から「何とかしてくれ、こんなに苦しむ父を見ていられない」と強く迫られた主治医が患者の同意がないまま、人工呼吸器を取り外し、鎮静薬を使用し、最終的には薬毒物を投与して患者を死なせた。

ケースB：気管支ぜん息の重積発作によって心肺停止状態になり心肺は蘇生したが昏睡状態が続く患者について、主治医は家族に「脳死状態」と説明し、生命維持処置を実施しないことの同意を得た。医師は人工呼吸器を外し、鎮静薬を投与し、最終的には薬毒物を投与して患者を死なせた。

ケースC：治療による回復の見込みがないと判断した患者に対して、患者が意思表示できる状態ではないので、家族に説明をして同意を得て、最終的には医師が適切と考えるタイミングで人工呼吸器を外して患者を死なせた。

ケースD：筋萎縮性側索硬化症（ALS）によって全身を自分では動かせない患者が将来を悲観し、介護する母親に「死にたい、人工呼吸器を外して」と数ヶ月にわたって懇願する。母親は断り続けるが、遂にあるとき「楽にしてやりたい」と考えて呼吸器を外して患者を死なせた後、自らも自殺を図った。

ケースE：闘病に苦しみ疲れた患者が、インターネットで知り合った医師に自らの人生を終わらせることを望み、それに応じた医師が薬毒物を用いて患者を死なせた。

あなたの考える「安楽死」「尊厳死」に近いものはどれだろうか？　それは、あなたの周囲の人のイメージと同じだろうか？　例えば「安楽死・尊厳死」の是非を議論する際にまず気をつけるべきは、その議論の対象が論者の中で共通していることである。**ケースB**と**ケースC**を実際の事件の事実に即して少し加筆・修正すると、あなたの印象は変わるだろうか？

ケースB'：気管支ぜん息の重積発作によって心肺停止状態になり心肺は蘇生したが昏睡状態が続く患者について、その状態を正確に把握するために必要な検査を行わずに、主治医は家族に「脳死状態」と説明し、生命維持処置を実施しないことの同意を得た。しかし、患者は人工呼吸器を外されても自発呼吸をして死なず、むしろ苦しみ始めたので、医師は鎮静薬を投与し、最終的には薬毒物を投与して患者を死なせた。

ケースC'：治療による回復の見込みがないと判断した複数の患者に対して（必要な検査を実施せずに「脳死状態」と判断した患者も含む）、患者の同意がないまま

（むしろ意思疎通できていた時期の希望とは反するような生命維持処置を継続された患者も含む）、家族の同意を得て、最終的には医師個人が適切と考えるタイミングで人工呼吸器を取り外して患者を相次いで死なせた。

「安楽死・尊厳死」の是非を検討する時に検討材料として提示される事例がどれだけ真に迫ったものか、注意が必要ではないだろうか。

4 ディスカッション

（1）安楽死・尊厳死の概念整理

上記の通り安楽死と尊厳死はそれぞれ多義的な言葉であるが、その目的と方法に着目して整理しておきたい（図表15-1参照）。

この表の整理の要点は3つある。①「尊厳死」と「安楽死」は目的の点で区別される。ただし、臨床現場において「尊厳の保持」と「苦痛の緩和」の2つの目的は明確に区別される必要はなく、「尊厳の保持」[2]のために「苦痛の緩和」は重要な要素と考えられる。②「安楽死」は方法によって3種類に分かれる。

図表 15-1　安楽死と尊厳死の概念整理

	目的	方法	医学的用語
尊厳死	終末期状態*の患者に人間としての尊厳を害さずに死を迎えさせる	消極的安楽死と間接的安楽死に該当する行為(下記)	消極的安楽死と間接的安楽死に該当する名称(下記)
消極的安楽死	終末期状態*の患者の身体的苦痛を緩和・除去する	生命維持処置（例：人工呼吸器の装着）を開始しない、または、開始した生命維持処置を中止する	延命医療の差控えまたは終了
間接的安楽死		薬を用いて持続的な深い鎮静状態にする結果、そのまま死亡する	終末期鎮静
積極的安楽死		薬毒物等を用いて、人の死期を自然の経過よりも積極的に早める	（積極的）安楽死

＊終末期状態（人生の最終段階）は疾患・患者ごとに異なるが、治療を行っても病態の回復は難しく死期が迫っている状態と定義される。
出所：一家（2019：509頁）をもとに作成。

その３種類のうち方法の点で「尊厳死」と重なるのは、「消極的安楽死」または「間接的安楽死」である。③法律家や生命倫理学者は「安楽死」「尊厳死」という用語にもとづき議論を展開し、特段「安楽死」という用語に否定的な意味を込めない。他方、医療者の基本的理解は「安楽死＝積極的安楽死」であり、「安楽死」という用語には否定的な意味が拭えないようである。

　それでは、多様な安楽死・尊厳死のうち日本で法的に許容されているもの、その要件は何か？　その問いには必ずしも明確な答えがあるわけではない。その最たる理由は、安楽死・尊厳死について定める法律がなく、最高裁判所が要件や基準を示したこともないからである。そのことの是非が本節で考えてほしい最大の論点である。そのために、法律や判例理論がない中で安楽死・尊厳死がわれわれの社会でどのように評価されるのか、下級審裁判例や医学界のガイドライン（GL）の考え方を総合的に整理する。

（２）それぞれの社会的位置づけ・法的評価

　本章執筆時点で、日本で医師が有罪判決を受けた安楽死事件は２件しかない。**ケースＡ**のモデルの「東海大学病院事件」（横浜地判平７年３月28日判時1530号28頁）、**ケースB'**のモデルの「川崎協同病院事件」（最決平21年12月7日刑集63巻11号1899頁）である。他方、警察・検察が事件化しなかったものの社会的注目を集めた事例は数多く、その最たるものは**ケースC'**のモデルの「射水市民病院事件」（中島 2007）である。それらの事件の扱いから、医師が刑事裁判の対象になることの基準は積極的安楽死を行った点にあると推測される。

　東海大学病院事件判決において、横浜地裁は３種類の安楽死の適法化要件をそれぞれ示して同事件の事実に当てはめた。例えば、消極的安楽死（治療中止、延命医療の終了）については、患者が終末期状態にあることおよび患者の同意があること（明示ではなく推定的意思でも可）を要件とした。川崎協同病院事件判決でも横浜地裁は同様の考え方「医学的判断に基づく治療義務の限界」と「自己決定の尊重」を示す。これらは**１（２）**で示した「医学的相当性」と「患者の

2　終末期患者をどう扱えば尊厳を保持することになるのだろう？　なぜ、積極的な治療を行わない方向性だけが「尊厳ある死」と考えられるのだろう？

同意」の終末期医療バージョンといえる。ところが、川崎協同病院事件の第二審・東京高裁はその理論構成と司法が適法化要件を示すこと自体を批判し、問題の抜本的解決は立法または GL の策定に委ねるべきとした。横浜地裁と東京高裁の各々の立場には、司法積極主義・消極主義に過ぎるとの批判がある。

　法律も判例もない中で、終末期医療に関する社会規範としては厚生労働省と医学界が作成する GL がある。前者は 2007 年に射水市民病院事件の社会的インパクトを受けて作成され、その後 2 回改められた「人生の最終段階における医療の決定プロセスに関するガイドライン（プロセス GL）」である。最新 2018 年版では、終末期医療・ケアの基本的考え方として、①本人の意思決定の尊重とそれを実現するための Advance Care Planning（人生の最終段階の医療・ケアについて、患者が家族等や医療ケアチームと事前に繰り返し話し合うプロセス）の重要性、②医療行為の中止も選択肢に含めたチーム医療による医学的妥当性の確保、③緩和医療ケアと患者・家族への精神的・社会的支援の重要性、④積極的安楽死の禁止が示される。その上で、患者の治療方針を決めるプロセス（手続）を示し、手続的正義の観点で個々の治療方針の決定を正当化する道筋を示した（樋口 2008：79 頁）。行政発出ではあるが多分野の有識者が作成した GL であり、生命倫理分野の重要な考え方も反映されている。これに続くかたちで、日本医師会、日本救急医学会、日本緩和医療学会、日本老年医学会、日本集中治療医学会、日本学術会議等が終末期医療に関する GL を作成した。これらを参考に各医療機関、個々の現場は終末期患者への対応に当たっているが、こうした現状を社会一般ではどれだけ認識されているか。社会規範としての有効性はいかほどか。そして、われわれの社会では自分たちが望む終末期医療を実現できているだろうか。

（3）終末期医療に関する特別法があれば解決するのか？

　終末期医療をめぐる事件が繰り返され、また事件化せずとも患者が望むかたちで人生の最終段階を過ごせないケースが少なくない、といった社会的課題に本腰を入れて対応するには立法が必要という考え方がある。例えば 2012 年には国会議員連盟が「終末期の医療における患者の意思の尊重に関する法律案（仮称）」を発表した。しかし、この法律案に対しては、日本弁護士連合会をは

じめ障害者団体や臨床系学会等から批判の声が上がった。日弁連は「患者の希望を表明した書面により延命措置を不開始することができ、かつその医師を一切免責するということのみを法制化する内容であって、患者の視点に立って、患者の権利を真に保障する内容とはいい難い」と批判したにとどまらず、「『尊厳死』の法制化の制度設計に先立って実施されるべき制度整備が全くなされていない現状において提案されたものであり、いまだ法制化を検討する基盤がない」として、全11条の案を唐突に提示したこと自体に疑問を呈した。

　また、立法を求める立場からは諸外国の法制状況と比較されることがある。例えば、刑法で安楽死を容認した最初の国とされるオランダでは、2002年に「要請に基づく生命終結と自殺援助に関する審査法」が施行された。同法がつくった仕組みの概要は、医師は「注意深さの要件」という6要件を遵守して安楽死（致死薬の直接投与または処方）を実施すること、遺体埋葬法に従って安楽死の実施について自治体の検死官に届け出ること、届け出された内容は「安楽死地域審査委員会」で審査され、問題があるケースは検察庁等に送ることである（平野 2013）。

　同法の運用には課題も指摘されているが、わが国の問題解決策を考えるために参考になる点は多い（松田 2021：13頁）。オランダの法制度は2002年法で完成を見たが、それまでに複数の裁判例の積み重ねと社会的議論（立法府への複数回の法案提出も含む）、王立医師会による安楽死に関する複数の意見表明、法的根拠に先行するかたちでの医師会と司法省による安楽死の届出制度の運用開始（1994年遺体埋葬法改正によって根拠が付与）という経緯があり（平野 2013：47頁）、2002年法はそうした社会的試行錯誤の成果と見ることができる。その過程で特に王立医師会という専門職団体の果たした役割は大きいようである。

　また、実施状況に関する様々なデータが公開され、例えば2022年には8720件の安楽死が行われ、これは同年の全死亡者数の5.1％に当たり、前年比13.7％増である（Regional Euthanasia Review Committees 2022）。しかし、安楽死を望む患者に医師が安易に実施するわけではなく、実際に実施されるのは希望者の3分の1程度である（Regional Euthanasia Review Committees 2012）。そこには医師の専門的な判断が働いているのだろう。他方、日本のプロセスGLの作成時には、厳密な法的効力をもたないGLでは刑法の適用に関わる問題である法的

免責の基準（実体的な適法要件）を示せないことに並んで、仮にそれを示した場合に医療者が GL の文言に拘泥し、硬直的・画一的な運用をすることを危惧したので、実体的要件・基準を書かなかったといわれる（樋口 2008：88 頁）。

　そして、安楽死に関する法整備をする大前提にオランダでは医療・福祉制度が充実し（家庭医制度の下で医師・患者関係が親密であること、IC に関する実定法があることもその一環）、経済的理由から安楽死を望むことのないよう医療保険制度も充実している。他方、**3** の**ケース D** のモデルは「相模原事件」（横浜地判平 17 年 2 月 14 日、新谷 2014：200 頁）であるが、わが国の老老介護等の現場でも同様の悲しい事件は珍しくない。終末期医療や介護の制度が十分ではない状況で、人生の最終段階の終わり方としての安楽死に関する特別法ができたら、どうなるだろうか？　生命倫理学の「滑りやすい坂道論：限定した範囲で何かを許容しても、その範囲は簡単に拡大され、最初の限定はなし崩しに失われてしまうこと」（玉井 2011：12 頁）が現実のものにならないだろうか？

（4）本当に必要な法律は？

　ケース D と**ケース C'** ではともに人工呼吸器の取外しが行われたが、実行者に大きな違いがある。医師だからこそ治療義務の限界を判断でき、医療行為の一環として行った正当業務行為（刑法 35 条）として正当化できるのだが、それはわれわれの社会が医師に大きな権限と責任を与えていることを意味する。それでは、医師の権限行使を監視・監督する仕組みが、われわれの社会にはあるだろうか？　医師免許取消しや医業停止については医師法 7 条に規定があるが、何をした医師がどんな処分を受けているのか、その件数はどれくらいあるのか見てほしい。

　また、**ケース E** のモデルは本章執筆時点で公判中の「京都 ALS 患者嘱託殺人事件」（只木 2020）やスイス等に渡航する「安楽死ツーリズム」（NHK 2019）であるが、そこにはわれわれの社会が想定してきた医師・患者関係が存在するだろうか。むしろ、われわれの社会がつくりたい医師・患者関係をしっかり法律で明らかにすべき時期なのかもしれない。治療法のない病（末期がん、ALS 等の難病等）の苦しみに医療者はどこまで手を差し延べるべきなのか、差し延べたいと思った医療者はそれができる環境にあるのか。終末期医療に直面した患

者・家族と医療者だけが考える問題なのか。

　そして、本章が取り上げた様々な問題に取り組むために法と倫理は何ができるか（辰井 2013、中山 2020）。

参 考 文 献

一家綱邦（2019）「終末期医療の法と倫理─許されること、許されないこと、その根拠」病院 78 巻 7 号 508-513 頁。

井上悠輔・一家綱邦編（2018）『医学研究・臨床試験の倫理─わが国の事例に学ぶ』日本評論社。

内田博文（2022）「医事法総論」内田博文・岡田行雄編『日本の医療を切りひらく医事法』現代人文社 70-78 頁。

NHK（2019）「NHK スペシャル　彼女は安楽死を選んだ」https://www2.nhk.or.jp/archives/movies/?id=D0009051076_00000

佐藤岩夫（2022）「法社会学における『法』の概念」佐藤岩夫・阿部昌樹編著『スタンダード法社会学』北大路書房 11-20 頁。

新谷一朗（2014）「家人による在宅患者の人工呼吸器の取外し」甲斐克則・手嶋豊編『医事法判例百選（第 2 版）』有斐閣 200-201 頁。

進藤雄三（1995）『医療の社会学（第 3 版）』世界思想社。

只木誠（2020）「医師による薬物投与事件をめぐって」法律時報 92 巻 12 号 1-3 頁。

辰井聡子（2013）「終末期医療とルールの在り方」甲斐克則編『終末期医療と医事法』信山社 211-230 頁。

玉井真理子（2011）「答えの出ないことを考え続けるために」玉井真理子・大谷いづみ編著『はじめて出会う生命倫理』有斐閣 1-18 頁。

手嶋豊（2022）『医事法入門（第 6 版）』有斐閣。

中島みち（2007）『「尊厳死」に尊厳はあるか─ある呼吸器外し事件から』岩波新書。

中山茂樹（2020）「『自分らしい死』をめぐる法と倫理」法学セミナー 788 号 26-32 頁。

ビーチャム, トム・L.・チルドレス, ジェイムズ・F.（1997）『生命医学倫理』（永安幸正・立木教夫訳）成文堂。

樋口範雄（2008）『続・医療と法を考える─終末期医療ガイドライン』有斐閣。

平野美紀（2013）「オランダにおける安楽死論議」甲斐克則編『終末期医療と医事法』信山社 45-72 頁。

松田純（2021）『安楽死・尊厳死の現在─最終段階の医療と自己決定（第 3 版）』中公新書。

Regional Euthanasia Review Committees（2012）「FAQ Euthanasia 2010」https://www.patientsrightscouncil.org/site/wp-content/uploads/2012/03/Netherlands_Ministry_of_Justice_FAQ_Euthanasia_2010.pdf

────（2022）「Annual Reports 2022」https://english.euthanasiecommissie.nl/the-committees/documents/publications/annual-reports/2002/annual-reports/annual-reports

（ウェブページの最終アクセス日はいずれも 2023 年 9 月 25 日）

16　章

技術革新と著作権
― AI と創作活動をめぐって

1　概　説

　自然な対話が可能なレベルの生成 AI「ChatGPT」や、語句を入力すると高いクオリティの画像を生成する画像生成 AI「Midjourney」の登場など、AI 関連技術の急激な進展により、不正確な情報の生成や自動運転システムなどの AI の活動の結果生じた責任、権利侵害のリスクの高い AI の活動への規制のあり方など、様々な法制度との関係が改めて問い直され、活発な議論が各法領域で巻き起こっている。

　本章では、AI の取扱いがとりわけ正面から問題となっている知的財産法の中でも、著作物の保護と利用に関するルールを定める著作権法の問題を扱う。

　著作権法は、著作物等の文化的所産の公正な利用に留意しつつ、著作物等を創作した著作者等の権利の保護を図り、文化の発展に寄与することを目的とする（著作権法 1 条）。知的財産法の中でも、正面から技術的なアイデアである発明を保護対象として技術革新に主導的な役割を果たしてきた特許法の目的「産業の発達」（特許法 1 条）とは対照をなす。

　とはいえ、著作権法は、その誕生からすでに、人類史上最大の技術革新の一つである 15 世紀半ばのヨハネス・グーテンベルクによる活版印刷術の発明と密接に結びついている。活版印刷術により、飛躍的に書籍の大量複製が容易かつ安価に可能になると、当時人気の高かった古典書籍の出版のために行われた原本との照合などの初期投資の成果を、別の業者がそのまま流用して出版する行為が横行したため、出版業者は特権制度による独占を要請したのである。続いて、世界最初の近代的著作権法と位置づけられる 1709、1710 年イギリス著作権法（アン・アクト）は、哲学者ジョン・ロックの自然権論などによる正当化を根拠に、書物の著者に最初に権利が帰属すると定めたが、これも「書物その

他書かれたもの」の印刷の独占権を定めた法律であった（著作権法の正当化根拠については、島並ほか 2021：4 頁参照）。

　各国の著作権法は、続いて音楽や美術を保護対象に取り込み、とりわけ19世紀後半以来、写真、録音、映画、ラジオ、テレビ、コンピュータとインターネットに至るまで、相次ぐ技術革新により新メディアが登場するたびに、それらによる無断利用からの権利保護が要請され、保護対象となる著作物の種類の拡大（写真、映画、プログラムなど）と著作権の対象となる行為の拡大（複製を原点として、上映、公衆送信〔放送・インターネット送信〕など）がなされてきた。

　なお、著作者の権利は、特許権などのように出願や登録などの手続を必要とせず、著作物を創作するだけで発生する。また、著作物の利用により経済的に損をしない財産権的な権利である著作権と、著作物の創作者としての著作者の精神的な利益（著作者名の表示や無断改変禁止など）を保護し譲渡不能の著作者人格権の 2 つに分けられる。著作権を侵害する者に対して、権利者は、差止請求（侵害行為の停止とともに、侵害品やその製造設備などの廃棄も求めることができる）や損害賠償請求が可能であり、侵害行為について刑事罰も定められている。

2　論　点

　本節と次節では技術革新と著作権法制度をめぐり、創作活動に対する社会のとらえ方や比較法的観点から、制定法による規制が「狭過ぎる」ことへの批判と、反対に制定法による規制が「広過ぎる」ことへの批判という対照的な 2 つの現象を扱う。AI をめぐる近時の世論の反応は、前者の傾向をもつといえる。

　AI に関する著作権問題については、(1) AI 生成物が著作物となるか、(2) AI にデータを学習させ訓練する開発・学習段階、(3) AI がデータを出力する生成・利用段階の 3 つに分けた検討がなされる（以下に紹介する考え方は、基本的に文化庁著作権課 2023：52 頁以下と、2023 年 7 月時点での情報によるものである。流動性の高い問題であるため、今後の動向には常に注意されたい）。

（１）AI 生成物が著作物となるか

　AI が生成した成果は、著作権の成立する著作物か？　──答えは否である

可能性が高い。

著作権法の保護対象である著作物は、「思想又は感情を創作的に表現したものであつて、文芸、学術、美術又は音楽の範囲に属するもの」（著作権法2条1項1号）と定義される。

著作物は①「思想又は感情」を含んでいることが必要である。通説的な理解によれば、これは人間の精神活動を指すとされ、事実や、動物の活動の成果を含む自然物（→13章）は、思想または感情には当たらない。AIの自律的活動の結果の生成物もまた、人間の精神活動の成果には該当せず、この要件を満たさない。アメリカでも、著作権局や下級審判決が、すでに複数のAIの自律的な生成物について、同様の考え方から著作物性を否定している（奥邨 2023：31頁参照）。

そして、具体的に②「表現」されていなければならない。このことは、大まかなあらすじや世界観、作風などの抽象的なアイデアはそのままでは著作権法上保護される著作物とはならないことを意味する（アイデア・表現二分論）。しかも、③「創作的に」表現されていることを要する。「創作的に」とは、伝統的な理解によれば個性が表れていれば足りるので、子どもの描いた絵でも保護されるが、あまりに定型的な日常の挨拶文のように個性の表れない、ありふれた表現は保護されない。この「個性の発露」は、人間に固有の人格の反映と解される（奥邨 2023：33頁）。

したがって、出力成果が人の思想・感情と創作性の入らないAIの自律的な活動と評価される場合には、著作物とはいえないことになる（もっとも、後述するようにAIの出力成果に他人の著作物が入っている場合には、その他人の著作権まで否定されるわけではなく、著作権侵害となる可能性があることには注意されたい）。

他方、AIをツールとして活用して人が創作的表現を

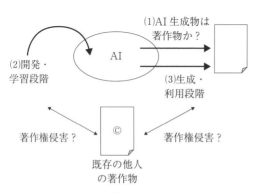

(1)AI生成物は著作物か？

(2)開発・学習段階

(3)生成・利用段階

著作権侵害？　著作権侵害？

既存の他人の著作物

図表16-1　AI関連の著作権問題　3つのフェイズ

行ったと評価できる場合には、その成果物はその人を著作者とする著作物であるということになる。例えば、Adobe Photoshop などのような画像処理ソフトウェアの処理プロセスには AI が多用されているからといって、それを用いて CG を作成したら AI 生成物であるから著作物ではないということにはならず、多くの場合、Photoshop を操作して CG を作成した人の創作にかかる著作物であると評価されることとなるだろう。この発想は、従来カメラという道具を用いて撮影された写真が、写真の著作物として保護されてきたことと変わりはない（しかし、画像生成 AI に対して語句による指示を入力する場合には創作性はあるのか？ など、どの程度まで人の創作的寄与があればその人の著作物なのかは、現状では実は明らかとはいえない）。

　現在の著作権法では、ひとまずこのように理解できるが、後掲 4（1）では他の可能性も考えてみよう。著作権法が著作物として人間の精神活動の成果のみを著作権の対象とすること、また、事実上創作活動を行った人に権利を帰属させるとすることは必ずしも自明ともいえない。

（2）AI にデータを読み込ませる学習段階

　著作権法は、複製、上演・演奏、公衆送信など、一定の利用行為について他人の無断利用を禁止できる権利を定めるが、そのままそれらの利用行為すべてに権利が及ぶと広過ぎるために、数多くの制限規定が設けられている。

　制限規定の一つ、著作権法 30 条の 4 は、「著作物は、……著作物に表現された思想又は感情を自ら享受し又は他人に享受させることを目的としない場合には、その必要と認められる限度において、……利用することができる」と定めており、例示として、技術開発（1 号）や情報解析（2 号）の用に供する場合、そのほか、人の知覚による認識を伴わない利用の場合（3 号）等を挙げている。商用・非商用の区別や、研究目的などの限定はない。

　この 30 条の 4 により、AI に既存の著作物を学習させることは、複製などに該当しても、基本的に著作権者の許諾を要さず自由に行うことができると考えられる。同条は、2011 年から存在した関連規定が、2018 年に適法性をより明らかにするかたちで整備されたものであり、「機械学習パラダイス」（上野 2021：749 頁）と評される程度に、機械学習に関しては、国際的に見て最も緩

やかな部類に位置づけられる（なお、同条は但書で「ただし、当該著作物の種類及び用途並びに当該利用の態様に照らし著作権者の利益を不当に害することとなる場合は、この限りではない」と定めているが、これが適用される場合は現状ごく限られると解されてきた）。

　しかし、30 条の 4 については、「AI 学習禁止」などとコンテンツに表示しても、AI による機械学習を法的には禁止できないと解される可能性が高いこともあり、主に CG の AI への取込みの是非をめぐって 2022 年後半に懸念の声が高まった（日経速報ニュース 2023 年 7 月 3 日、日経産業新聞 2023 年 8 月 3 日「生成 AI の無断学習に広がる困惑　創作者への還元に知恵を」など参照）。このように、著作権法上適法と解される可能性が高い AI のサービス提供に向けられた非難は、インターネット上の世論やクリエイター保護観念と著作権法の乖離ととらえることができるだろう。そして、これは、インターネット世論にときに見られる情緒的な反応ではなく、他国制度との比較から考察しても十分に根拠がある反応といえる。

　アメリカでは著作権の制限について、**3** で後述するように、「公正な利用（フェアユース）」については著作権が制限されるという一般条項を置いている。そこで、特に、視覚著作物を学習させることにつき、フェアユースの成否をめぐって複数の訴訟が生じている（奥邨 2023：38 頁参照）。

　EU では 2019 年 DSM（デジタル単一市場）著作権指令により、加盟国の著作権法において定めねばならない共通ルールを定める。同指令は、①研究機関等における学術研究目的での機械学習利用（3 条）と、②それ以外の場面（商業利用含む）での利用を分け（4 条）、①研究機関において学術研究を目的とする場合は異議をとどめても無効とする一方で、②商用利用を含む利用については、機械判読可能な方法で明示すれば利用が留保できるとのルールを著作権法に導入している（いわゆる「オプトアウト型規制」。同意がなければ利用禁止とする「オプトイン型規制」の対義語。日本法でもすでに検索エンジンに関する制限規定 47 条の 5 は、「政令で定める基準」でこの留保を認めている）。これに照らせば、日本法 30 条の 4 のように、目的要件もオプトアウト型規制も存在せず、著作物の機械学習も可能と解される現状は緩やかに過ぎるとの評価は十分にありうると思われる（→**4（2）**）。

（3）著作権侵害の成否

　AIの出力結果については、**（1）**で見たようにAIが自律的に生成した成果については著作権の対象とはならないが、だからといって、AIが取り込んだ他人の著作物が生成結果に出力された場合に、その他人の著作物の著作権まで否定されるわけではない。許諾や適用される制限規定がなければ、取り込まれた他人の著作物の著作権を侵害する可能性がある。

　著作権の侵害には、①類似性と②依拠性という2つの要件の充足が必要である。①類似性とは、「既存の著作物の表現上の本質的特徴が直接感得できること」をいう（江差追分事件：最判平13年6月28民集55巻4号837頁）。これは、従来の一般的な著作物の著作権侵害と変わりなく、事実やアイデア、作風、そして表現であっても創作性のないありふれた表現部分が共通しているだけでは類似性は肯定されず、侵害とはならない。

　②依拠性（ワン・レイニー・ナイト・イン・トーキョー事件：最判昭53年9月7日民集32巻6号1145頁）とは、既存の著作物に依拠していることである。ある作品を創作した結果、偶然に先行作品と表現が共通した場合には、依拠性はない（著作権は創作しただけで発生するから、後続の創作活動を過度に制約しないためである）。だが、AIの出力結果について、どのような場合に依拠性が認められるかどうかについては議論が分かれている。すなわち、ある著作物（例えば「ドラえもん」の図柄）がそのAIの機械学習に用いられただけで依拠性が認められるのか、それともそれでは足りず、AI利用者が（意図的に「ドラえもん」などと）明らかにもとの作品を意識した指示を入力してAIが出力した場合に初めて依拠性が認められるのかについては、今なお確たる結論は得られていない（そこで、いずれにしても、侵害のリスクを軽減するため、AIに学習させるデータを許諾済みのものに限定したり、侵害が生じた場合の責任を提供者が負う条項とともにAIサービスを利用者に提供する企業が登場している）。

　これら3つの論点それぞれにおいて、創作活動とその成果にかかる様々な懸念が表明されている中で、政府知的財産戦略本部も2023年6月には、「知的財産推進計画2023」で、「AI技術の進歩の促進とクリエイターの権利保護等の観点に留意し」つつ、生成AIと著作権について上記3論点の考え方の整理を行うことを表明している。

3 事 例

（1）著作権は広過ぎる？─パロディ問題を例に

　しかし、これまで、著作権法をめぐって、世論や他国との乖離が指摘される
問題は、むしろ「著作権法が（形式的に）及ぶ範囲が広過ぎる」ことに対する
批判が中心であった。ここでは、パロディに関する問題を代表例として挙げる。

　既存の著作物を、風刺や批判を目的として取り込むパロディ作品は、芸術の
一態様としても伝統を有するが、その性質上、著作権者から許諾を得ることが
困難である場合が多く、まさにその点に制限規定を設ける必要性も唱えられ、
フランスなど、古くから制限規定が置かれてきた国もある。

　だが、日本では、パロディに関する制限規定はなく、最判昭 55 年 3 月 28 日
民集 34 巻 3 号 244 頁（パロディ・モンタージュ事件）が、著作者人格権の一つで
ある同一性保持権侵害（著作物を著作者の意に反して無断で改変されない権利）を肯定
し、また傍論ながら制限規定の一つである引用該当を否定したことを契機に、
パロディは著作権侵害に該当するおそれの高いものと解されてきた。

　しかし 1990 年代以降のインターネットの普及を背景に、著作権者の許諾を
得ず、著作権法の観点からは「グレーゾーン」「権利者黙認」領域でネット
ユーザーが盛んにコンテンツの二次創作、「歌ってみた」などの配信を行い
（User Generated Contents：UGC といわれる）、その活動を土壌として新たな作品が
創作されるという創作のあり方が広く普及した。象徴的な例として、音声合成
ソフト VOCALOID のキャラクターとして 2007 年に登場した「初音ミク」に
関する楽曲やイラストや動画などの膨大な創作活動の連鎖が挙げられるだろう
（中山 2013：106 頁。このような場面では、風刺や批判の意図がないオマージュなども含め
て、広く「パロディ」と呼ばれることも多い）。このような創作活動の実態と、利用に
すべての原作の権利者にまで許諾を要する排他的権利を定める著作権法との乖
離からも、パロディに関する制限規定の導入を求める立法論が提唱されてきた。

　他国でも、前記最判の時代には、フランスのような明文の制限規定を置いて
いた法制度は少なかったが、それから 40 余年を経た現在では、「パロディ・パ
スティーシュ（模作・習作）・カリカチュア（風刺）」（欧州各国）や、UGC（カナダ
法 29. 21 条。2018 年）に制限規定を設ける法制度が登場するに至った。また、

アメリカでは、現行の 1976 年著作権法立法時に、従来の判例にもとづいて、一般条項（個別具体的でなく、包括的に規定されている条項）であるフェアユース規定（107条）が制定されていた（「批評、コメント、時事報道、教授、研究又は調査等を目的とする著作権のある著作物のフェアユースは、著作権の侵害とならない」）ところ、連邦最高裁が 1994 年に Campbell 事件判決［510 U.S.569（1994）］において、パロディ作品についてのフェアユースの成立を肯定して以後、著作権侵害を否定する途が開かれている。パロディ等に関する制限規定を設けていない法制度は、いつの間にか少数派になりつつある観がある。

　もっとも、日本では、2013 年の文化審議会ワーキングチームによる検討の結果、パロディに関する制限規定の立法化の提案は見送られている。実際に、近時は制限規定によらずとも、二次創作やゲーム実況の「ガイドライン」に見られるような非独占的なライセンスやポリシーを権利者側が提供することにより、問題をクリアするアプローチが定着してきた。その状況下で、さらに著作権制限規定を設ける必要性があるのかは、なお検討が続く課題である。

（2）フェアユースに期待する人々

　パロディに関してのみならず、著作権制限規定に関しては、古くから、アメリカのような一般条項的なフェアユースを日本に導入すべきであるという見解が少なくない。現状の日本や欧州の限定列挙の制限規定は、予測可能性の確保には役立つが、検索エンジンやクラウドサービスなどの技術革新に対して、新技術が登場してから制限規定を立法するという経過をたどるため、柔軟な対処ができず、法令遵守的な観点からも著作物の利用が抑制され、技術革新を阻害するという批判がなされる（柔軟化の試みが、30 条の 4「享受を目的としない利用」などを定めた 2018 年著作権法改正であったが、これも一般条項を導入したものではない）。この立場からは、解釈の余地の広い一般条項を導入すれば、裁判所による適用を通じて、新技術に対してより柔軟迅速に対処できるという期待もなされる。

　このように、パロディやフェアユース導入論などの権利制限規定に関する議論の多くは、制限規定がない、または硬直的なことから生じる批判的論調が多く、これに対して、**2**で扱った AI をめぐる議論のように、制限規定が広過ぎる、すなわち著作権の及ぶ範囲が狭過ぎることにより生じた批判は珍しい。両

議論は、方向性は相対するが、創作活動をめぐる考え方と既存の著作権法制度との乖離から生じた点では共通する。

4　ディスカッション

（1）AI が著作者となる時代？

2で述べたように、現在の著作権法の考え方では、AI が全自動で生成した成果に著作物性は認められない。しかし、立法論として他の可能性を考えてみよう。第一に、AI に権利主体性を認めるべきであろうか？　第二に、AI 自体への権利帰属が否定されるとしても、AI を操作する人、また、その AI を提供する人に生成物に対する権利を認めるべきだろうか？

なお、日本やアメリカの著作権法は、自然人（生身の人間）でなく会社などの法人が著作者になる職務著作という制度を設けている（日本著作権法 15 条。例えば新聞記事やゲームソフトの著作者は個々の記者やプログラマー等でなくそれぞれの企業となる場合が多いだろう）ことを考えると、何らかの理由により事実上の創作行為を行った以外の人が法律により著作者であると擬制的に決定される制度設計も、それほどかけ離れた発想とはいえないだろう。

（2）機械学習制限規定の見直し？

著作物入力段階での規定のあり方として、日本法 30 条の 4 は緩やかに過ぎるとの議論を呼んだ。それでは、現在の選択肢として権利制限の範囲を狭めるため、より制約的な条件をつけるべきだろうか。もしそうならば、どのような

図表 16-2　権利制限の選択肢の例

↑	権利保護	オプトイン型（許諾がある場合にのみ可能。制限規定なしの状態）
		オプトアウト型（異議をとどめた場合には不可となる。例：欧州 DSM 指令 4 条。ただし異議は機械可読形式とし、かつ、学術研究目的を除く）
		学術研究目的＋オプトアウトなし（例：欧州 DSM 指令 3 条）
		補償金請求権付権利制限（例：日本法 35 条の教育機関における公衆送信）
↓	利用自由	オプトアウトなし。特に条件を付さない権利制限（日本法 30 条の 4）

条件が適切だろうか。例えば図表 16-2 のような選択肢が考えられるだろう。

　また 2023 年 6 月に欧州議会で採択された AI 規制法（AI Act）規則修正案は、世界に先駆けた包括的 AI 規制法案と位置づけられるが、基本的権利の尊重を基本的視座として、AI の人への安全性・人権への影響リスクに応じて規制の厳格性を①禁止、②規制、③限定的（透明性義務）、④規制なしの 4 段階に分類するアプローチを取る。生成系 AI への著作物の機械学習利用に関しては、AI 生成物であることの明示（透明性の確保）と、どのような著作物を利用したのか、「学習データの使用に関する十分に詳細な概要の文書化と公開」という義務を提供企業に課すという規定が含まれている（同法案 28b 条 4 項・52 条 1 項。日本経済新聞 2023 年 6 月 15 日「EU、AI 規制案を採択　『AI 製』明示を企業に求める」）。このようなトレーサビリティーの確保は日本でも課題となるかもしれない。

（3）技術的環境（アーキテクチャ）が果たす役割

　インターネットがもたらした情報流通環境の特徴として、拡散性や双方向型の発信が可能となったほか、オンライン上に構築される情報環境において、著作物の伝達に果たす「アーキテクチャ」の役割の増大が指摘されてきた。アーキテクチャとは、物理的・技術的につくられた環境を指す。オンライン上では、システム設計者や提供者がプログラムのコードをどう書くか次第で、ユーザーの行動可能性をオフライン世界よりも容易に任意に制約できる（例えば、SNS 上で課金したいコンテンツとフリーにアクセスさせたいコンテンツを分けて提供したいとき、オフライン世界のようにバリケードによる大がかりな入場制限などせずとも、課金コンテンツにはアクセス制限をかけるだけでよい）。このことから、2000 年、アメリカの憲法・情報法学者ローレンス・レッシグは、「コードは法である／コードが法にとって代わる（Code is law.）」と述べた（レッシグ 2001：9 頁、小塚 2019：129 頁）。

　当時レッシグが指摘したのは、従来著作権法上自由に行えていた行為が、私人であるコンテンツ提供事業者により、技術的・恣意的に制約され、しかもそれが不正アクセスや、コピープロテクト破りを違法とすることにより法律によって支援され正当化されることの危険性であった。また、コードによる行動規制は、検索結果からの除外などにより、個人が認識されないうちに行うことができるため（意識不要性）、国による個人の行動統制にも結びつきやすいこと

が指摘される。もっとも、コードはユーザーの自由を実現するために設計することも、従来の著作権侵害行為の抑止を実効ならしめるために活用することも可能である。情報環境における技術と法の役割についてどのように考えるのがよいだろうか（生貝 2019：187頁も参照）。

（4）所有権アナロジーがもたらしたものと、著作権法の制度設計

　著作権法や他の知的財産権制度が、第三者による情報の一定の無断利用を排除できる排他的支配権として、使用・収益・処分権能たる近代的な「所有権」概念になぞらえて（＝アナロジーを用いて）構成されたことは、創作的な成果・知識の「コンテンツ」としての商品化や、ひいては現代の「物財からデータへ」（小塚 2019：20頁）という現象をも促進した要因といってよいだろう。しかし、このような所有権的構成は、同時に無数の人が利用できる（消費の非排除性）という知識・情報の性質を考慮するだけでも、有体物の所有権制度に比べて一層擬制的な作業であったといえるだろう。

　とはいえ、それで著作権法が、完全に商品化の論理に相即したのかといえば、そうではなく、――労働法や環境法など、他の多くの現代的な法制度と同様に――商品化が貫徹しえない（貫徹すべきではない）対抗的な考慮が働く非市場的な――例えば学術的、芸術的な――コミュニケーションとを調整する役割を果たすものともいえるだろう。

　とりわけ、①著作物利用に関する多くの制限規定（私的使用のための複製、非営利上演等、引用のほか、日本法には存在しないがパロディやUGCに関する制限規定など）、②欧州各国の著作権法において特に盛んな、経済的利用者から交渉力の弱いクリエイターを保護する規定を多く有する著作権契約法（詳細は、上野 2012：2頁参照）、③学術論文オープンアクセスや、「非営利」や「クレジット表示」などクリエイターが指定した一定条件下で自由な著作物利用を認めるクリエイティブ・コモンズ・ライセンス（参照：https://creativecommons.jp/licenses/）のような非独占的なライセンスは、知識・情報への排他的権利付与による商品化と相即し難い、情報へのアクセスや共有という非市場的な性格の強いコミュニケーションとの調整システムとして機能することも期待される（Peukert 2019：1189頁）。

従来、知的財産権は、①事前同意を要する排他的権利と②利益の保護分配という2つの要素の組み合わせによって利益保護を図ってきた（小塚 2019：110頁参照）が、将来的な著作権リフォーム（見直し）の議論の中では、強過ぎる場面が多い排他的権利という制度設計は果たして妥当であったのかも問い直され、場面に応じて、排他的権利のない報酬請求権などの代替的制度も提案されてきた（上野 2015：2頁参照。もっとも、精神的利益を保護する著作者人格権が問題となる場面や、パーソナルデータや機械学習のように、個別情報の集積によって価値が極端に膨大化するというビッグデータの特質により、個別データにかかる公正な利益の評価が困難な場面では、むしろ排他的権利・事前同意権の役割が期待されるかもしれない）。どのような制度設計が望ましいだろうか？

参 考 文 献

生貝直人（2019）「共同規制　ルールは誰が作るのか」藤代裕之編著『ソーシャルメディア論—つながりを再設計する（改訂版）』青弓社 187-198頁。

上野達弘（2012）「講演録　国際社会における日本の著作権法—クリエイタ指向アプローチの可能性」コピライト 613号 2-35頁。

――――（2015）「講演録　著作権法における権利の在り方—制度論のメニュー」コピライト 650号 2-35頁。

――――（2021）「情報解析と著作権—『機械学習パラダイス』としての日本」人工知能 36巻6号 745-749頁。

奥邨弘司（2019）「講演録　技術革新と著作権法制のメビウスの輪（∞）」コピライト 702号 2-26頁。

――――（2023）「生成AIと著作権に関する米国の動き—AI生成表現の著作物性に関する著作権局の考え方と生成AIに関する訴訟の概要」コピライト 747号 31-51頁。

小塚荘一郎（2019）『AIの時代と法』岩波新書。

宍戸常寿ほか編著（2020）『AIと社会と法—パラダイムシフトは起きるか？』有斐閣。

島並良ほか（2021）『著作権法入門（第3版）』有斐閣。

高林龍（2022）『標準著作権法（第5版）』有斐閣。

茶園成樹編（2021）『著作権法（第3版）』有斐閣。

中山信弘（2013）「著作権法の憂鬱」パテント 66巻1号 106-118頁。

文化庁著作権課（2023）「AIと著作権」NBL1246号 52-63頁。

Peukert, Alexander（2019）Fictitious Commodities: A Theory of Intellectual Property Inspired by Karl Polanyi's "Great Transformation", 29 *Fordham Intell. Prop. Media & Ent. L. J.* 1151.

弥永真生・宍戸常寿編（2018）『ロボット・AIと法』有斐閣。

レッシグ, ローレンス（2001）『CODE—インターネットの合法・違法・プライバシー』（山形浩生・柏木亮二訳）翔泳社。

第3部

法の担い手・法の創造

17 章

議会の法制定
─厳罰化傾向とその背景

1 概 説

（1）立法の重要性

　日本には、法律がいくつあるだろうか。法規の数は、デジタル庁の e-Gov 法令検索サイト「DB 登録法令数」、国立国会図書館サイトの「日本法令索引」や、その他の有料法令データベースで検索すると、知ることができる。現行法規は法律のみで 2000 余りを数える。

　法学では、国会の制定する法律をはじめとする法規の内容を理解することが中心である。個別の条文の内容とともに、他の条文との間の整合性を考えて、その法律全体を統一的に説明できるよう、条文の解釈を行い、意味内容を確定させる（解釈は学者により異なり、学説と称される）。裁判になった具体的な事例と判断にもとづいて考える判例研究は、法の解釈を磨く方法の一つとなる。この法解釈学は、法と条文の意味内容をある程度確定して、司法や行政の恣意的な法適用を防ぐ意義がある。

　他方、法学で、解釈する対象である法規の条文がどのような理由や経過で成立するのかは、裁判で法がどのように適用されるのか、行政で法がどのように執行されるのかなどとともに、ほとんど注目されない。それは、法学の主流のアプローチが、条文から出発するいわゆる法解釈学であることによる。解釈には限界があり、解釈の枠を超える議論は「立法論」と呼ばれる（あまりよい意味で用いられない）。

　法規の解釈は重要にしろ、法規の条文の内容自体の方が、社会に及ぼす影響力は大きい。肝心の条文がどのような経緯でできたのか、国会や地方議会による法の制定のあり方を考えることは、本来、法解釈学と並び、あるいはそれ以上に重要なはずである。その重要性にもかかわらず、立法に関する学問は盛ん

とはいえず、大学で「立法学」の講義はほとんどなく、立法過程は政治学で扱われることが多い。

　日本の法社会学の提唱者の一人である末弘厳太郎は、第二次世界大戦直後に記した論文で、法学の目的は正しき法の探求にあり、正しき法を実定法上に実現することにあるとした。そして、従来、法学者の学的努力は、解釈法学に集中して、同じく実用法学の一翼をなすべき立法学は全く注意の外に置かれ、法令立案は関係官僚による非科学的な職人的熟練で行われているが、これからの立法は科学的になされるべきで、立法者は、実定法に加えて、法哲学、法史学並びに比較法学の智識をもたねばならぬと説いた（末弘 1946）。時代が変わったとはいえ、末弘の指摘はいまだに正鵠を射ているのではなかろうか。

（2）社会現象としての法規

　法社会学的な法のとらえ方は、立法にも当てはまる。法規の制定は、政府・政党の政策や政党間の関係が反映される政治的な要素を含むものの、地域と時代に応じて制定、改正、廃止され、流動的で、社会現象の一つとみなされるためである。立法の契機は、事件・事故、社会・経済情勢の変化や、国際関係など、法規により様々である。法規の中身も、社会のニーズへの対応、予算、政策の基本事項、業界の利益調整や、審議会の答申など、多岐にわたる。

　法規は、国民の権利に関わる重要な内容を明文で定める場合が多いが、意外に思われるものもある。例えば、まだ食べられるのに捨てられる飲食店の「食品ロス」を減らすことは、マナーと思われがちだが、法律で規制されている（食品ロスの削減の推進に関する法律）。この立法の目的は、SDGs（国連の持続可能な開発目標）で掲げられる食料廃棄半減の実現にある。

　法規は、時代とともに、国や地域により異なる。例えば、セクシャルハラスメント（性的な嫌がらせ）は犯罪に当たるだろうか。セクハラはマナーとして控えるべきにしろ、日本で取り締まる法規はなく、刑事法上の犯罪には当たらない（労働関係法規に防止義務規定があり、民事法上の責任も問われうる）。他方、フランスなどでは、セクハラが刑事法で規定されており、犯罪に当たる。

　自治体によっても、様々な条例がある。いくつかの自治体では、エスカレーターの歩行禁止を規定する条例が制定されている。歩行者のためにエスカレー

ターの片側を空けることは、日本で 1980 年代後半頃からマナーとして浸透し
てきたが（大阪とそれ以外の地域でなぜか左右が異なる）、エスカレーター上での事
故などを踏まえて、安全な利用の観点から、その条例を施行する自治体では、
歩行自体が禁止される（罰則はない）。そのほかに、清酒乾杯条例、トマトで健
康づくり条例や、地域を大好きと叫ぶ条例など、地場産業の関わりを含めて、
ユニークないし「とんでも」ない条例が散見される。条例を含む法規と、モラ
ルやマナーの異同は、規制内容や目的など、どこに見出されるだろうか。

（3）立 法 手 続

　法律の制定手続においては、国会の議決はもちろんのこと、上程される法案
のつくられ方も重要である。内閣総理大臣は、内閣を代表して議案を国会に提
出する（憲法 72 条、内閣法 5 条が根拠とされる）。この内閣が提出する法案の形式
（内閣提出法案）は、議員が提出する法案（議員提出法案）に比べて、本数が多く
（近年は議員提出法案も増加している）、国会での成立率も高い。

　内閣提出法案の場合は、法案の中身に関係する省庁で、通例、若手官僚が、
審議会等の置かれる場合およびパブリックコメントを受ける場合はその意見を
勘案しながら、法案を起草し、省庁内部での決済を受け、関連省庁間の調整を
行う。その過程で、内閣法制局の審査を受ける。内閣法制局の参事官は、主要
省庁の官僚が務め、憲法および既存の関連法規との整合性を綿密にチェックし、
意見を付す。併せて、与党審査と称する、法案の中身に関するテーマの与党の
委員会（自民党政務調査会の部会）への事前説明と了承を得る、1960 年頃からの
非公式の慣行がある。与党審査の過程で、法案の内容は与党の意向を事実上反
映するものとなる。法案は、最終的に閣議決定を経て、国会へ上程される。こ
れらの一連の法案作成過程は、障害物競走になぞらえられ、国会審議の前の段
階で実際には法律の内容がほぼ定まることになる。

　議員提出法案の場合は、公費で給与が支給される政策担当秘書 1 名のほか、
各議院法制局や国立国会図書館の助力を得て、国会議員が法案を作成する。議
員が議案を発議するには、衆議院で議員 20 人以上、参議院で議員 10 人以上の
賛成を要する。予算を伴う法律案では、衆議院で議員 50 人以上、参議院で議
員 20 人以上の賛成を要する（国会法 56 条 1 項）。

法案の国会提出後は、衆参いずれかの議院で先に審議が始まる。通常、本会議の趣旨説明後、関連委員会で質疑を経て採決し、本会議で議決し、後議院に送られ、同様の手続を踏む。両議院が議事を開き議決するには、各総議員の3分の1以上の出席を要し、議事は出席議員の過半数で決し、可否同数の場合は議長の決するところによる（憲法56条）。法律案は両議院で可決したとき法律となる。衆議院で可決し参議院で異なった議決をした法律案は、衆議院で出席議員の3分の2以上の多数で再び可決したときは、法律となる（憲法59条）。成立した法律は、公布、施行される。

　国会の会期は、毎年1回、1月から6月にかけて召集される常会（通常国会）のほか、内閣が召集する（いずれかの議院の総議員の4分の1以上が要求する場合を含む）臨時会、衆議院議員総選挙から30日以内に召集する特別会がある（憲法52～54条）。この限られた会期の関係で、法案採択の成否は、審議に付される順番に影響され、国会の議院運営委員会と、実質的には各政党の国会対策委員会の協議にかかるところが大きい（国対政治と呼ばれる）。

　憲法改正の場合は、各議員の総議員の3分の2以上の賛成で国会が発議し、国民に提案してその承認を経なければならない。この承認には、国民投票で過半数の賛成を必要とする（憲法96条）。最高法規の憲法の改正手続は、法律制定手続よりも要件が厳格であることが分かる。

2　論　点

（1）内閣提出法案が主流の理由

　前述の通り、内閣提出法案は、議員提出法案に比して、国会での可決率が高い。2019年から2023年までの5年間の常会の法案可決率を見ると、内閣提出法案は90％を超えるが、議員立法は10～20％台にとどまる（図表17-1）。

　低調な議員提出法案の背景に挙げられるのは、政策立案に不可欠な情報と専門技術を官僚が独占的に保持していること、国会・政党の政策立案能力が不足し立法補佐機関も弱体であること、議院内閣制の下では議員提出法案の多くが野党議員提出法案となるために与党の反対に遭い成立が見込めないこと、法案の内容が現実の実現可能性を考慮しない先進性を誇るものや内閣提出法案の対

図表 17-1　内閣提出法案と議員立法の各提出件数、成立件数、成立率（常会、2019〜2023 年）

区分／国会会期	内閣提出法案提出件数	内閣提出法案成立件数	内閣提出法案成立率	議員立法提出件数	議員立法成立件数	議員立法成立率
第 211 回（常会）2023 年 1 月 23 日〜6 月 21 日	（継続 1 件）60 件	（継続 1 件）58 件	96.7 %	（継続 49 件）67 件	（継続 0 件）13 件	19.4 %
第 208 回（常会）2022 年 1 月 17 日〜6 月 15 日	（継続 0 件）61 件	（継続 0 件）61 件	100.0 %	（継続 8 件）96 件	（継続 0 件）17 件	17.7 %
第 204 回（常会）2021 年 1 月 18 日〜6 月 16 日	（継続 1 件）63 件	（継続 1 件）61 件	96.8 %	（継続 69 件）82 件	（継続 1 件）21 件	25.6 %
第 201 回（常会）2020 年 1 月 20 日〜6 月 17 日	（継続 1 件）59 件	（継続 1 件）55 件	93.2 %	（継続 51 件）57 件	（継続 0 件）8 件	14.0 %
第 198 回（常会）2019 年 1 月 28 日〜6 月 26 日	（継続 1 件）57 件	（継続 1 件）54 件	94.7 %	（継続 33 件）70 件	（継続 1 件）14 件	20.0 %

抗案などのいわゆる政策表明型のものが多いことである（中島 2020：278 頁）。

　とはいえ、議員提出法案で成立した法律に、見るべきものは少なくない。例えば、臓器移植法（1997 年）、阪神淡路大震災（1995 年）で盛んになった災害ボランティア団体の法形式を整備した特定非営利活動促進法（NPO 法、1998 年）、国家公務員倫理法（1999 年）、児童虐待防止法（2000 年）、ストーカー行為等の規制等に関する法律（2000 年）、少年法等の一部を改正する法律（2000 年）、配偶者からの暴力の防止及び被害者の保護等に関する法律（DV 防止法、2001 年）、性同一性障害者の性別の取扱いの特例に関する法律（性同一性障害特例法、2003 年）などである。

　法律案の内容別に、内閣提出法案は、内閣・行政機関の組織、行政の基本施策、予算関係などが多い一方、議員提出法案は、国会や政党、国会議員の資格、選出等に関する内容のほか、複数の省庁の所轄にわたる内容、政党・議員の政策表明、内閣提出法案の対案など、独自の役割がある。また、議員立法に限らないが、法案作成を含む過程に市民が参加して議員などと協働するいわゆる市民立法は、市民の意向を法制化する方法として注目される（勝田 2017）。

（2）国会の役割

　日本の議会の評価は、政治学で論じられてきた。長年にわたり、国会の評価はきわめて低く、官僚が立案する政策を追認するに過ぎないとする「国会無能論」が語られてきた。他方、野党が法案の拒否や修正を限られた会期の中でヴィスコシティ（粘着性）をもって行う点に着目する「国会有能論」も唱えられた。1970、1980年代の国会審議での政党の自己主張の増加からも、国会を中心にその内外で繰り広げられる政策決定過程が注目されるに至った（岩井編 1988：22-27頁）。その後、国会における与野党対立の実態を見出すために、国会を立法府ではなく討議アリーナとしてとらえ、その意思表示機能に着目し、政党間の政治過程を分析する「討議アリーナ論」も提唱されている（福元 2000）。

（3）近年の国会回避傾向

　戦後日本では政権交代が少なく、2009～2012年に民主党が与党になった時期を除き、ほぼ自民党が与党である時期が続き、議院内閣制の下で、国会と政権に大きな影響力を及ぼした。とりわけ2012年の第二次安倍政権以降は、公明党と連立政権を形成し、国会で多くの議席を占め、行政優位の傾向を強めた。

　内閣提出法案の場合、与党は、前述の与党審査を通じて、意向を法案にあらかじめ反映させることが可能で、国会での法案採否決定の際は党議拘束をかけて自党の議員の投票行動を指示しうるため、国会で法案を修正する必要はない。しかし、与党議員も国会で質問する時間を要求し、限られた審議時間の中で、野党議員の質問時間が減少傾向にある。いわゆる「束ね法案」として、数十本の法案を一括して国会に提出する手法は、詳細な法案審議を難しくしている。

　閣僚が国会で論点をずらして誠実に応答しない答弁手法には、「ご飯論法」という名前がつけられている（例えば、「朝ご飯を食べましたか」と問われて、「食べませんでした」と応答するものの、実際には「パン」は食べていた）。そのほかにも、近年、重要な政策決定（自衛権の範囲や武力行使の原則など）が法律によらずに閣議決定のみでなされ、経済財政諮問会議など内閣任命の財界人などの委員からなる会議体の提案が重要視され、細目を法律で明記せずに省令に委ね、憲法の規定にもとづいて議員が臨時会の開催を求めても対応されないなど、国会での審議や権限が軽視され、「法律による行政」の原則が蔑ろにされかねない出来事が続

いている。

　他方、野党議員の国会質問に見るべき内容が多いとして、国会審議への関心を喚起するため、街頭で審議の模様を映写する「国会パブリックビューイング」の取り組みがなされている。SNS などで市民の批判を受けて、国会審議が紛糾し、内閣提出法案が頓挫した例もある（2020 年に、当時の東京高等検察庁検事長の定年延長が国家公務員法の規定にもとづいて閣議決定された後、検察幹部の定年延長を政府の判断で可能とする検察庁法改正法案が国会に上程されたものの、世論や野党の強い批判を受けて廃案となった）。

　国会は、議事運営をめぐるインフォーマルで不透明な国対政治、形骸化した審議など、問題は多いものの、争点提示や、行政・政府の監視など、独自の役割もある。「国権の最高機関であつて、国の唯一の立法機関」（憲法 41 条）として、有権者を代表する国会議員が理性的に言葉を用いて討議する場であることの意義は、銘記されるべきであろう。

3　事　例

（1）少年法改正

　少年法は、20 歳未満の「少年」（男女双方を含む）について、立ち直りの可能性（可塑性）があると考え、原則として保護の対象とする。少年事件では、警察・検察の捜査後、全件が家庭裁判所へ送致され、従来、裁判官 1 名が、非公開の少年審判で、家庭裁判所調査官の調査記録や少年鑑別所での心理鑑定結果などを踏まえて、保護処分（少年院送致、保護観察、児童自立支援施設送致など）、不処分、検察官送致などの判断を行ってきた。しかし、2000 年以降、数回にわたり、個別の大きく報道された少年事件などを受けて、また被害者・遺族の視点を考慮して、厳罰化の方向で五度の改正が重ねられてきた。

　2000 年改正は、山形マット死事件（1993 年）、神戸連続児童殺傷事件（1997 年）などを受けて、刑事処分可能年齢の 16 歳から 14 歳への引下げ、一定の重大犯罪（故意の犯罪行為で被害者を死亡させた場合）の場合の 16 歳以上の原則逆送（検察官送致）、少年審判における事実認定の適正化（裁判官合議制や検察官、弁護士の同席を可能とする）、被害者への配慮の充実などの内容であった。2007 年改正では、

佐世保小 6 女児同級生殺人事件（2004 年）などを受けて、少年院収容年齢の引下げ（14 歳から概ね 12 歳以上へ）、14 歳未満の触法少年に対する警察調査権限の拡大がなされた。2008 年改正では、被害者等の少年審判傍聴が可能になった。2014 年改正は、18 歳未満の有期懲役刑上限を 15 年から 20 年へ、不定期刑を 5〜10 年から 10〜15 年へ引き上げた。

　その後、民法の成年年齢引下げなどの流れを受けて、少年法の適用対象年齢を 18 歳に引き下げる方向で検討がなされた。結局、対象年齢は変更されなかったものの、2021 年改正により、18 歳以上で重罪事件（死刑、無期または短期 1 年以上の拘禁刑に当たる罪にかかる事件を追加）を起こした容疑の場合は「特定少年」として原則逆送の扱いとし、起訴後の実名報道を解禁する（少年法 61 条を適用しない）などの変更がなされた（廣瀬 2021：541-557 頁）。

（2）厳　罰　化

　刑法を含む刑罰法規も、2000 年代より数度にわたり、厳罰化の方向で改正が重ねられてきた。

　刑法は、2004 年に法定刑の引上げがなされ、殺人罪の刑の下限を懲役 3 年から 5 年へ重くするなどした。併合罪等の刑の加重の上限も 20 年から 30 年へ長期化された。殺人などの死刑罪の公訴時効は 15 年から 25 年に延長され（刑事訴訟法 250 条）、2010 年改正で廃止、再延長されている。

　交通事故の関係では、危険運転致死傷罪（当初は刑法 208 条の 2）が 2001 年に創設された。自動車事故は、従来、業務上過失致死傷罪（刑法 211 条）で刑期の上限は拘禁刑 5 年以下または罰金 100 万円以下であったが、1999 年の飲酒運転による自動車の追突事故により子ども 2 人を亡くした親が刑が軽過ぎるとして署名運動を起こしたことをきっかけに、法改正が実現した。その結果、飲酒その他の危険運転で人を負傷させた場合は懲役 15 年以下、死亡させた場合は有期懲役 1 年以上とされた。2007 年の法改正で四輪以下の自動車も対象になり、自動車運転過失致死傷罪（当初は刑法 211 条の 2）が創設された。2014 年の自動車の運転により人を死傷させる行為等の処罰に関する法律で、刑法から移管・施行され、適用範囲が拡大した。その後も、東名高速あおり運転死亡事故（2017 年）などを受けて、妨害目的で車を停止する行為も処罰の対象に追加され

るなどしている（2020 年）。

性犯罪の法規定は、裁判員裁判での性犯罪の重罰化傾向などを受けて、2017年に改正された。強姦罪（刑法 177 条）は「強制性交等罪」へ名称が変更され、被害者に男性も含めるなどし、法定刑は従来の懲役 3 年以上から 5 年以上に引き上げられ、親告罪（被害者の告訴がないと起訴できない罪）規定の性犯罪からの撤廃や、監護者わいせつ・性交等罪の新設なども行われた。さらに、2019 年春に相次いで出された性犯罪事件無罪判決が問題視され、フラワーデモを含む市民運動が起こったことを契機に、2023 年に再度の改正がなされた。従来の強制性交等罪の要件であった「暴行や脅迫」を、相手を拒絶困難にする同意のない性交やわいせつ行為を処罰する要件が追加され、強制性交等罪、強制わいせつ罪は、「不同意性交等罪」「不同意わいせつ罪」へ変更されている。

そのほかに、2020 年に女性プロレスラーの SNS 上での誹謗中傷による自殺事件などを受けて、従来罰金刑のみであった侮辱罪に 1 年以下の懲役もしくは禁錮を含めて法定刑が引き上げられ、公訴時効期間が 1 年から 3 年に延長されるなどした（2022 年）。

（3）臓器移植法の制定と改正

臓器のうち、角膜や腎臓は死体からの移植が可能であるものの、心臓などは生きた人の身体からの移植が必要となる。第二次世界大戦後、人工呼吸器の開発や免疫抑制剤の進展など、医療技術の進歩により、脳幹の機能消失を含む脳死状態の人の身体からの臓器の摘出・移植が可能となった。日本では、北海道での心臓移植が失敗に終わり（いわゆる和田心臓移植、1968 年）、執刀医が刑事告発される事態となり、脳死下の人の身体からの臓器移植がタブー視された。しかし、病気のために臓器移植を希望する人は海外に多額の費用をかけて渡航せざるをえず、社会問題化するに至った。他方、欧米では、1970 年代以降、海外での脳死下の臓器移植と法律制定が進んだ。時を経て、臨時脳死及び臓器移植調査会（脳死臨調、1990 〜 1992 年）は、多数意見として脳死・臓器移植を承認し、同年末に「脳死及び臓器移植に関する各党協議会」を設置して、法案を提出した（1994 年）。廃案に終わったが、再度法案提出し、臓器移植法が成立し（1997 年）、施行された（1999 年）。

臓器移植法は、臓器を提供する場合に限り脳死を人の死とし、生前の本人の書面での意思表示と家族の同意、15歳以上であること（民法961条の遺言能力）を、脳死下の臓器摘出の要件とした。これらの要件が厳格であったことなどから、臓器提供件数は年間10件前後と伸び悩み、渡航移植者が増加し続け、国際的に問題視される事態に至った。そこで、2009年に、脳死を人の死として位置づけ、本人の生前の意思が不明（拒否の意思表示をしていない場合）で家族の書面による承諾があることへ、臓器摘出の要件を緩和するなどの内容の改正法案が、衆参両院で可決された（生命倫理に関わるテーマのため、多くの政党で各議員の意思により党議拘束なしで票を投じた、中山 2011）。

4　ディスカッション

（1）立法、法改正の契機と評価

　法律の制定、改正は、本章で記した通り、法案の作成、国会提出、国会審議と可決の一連の過程を経る必要があり、容易ではない。そうした中で、少年法と刑罰法規は、時々の事件、事故、裁判や被害者・遺族の声を受けて、厳罰化する方向で改正されてきた。臓器移植法は、医療技術の進歩を受けて可能となった、脳死下の人の身体からの臓器移植を、「脳死は人の死か」という難問を措いて、病気の治療のため臓器を求める患者の希望を受けて法制化された。いずれも、社会のニーズを契機として実現した立法ということができよう。

　これらの立法をどのように評価すればよいだろうか。厳罰化の刑法上の意義は、応報（罪に対して報復する目的、犯罪行為をした者は相応の報いを受けるべきであるとする考え方）と、予防（罪を犯すことのないように予防する目的で、刑事罰で一般市民に犯罪を思いとどまらせる一般予防と、罪を犯した者を教育改善して社会復帰させる特別予防がある）にあるとされる。また、上記の立法による厳罰化は、被害者の見地と配慮を重んじた内容なども含んでおり、多義的である。

　法改正の進んだ2000年代前後を通じて、少年事件は減少し続けている。成人犯罪の認知件数（警察で把握した犯罪件数）は、2000年頃の件数上昇を主に警察の犯罪対応の変化によるものとすれば（河合 2004、浜井 2011：14-62頁）、減少傾向にある。他方で、同時期の再犯者率は増加傾向にある（検挙人員に占める再

犯者の割合は 1998 年 29.0 ％、2021 年 48.6 ％、各年の犯罪白書による）。世論調査で、市民の治安意識は、2000 年前後に悪化したものの、その後は改善してきている。改正臓器移植法は 2010 年に施行され、親族の同意にもとづく事案を含めて、脳死下の臓器提供件数は年間数十件へ増加している。

　少年・成人犯罪の減少や治安意識の向上が厳罰化の影響かは判然とせず、再犯者が増えている状況にかんがみて、厳罰化に意味はあるのであろうか。応報を予防よりも重んじるべきであろうか。また、人の命の重さにかんがみて、臓器移植を必要とする人と提供する人（脳死状態の人を含む）の調整をいかに図るべきであろうか。立法・法改正前後のデータなどにもとづいて、厳罰化のあり方や、生命倫理の問題への法による対応方法を議論してみよう。

（2）厳罰化の背景

　厳罰化傾向は、海外でも指摘されている。その背景として、「鉄の四重奏（マスコミ報道でつくられたモラル・パニックが、市民運動家、行政・政治家、専門家の参加によって、一過性のパニックとして終わらずに、恒久的な社会問題として定着していく過程）」「ペナル・ポピュリズム（大衆迎合的刑事政策、安全と安定を保障しえなくなった現代社会を背景に、世論形成を支配してきたエリートに代わって、「普通の人々（people）」の観点から刑事制度について発言する多様な個人、集団、組織の発生が促され、それらの見解が、既成の専門家の見解以上に共感を得る状態）」などの議論がある（浜井 2011：323-358 頁）。

　日本社会について、「ペナル・ポピュリズム」の議論は当てはまるだろうか。インターネットや SNS の発達で、市民の情報発信は容易になっており、犯罪や事故・災害の被害者・被災者の視点は、日本で共有される傾向にあるように見受けられる。他方、警察、検察、省庁や裁判所の権威は揺らいでおらず、「ペナル・ビュロクラティズム（官僚主導的刑事政策）」の方が適切な形容であるという見方も唱えられている。日本における厳罰化の背景を議論してみよう。

参 考 文 献
　岩井奉信編（1988）『立法過程』東京大学出版会。
　勝田美穂（2017）『市民立法の研究』法律文化社。
　河合幹雄（2004）『安全神話崩壊のパラドックス—治安の法社会学』岩波書店。
　末弘厳太郎（1946）「立法学に関する多少の考察—労働組合立法に関連して」法学協会雑

誌 64 巻 1 号 1-15 頁。

中島誠（2020）『立法学―序論・立法過程論（第 4 版）』法律文化社。

中山太郎（2011）『国民的合意をめざした医療―臓器移植法の成立と改正までの 25 年』はる書房。

浜井浩一（2011）『実証的刑事政策論―真に有効な犯罪対策へ』岩波書店。

廣瀬健二（2021）『少年法』成文堂。

福元健太郎（2000）『日本の国会政治―全政府立法の分析』東京大学出版会。

18 章

地方自治体と住民
—議会・地域自治組織・地域協議会から考える

1 概　説

（1）平成の市町村合併

　日本の地方自治体には、市町村と都道府県がある。このうち、基礎自治体とも呼ばれる市町村は、2000 年代最初期の 10 年間に大きく変化した。1999 年 4 月 1 日時点で 3229 存在した市町村は、7 年後には 1821 となり（2006 年 4 月 1 日）、今や 1724 にまで減少している（2023 年 4 月 1 日）。とりわけ町と村の減少は著しく、それぞれ 1990 から 743 に、568 から 189 に推移している（1999 年 4 月〜2023 年 4 月）。これに対して、この間、市の数は 671 から 792 に増加した。これらの増減は、市町村の合併によってもたらされたものであり、特に 1999 年から 2010 年にかけての市町村合併は「平成の市町村合併」とも呼ばれる。

　平成の市町村合併に先んじて「市町村の合併の特例に関する法律」が改正され、また国から地方自治体に交付される地方交付税や国庫支出などを見直す「三位一体の改革」が行われた。国が明らかな意図をもって法改正と制度の変更を行い、全国の市町村の合併を促したのである。

（2）市町村合併と住民

　複数の自治体が合併するということは、どのようなことを意味するだろうか。仮に、人口 20 万人の A 市と、これに隣接する人口 8000 人の B 町、人口 2000 人の C 村が合併するとき、A 市を中心とする編入合併と呼ばれる方式が採られるであろう。この合併を経て新しい A 市の領域が拡大するものの、旧 A 市の区域の住民にとり、日々の生活の中で合併の影響はほとんど感じられないだろう。これに対して、旧 B 町と旧 C 村の区域に住む住民（合併後は A 市の住民）にとっては、自身がその住民であった自治体は消滅し、新しい市の中の一区域

となる。このような変動が、住民にとってどのような意味をもつのかを考えてみようというのが、本章のねらいである。

　とはいえ、論点を絞らなければ、議論はとめどなく拡散する。そこで、本章では、「議会」「地域自治組織」「地域協議会」が自治体の意思決定への住民参加にどのように寄与するかを論点とする。議会は、投票で選ばれる住民の政治代表であり、条例案や予算案を審議し議決する機関である。これに対して地域自治組織は、地域社会に基盤を置く民間の自治的組織だ。地域協議会は、地方自治法に規定される首長の諮問機関（附属機関）であり、議会とも地域自治組織とも異なる。三者は拠って立つ編成原理を異にし、それらを同列に論じることは不合理とも思われよう。それでも筆者は、これらの機関と組織を一つの章で論じてみたいと思う。三者をめぐる近年の動向を通じて、住民が自治体の意思決定過程にアクセスする制度的保障の動揺や偏りが見えてくるからである。それは、この国における市民の政治参加のあり様を考える上でも、示唆となるだろう。

2　論　点

（1）自治体議会の定数削減

　市町村合併を通じて拡大した自治体の政策過程に、住民はどのように関わるのだろうか。政策過程への関与を広くとらえるならば、首長選挙や議会選挙での投票から条例案へのパブリックコメントの提出、自治体の各種委員会への公募委員としての参加、さらには議員への相談など、関わり方は多様である。こうした様々な関わりの中で、合併の影響が分かりやすく現れるのが議会選挙であろう。というのも、この間、合併を経て領域と人口規模を大きくした自治体は、のきなみ議員定数を削減してきたからである。議員定数削減の影響は後にも検討するが、まずは投票する住民にとっての選択肢の縮小を指摘できよう。

　ここで、市町村合併を経て自治体議会の定数がどのように推移してきたのか確認しよう。総務省の統計を踏まえた伊藤敏安の調査によれば、平成の市町村合併が本格化する前の 2002 年 12 月には 3217 市町村に 5 万 8251 の議員定数があったが、合併が一段落した後の 2009 年 12 月には 1772 市町村に 3 万 3769 の

議員定数となった。さらに 2015 年 12 月には 1718 市町村に 2 万 9925 の議員定数となっている。2002 年 12 月から 2015 年 12 月の間に、全国の市町村の議員定数総数は、実に 48.6 ％ も減少したのである。この間、市議会議員定数は 1 万 8688（2002 年）から 2 万 684（2009 年）、さらに 1 万 8654（2015 年）へと推移したのに対して、町村議会議員定数は 3 万 9563 から 1 万 3085、さらに 1 万 1271 となった（伊藤 2017：118-119 頁）。

　自治体議会の定数の削減は、平成の市町村合併による自治体数の削減で大部分説明できそうであるが、合併を経ずに議員定数を削減させた自治体もある。例えば、名古屋市議会は 2016 年 2 月に定数を 75 から 68 に削減する条例改正案を可決した。投票で選ばれた住民の代表が各種の政策や予算をめぐり議論し議決する機関の議員定数が、大胆に削減されているのだ。

（2）代表性の希薄化

　議員定数が削減されれば、一人の議員に対する住民の数が大きくなる。このような傾向を、ここでは「代表性の希薄化」と呼んでおこう。自治体の人口規模が大きくなるほど、代表性が希薄になる傾向がある（図表 18-1）。

　代表性が希薄になるということは、代表される個々の住民の意思が相対的に小さくなるということだ。また、当選に必要な票数が大きくなるため、少数の声を反映する議員の誕生が困難になることも考えられる。

　代表性に関わる問題を、さらに考えてみたい。例えば、環境に負荷を与え、人々の生業に影響することが懸念される施設の立地をめぐって賛否が割れる自治体では、議会の動向はいやがうえにも関心を呼び、議員選挙では多くの住民

図表 18-1　自治体の人口と議会議員定数の比較

	区分	人口	議員定数	議員 1 人に対する住民の数
横浜市	政令市	3,772,440	86	約 43,870 人
さいたま市	政令市	1,343,507	60	約 22,390 人
鹿児島市	中核市	587,151	45	約 13,050 人
彦根市	一般の市	111,287	24	約 4,640 人
能勢町	町	9,166	12	約 760 人

注：人口と議員定数は、2023 年 9 月 1 日現在のもの。

が投票所に足を運ぶであろう。ところが、施設の立地候補地が、合併を経て大きくなった自治体の中の、人口が集積する中心地から離れた地域であれば、その問題を自分事としてとらえる住民は当該自治体の一部となるかもしれない。立地候補地を含む地区では高い投票率が記録されても、自治体全体の投票率は低く止まることも考えられるし、投票の結果選ばれた議員の多くにとって、施設の問題は一地域の問題に過ぎないかもしれない。この仮想事例では、施設立地候補地に生きる人々にとり、合併前と合併後では、代表としての議会がもつ意味に大きな違いが生じているといえないだろうか。

（3）大きな問題とならない定数削減

　議員定数の削減は、議会の代表性を低下させ、あるいは議会における意見の多様性を縮減させるように思われる。それは、住民の中に存在する多様なものの見方や、行政によって執行される政策に対する多様な意見の表出を困難にさせるであろう。このような傾向は、有権者である「われわれ」と政治家である「彼ら・彼女ら」との間に意識の乖離を生み（辻 2019：139 頁）、有権者の投票忌避の一因ともなり、ひいては住民の代表としての議会の正統性を低下させかねない。自治体議会の投票率は長く低落傾向にあるが、定数削減が議会の正統性を弱め、さらに投票率が低下するという悪循環に陥っているように思われる。

　しかしながら、議員定数削減を疑問視する住民の態度は、あまり顕在化してこなかったように思われる。1947 年制定の地方自治法は、自治体の人口規模に応じた議員定数を定めていたが、各自治体が条例によって法定定数よりも少ない独自の定数を定めることを認めた。1999 年の地方分権一括法等による地方自治法改正によって、2003 年以降、各自治体の議会が議員定数を定めることとなった。この改正では、自治体の人口規模に応じた議員定数の上限はなお残っていた。しかし、2011 年の地方自治法改正では、議員定数の法定上限が撤廃され、定数を決定する権限が自治体に完全に委ねられた。議員定数削減の軌跡と合わせて考えると、一連の法改正は「議会・議員と地域住民のつながりを重視する方向」（辻山・堀内編 2016：10-11 頁）から逸れるものになっており、しかもそれが問題として広く認識されていないように思われる。

（4）自治体内分権と地域自治組織

　平成の市町村合併以降、多くの自治体で見られたのが、地域自治組織と総称される住民組織の叢生である。では、地域自治組織とはどのような組織であろうか。

　金川幸司らは、「小学校区、中学校区、旧町村など、基礎自治体の内部の一定の区域を単位として、住民、自治会等の地縁団体、住民活動団体、PTA、NPO、地元企業などを構成員として、地域課題の解決やまちづくりなどを行っている組織・体制を指し、自治体が何らかの関与を行っているもの」（金川ほか編著 2021：4頁）と定義する。

　ここで、「自治体が何らかの関与を行っているもの」とされていることに注意してほしい。これは、地域自治組織が自生的に生成するばかりでなく、むしろ自治体が積極的に関わって組織化される傾向があることを示唆している。この点につき、日本都市センターが全国の789市と23特別区を対象に2013年に行ったアンケートでは、回答した507市区のうち248市区（48.9％）が、協議会型住民自治組織（地域自治組織と同義と考えてよい）が自市区内にあると答えている（日本都市センター 2014：226頁）。また、金川らが全国の1741市区町村を対象に2020年に行ったアンケートでは、939件の回答中、372件（39.6％）が地域自治組織を設置していると答えている（金川ほか編著 2021：39頁）。これらのデータから、全国の市区町村の4割程度で地域自治組織が存在すると推測できる。

　次に、その地理的な範域に注目してみよう。地域自治組織が学校区や旧町村の区域に設置されるのは、大規模化した自治体の中で埋没しがちなこれらの区域に、地域の合意形成、地域課題の解決やまちづくりの主体を置こうとする政策的な意図があってのことだ。小さな自治体であれば、学校区が住民の合意形成の単位としてそれなりに機能しうる。例えば、ある町の二つの小学校の統廃合をめぐる話し合いに、それぞれの学区の様々なアクターが加わり、時間をかけて何らかの結論に至る過程を想起すればよい。人口規模の小さな町で、町役場が最終的な案をつくる前に住民の話し合いの場を設け、そこで表出する様々な考え方が役場の案や議会での審議に活かされるようなプロセスである。

　これに対して、大規模な自治体では、学区の中の様々な人たちが学校統廃合

をめぐる議論に加わり、それを政策に反映させる公的な手続が保障されるとは限らない。こうした状況にかんがみて、自治体の中の一つひとつの区域（典型的には、学区や旧町村の範域）で公的な事柄を協議して合意をつくり、その内容を自治体の政策に反映させるのが、自治体内分権と呼ばれる仕組みである。

　自治体内分権において、地域自治組織は、住民が何らかの合意を目指して協議する場として期待される。そこでの合意が自治体の政策の根拠となるという意味で、地域自治組織は、政策をめぐる公共的意思決定に住民がアクセスする入り口となりうる。

（5）地域自治組織の権限

　もっとも、地域自治組織には、地域での合意形成ばかりが期待されているわけではない。むしろ、多くの自治体では、地域課題の解決やまちづくりの実践が地域自治組織に期待されてきたといってよい。例えば、自治体は一括交付金と称される補助金を地域自治組織に交付し、その使途の決定を委ね、地域福祉活動や防災活動、スポーツまちづくり活動等の実施を支援してきた。自治体が地域自治組織に策定を委ねる地域づくり計画やまちづくり計画も、その策定に向けた協議の過程に住民や各種組織が関与し、様々な事業をともに営むためのツールとしての側面をもつ。

　ところで、上に挙げた地域福祉や防災等の実践的活動は、しばしば「協働」と呼ばれる。この語には、地縁組織をはじめとする地域コミュニティの諸々のアクターと行政が協力し、地域づくりを担うという意味合いが色濃くある。国と自治体の財政状況が厳しく、また自治体の正規雇用職員が削減される中で、公共サービスを行政だけで担うのではなく、民間の様々な組織や個人にも担ってもらおうという発想である（名和田 2021：48頁）。

　実のところ、日本の自治体内分権の大きな特徴は、このような意味での「協働」の要素が、「参加」の要素よりも色濃いということである（名和田 2021：50頁）。ここでいう「参加」とは、例えば、小学校の統廃合をめぐる話し合いが地域の様々な人々が集まる場で行われ、そこで得られた合意の内容が一定程度政策に反映されるといったことだ。公的な事柄をめぐる話し合いの場が学区の中に設けられ、そこで住民が対話を重ね、その内容が民主的な正統性をもつ妥

当なものとして行政に受け入れられるならば、この対話は自治体の意思決定過程の一端をなすものといえるだろう。しかしながら、多くの地域自治組織には、そこで協議された内容を直ちに政策に変換するよう自治体行政に求める権限はない。このような限界は、地域自治組織が地縁組織や住民団体等で構成される民間組織であることに由来する。もちろん、地域自治組織で協議された事柄を自治体の首長が尊重し、政策に採用することは十分にありうるが、それは必ずしも制度的に保障された権限ではない。

　地域自治組織の多くは自治体の条例や要綱に根拠をもつが、それらの条例では、地域自治組織で合意された事柄が住民の意思として行政を拘束する力をもち、政策に確実に反映される仕組みは、必ずしも規定されていない。小学校統廃合を例に取ると、地域自治組織での議論を経て多くの住民が納得する合意ができても、これを自治体の政策をめぐる意思決定過程に反映させる法的な権限が、条例に明確に規定されているとは限らないのである。

（6）地域自治区と地域協議会

　では、小学校の統廃合を話し合い、合意された内容が自治体の意思決定過程に制度的に位置づけられるような権限を、地域自治組織はもちえないのだろうか。実は、地方自治法は、こうした事態を意識したと思われる仕組みを規定する。

　2004年の改正を経て地方自治法に規定された、地域自治区（202条の4）と地域協議会（202条の5）がそれである。これは、自治体の領域をいくつかの区域に分けて地域自治区とし、各区に地域協議会を設け、当該区に関わる重要な事柄について首長が地域協議会に諮問するというものである。地域協議会は、諮問された事柄を協議して首長に具申するほか、自ら議題を立てて協議を行い、そこで合意された内容を意見として首長に提出することができる（202条の7）。ここで、地域協議会は首長の附属機関として位置づけられており、この点が地域自治組織と決定的に異なる。首長は附属機関の答申や意見を真摯に検討する義務があるが、単に検討すれば足りるのではなく、仮にその内容を受け入れないのであれば、それについての妥当な根拠を説明せねばならないだろう。

　このように、民間組織としての地域自治組織と首長の附属機関としての地域

協議会は異なる法的根拠の上にあり、また有する権限も異なる。小学校統廃合の例で考えれば、首長は地域協議会に統廃合の適否を諮問するであろうし、さもなければ地域協議会が自らの判断で議論を行い、そこで得られた一定の合意内容を首長に提出することができる。首長は、これに対して、説得的な根拠にもとづく判断を求められる。この場面では、地域協議会は自治体の意思決定過程に公式に関わる権限を行使したと考えられるだろう。

　こうして見ると、地域協議会は自治体内分権の思想を体現し、住民が意思決定過程に「参加」するための有力なツールのように思われる。ところが、地域自治区と地域協議会を設ける自治体は全国で 13 に過ぎず（2022 年 7 月 1 日時点）、全市町村の 1 ％に満たない。いったん地域自治区と地域協議会を導入しながら、数年後に廃止した自治体も複数ある。これは、自治体の意思決定過程における住民参加のあり方を考える上で、きわめて興味深い現象ではないだろうか。

3　事　例

（1）議員定数の削減の実際

　議員定数の推移を、上越市（新潟県）を例に見てみよう。2005 年 1 月に上越市が 6 町 7 村と合併する直前、同市議会の定数は 30 であり、6 町 7 村 13 議会の定数の合計は 192 であった。このうち、例えば大潟町議会の定数は 18 であり、浦川原村議会の定数は 12 であった。いずれにせよ、合併前の 1 市 6 町 7 村には、14 の議会と計 222 の議員定数があったことになる。

　その後、上越市議会の議員定数は、合併時の定数特例の適用で 48 となり、2009 年 9 月の議会で議員定数条例の一部改正案が可決され、2012 年 4 月の市議会選挙から 32 となった。人口規模の異なる 14 の自治体が一つになったのであり、合併前の議員定数総数を合併後も維持することは不合理であろうが、他方で、その推移を「一人の議員が代表する住民の数」という観点から見ると、代表性の希薄化の程度は甚だしい。わけても、旧上越市と比べて人口規模の小さな旧町村の区域の住民にとっては、議員と議会が合併前よりも遠い存在となるおそれがある。

　一方、平成の市町村合併を経ていない自治体でも、近年相次いで定数削減が

行われてきた。先に名古屋市議会の例を紹介したが、そのほかにも、大阪市議会が2023年6月に議員定数を81から70に削減する条例改正案を賛成多数で可決している。さらに遡ると、同市では2022年と2017年に議員定数条例が改正され、それぞれ2減と3減の削減を行っている。2022年の定数削減では、人口の少ない区で定数が多い逆転現象を解消するためとされ、2023年には11の選挙区で1ずつ定数削減する条例改正案が提出された。

（2）地域協議会による意見の提出

　先に「協働」の担い手としての地域自治組織を概説したが、ここでは、「参加」の担い手としての地域協議会の具体例を紹介する。地域自治区と地域協議会を置く数少ない自治体の一つ、宮崎市の事例である。

　宮崎市は、2006年の1市3町合併を機に地域自治区を設けている。現在、市内に22の地域自治区が設置され、それぞれの区域に地域協議会がある。地域協議会を構成する委員は、自治会、子ども会、老人クラブ、社会福祉協議会、農商工団体の代表などから市長が選任する。選任に当たっては、市長が委嘱して地域自治区ごとに設けられる地域協議会委員推薦委員会からの推薦が考慮されるほか、公募委員の枠が設けられている（宮崎市地域振興部地域コミュニティ課地域まちづくり推進室 2021：15頁）。

　各地域協議会は、原則年4回の定例会を行い、必要に応じて臨時会を開催する。さらに、いくつかの地域協議会では専門委員会が設置され、例会だけでは議論し尽くせない課題を協議する場となってきた。例えば、生目台地域自治区では、地域協議会が二つの小学校の統合と小中一貫校の設立につき協議する専門委員会を設けて議論し、統合を目指す提言を2021年11月に市長に提出した。

　地域協議会は、提言書をまとめるまでに、最重要の当事者となる就学前児童への説明を行い、さらに小中学校のPTAとの協議を重ねたという。同趣旨の提言はPTA、並びに自治会の連合組織である生目台地区自治連合会からも市長に提出された。これら三つの提言主体はそれぞれ編成原理と設立根拠を異にするが、PTAと自治連合会の提言に加えて地域協議会の提言がなされることには、提言主体の数が増えること以上の意味があるはずである。

4　ディスカッション

　これまで述べてきたことを前提にして、ディスカッションの材料（議論の題材）を提案したい。前節までの展開に沿って、自治体議会の議員定数削減と地域協議会の設置例の少なさを素材に、法社会学的な視点を意識しつつ考えてみよう。

（1）議員定数削減を考えるためのアプローチ

　議員定数削減の最大の要因は、市町村合併による議会の消滅である。その一方で、合併を経ずに、短期間で大幅な削減を行った自治体もある。一連の動向は、代表性の希薄化というべき状況を招来しているが、その背景には、国政を含めた代表制民主主義そのものに対する人々の不信や無関心もあるように思われる。議会に対する信頼と関心の欠如が、定数削減への抵抗感を弱めるということである。代表制民主主義への市民の懐疑をめぐる議論は近年、政治学を中心に盛んであるが（ヘイ 2012）、みなさんはこれをどう考えるであろうか。

　さらに、議員定数削減につき、どのような法社会学的アプローチができるかを考えてみよう。一つは、自治体議会の定数の推移を調べるという方法である。現行の議員定数や過去の定数の推移は、各自治体のホームページから調べることができる。この調査は、議論の基礎となる事実確認に不可欠であるが、現地に赴かなくとも実施できるものだ。

　あるいは、合併で規模を大きくした自治体での、議会と住民との関係の検証があるだろう。例えば、編入合併を経て大きな市の一部となった旧町や旧村の区域において、そこに住む人々がどのように政治的に代表されているのかは、興味深い論点となる。さらに、合併前に旧町村の各議会で議決されていたことが、合併後はどこでどのように議決されているのかという論点もある。こうした事柄につき、合併を経た自治体で議会の審議を傍聴し、さらに住民や議員、自治体職員への聞き取り等を含む現地調査を行うことができれば、得られるものは非常に大きいであろう。

（2）地域協議会の少なさから考える「参加」

　地縁組織や住民活動団体を主な構成員とする地域自治組織が、近年多くの自治体で設立されている。地域自治組織は民間組織であるが、多くの自治体が条例を定めて交付金を設け、設立を促している。また、これらの地域自治組織は、行政との協働を通じて公共サービスの一端を担うべく期待されている。

　これに対して、地域自治区と地域協議会を設置する自治体はきわめて少ない。地域協議会は、首長から諮問された事柄につき協議し答申するだけでなく、自ら議題を立てて議論し、合意された内容を首長に提出する権限をもつ。いわば、市政に関する意思決定プロセスの一端を担うほどの権限を認められているのだが、設置例は少ないのである。こうした事態を、どのように考えればよいのだろうか。

　最も単純に見えて、しかし根本的な問いは、「なぜ、地域協議会を設置する自治体が少ないのか」というものである。日本の自治体内分権においては、「参加」よりも「協働」の要素が色濃いとされるが（2）、なぜ住民による「参加」の舞台となりうる制度を活用する自治体が少ないのだろうか。

　この問いに対しては、いくつかの仮説的な応答が考えられる。例えば、「議会とは別に公的な協議機関を設け、そこで住民が議論し合意を形成するのは容易ではなく、自治体がこのような機関の設置を躊躇する」という応答がありうる。あるいは、「住民は、あえて公的な協議の場に赴き、市政や地域の課題を議論したいとは思わない」という応答もありうる。では、こうした応答は果たして妥当なのか。まずは、そこから考えてもよいだろう。

　とはいえ、上記のような仮説はあまりにも漠然としており、さらに小さな仮説や問いに分解する必要があるかもしれない。例えば、地域協議会ではどのようなことを議論しているのか、どれほどの時間と労力をかけて議論がなされているのか、地域協議会の構成員（委員）はどのような人たちで、どのように選ばれているのか、等々である。あるいは、数少ない地域協議会をよりよく知るためにも、すでに多くの自治体に存在する民間組織としての地域自治組織を調査するのも有益だ。

　先行研究が扱う実例をもとに考察してもよいだろう。地域自治組織は多くの自治体で誕生しており、金川ほか編著（2021）が先進事例を多数紹介する。数

少ない地域協議会に関しても、名和田編（2009）、山崎・宗野編（2013）、役重（2019）、宗野ほか（2020）、三浦（2021）等の事例研究がある。

　これらの調査研究に接して関心を深め、かつ機会に恵まれるなら、ゼミナール等で現地に赴くとよいだろう。地域自治組織や地域協議会でどのような活動が行われているか、一人ひとりの住民や地縁組織はどのように関わっているか、自治体行政はこれらの組織や機関にどのように接しているか。こうした事柄をゼミナールのメンバー間で分担して調査できれば、意義のある共同研究となるに違いない。そこから、本章で論じられなかった論点や、現地で対象に接した者だけが得られる知見を見出すことができると思う。

参 考 文 献

伊藤敏安（2017）『2000 年代の市町村財政―「平成の大合併」と「三位一体の改革」の影響の検証』広島大学出版会。

金川幸司ほか編著（2021）『協働と参加―コミュニティづくりのしくみと実践』晃洋書房。

辻陽（2019）『日本の地方議会』中公新書。

辻山幸宣・堀内匠編（2016）『"地域の民意"と議会』公人社。

名和田是彦編（2009）『コミュニティの自治―自治体内分権と協働の国際比較』日本評論社。

―――（2021）『自治会・町内会と都市内分権を考える』東信堂。

日本都市センター（2014）『地域コミュニティと行政の新しい関係づくり―全国812都市自治体へのアンケート調査結果と取組事例から』日本都市センター。

ヘイ, コリン（2012）『政治はなぜ嫌われるのか―民主主義の取り戻し方』（吉田徹訳）岩波書店。

三浦哲司（2021）『自治体内分権と協議会―革新自治体・平成の大合併・コミュニティガバナンス』東信堂。

宮崎市地域振興部地域コミュニティ課地域まちづくり推進室（2021）『宮崎市地域自治区住民主体のまちづくり』東信堂。

宗野隆俊ほか（2020）「『参加』と『協働』の地域自治区制度―長野県飯田市を事例に」コミュニティ政策 18 号 23-98 頁。

役重眞喜子（2019）『自治体行政と地域コミュニティの関係性の変容と再構築―「平成大合併」は地域に何をもたらしたか』東信堂。

山崎仁朗・宗野隆俊編（2013）『地域自治の最前線―新潟県上越市の挑戦』ナカニシヤ出版。

19 章
\\\\\\\\\\\\\\\\\\\\\\\\\\

裁判を通じた法の形成
―裁判官が「法」や「政策」を創る？
\\

1 概 説

　民法は同性同士の婚姻を認めておらず、婚姻は異性間に限るものとして運用
されてきたが、これは憲法違反で、同性間でも婚姻が認められるべきではない
か（現在進行中の「結婚の自由をすべての人に」＝同性婚訴訟）。グレーゾーン金利は
違法であり、消費者が「合意」して支払い済みの場合でも上限利息以上の支払
い分は返還請求ができる（利息制限法をめぐる 2006 年の最高裁判決とそれ以降の過払
い金返還請求訴訟）（渡辺 2022：144-145 頁）。

　これらは、本来立法府である国会が法の条文に対応を明文化してもよい事柄
であるが、それにもかかわらず、司法に事実上法の意味を定めることが求めら
れてきたものである。いずれも、司法は立法行為をはじめから意図しているわ
けではない。しかし、同性婚訴訟では法の規定や運用が憲法に違反するとの主
張にもとづく違憲立法審査の過程で、利息制限法をめぐる訴訟では法の規定の
矛盾を解消しようとする過程で、裁判所に判断が求められてきた。

　三権分立の基本として、私たちは国会が立法府であり、裁判所は司法府とし
て、国会が制定した法律を具体的な事件に適用し、法的紛争を公平・中立な立
場で解決していく機関であると教わる。裁判所は民事事件（当事者間の争いを法
的に解決しようとするもの）を扱う民事訴訟と、刑事事件（検察官が起訴した犯罪の疑
いについて有罪・無罪を判断し、有罪の場合にその罰則を決めるもの）を扱う刑事訴訟
を柱として、法の規定や先例（例えばこういう事情のもとにこういう罪を犯した場合、
これくらいの罰則）に則って事件を裁いていく。

　ところがときとして、裁判所や裁判官が、その判断の過程で事実上、法を創
造する、あるいはせざるをえないこともある。こうした司法による法の創造は、
どのような場合に行われ、その際に何を根拠として法が創られるのであろうか。

また司法が法を事実上創造する役割を担う場合に、司法制度や司法手続にどのような影響や課題が生じるか。本章ではこうした点を考えていきたい。

2　論　点

　法律や条例といった制定法の条文は立法府である議会が定めるものであるが、こうした条文が社会において実際どのような意味をもつのかについては、これらを日々解釈・運用する行政機関や捜査機関などの「現場」、あるいは訴訟を通じて法の解釈と適用を行う裁判所によっても詳らかにされ、変更を加えられることもある。司法過程がこのようにして法に事実上の意味づけを与えるとき、その方向性をめぐって様々なアクターが裁判所内外から議論に参画し、「働きかけ」を行おうとする。

　以下、法社会学においてこの現象・作用がどのように取り上げられ、何が論点となってきたのか、紹介したい。

（1）政策形成型訴訟

　法社会学では「政策形成型訴訟」の研究は長年行われてきた（現代型訴訟、公共訴訟など様々な言い方があるが、当事者間の法的争いを越えた、広い社会的インパクトのある訴訟を指す点で同一といえよう）。政策形成型訴訟は、本来政治部門が決めるべき政策的な要素をもつ課題について、既存の法の解釈や運用のあり方の変更を司法に求めることで実現していくものである。その過程で、事実上、法に修正が加えられることもある。

　早くは四大公害訴訟が有名であり、公害による大規模健康被害への救済を求める運動が政治、社会、司法を通じて展開され、特に裁判の場を通じて被害の実態、被害者の実像が可視化され、最終的には国の政策に影響を与えていった。その後、国の規制の過誤や不足に由来する大規模健康被害を問う訴訟として薬害訴訟（薬害エイズ訴訟、薬害肝炎訴訟）が展開されたり、煙草の煙による被害を訴える「嫌煙権」をめぐる訴訟が提起されたりしてきた。これらの訴訟は、直接的には被害者個人の救済を求める訴訟（国家賠償請求）であったかもしれないが、その運動目的は環境規制のあり方、厚労行政のあり方などを問うものであ

り、効果としても積極的な環境規制や健康被害の予防に関する国の役割の強化
など広く法の方向性に影響を与えるものになった。

　司法が事実上の政策形成の場となっていることに着目して、法社会学は様々
な視点でこうした訴訟を研究してきた（秋葉 2023）。例えば①社会運動的な視
点から、こうした訴訟とこれに連動する社会運動に関わる様々なアクターとそ
の行動要因、訴訟・運動の過程とこの間のアクターの関係性の変化などを探る
もの（長谷川 1989）、②訴訟の効果があるのかないのか、またあるとしてどうい
う効果があり、それがどのような過程で得られるのかを探るもの（宮澤 2005）、
③民事訴訟制度の仕組みや手続とこうしたタイプの訴訟の親和性（ないし乖離）
を問うもの（前田 2005、田中 2007）、④こうした法が制定法の不足を補い、これ
を埋めるものであることから「法律と法」とは何かを問うもの（広渡 2005）、
⑤こうした訴訟に関わる弁護士の役割と法曹倫理、特に依頼者と弁護士の間の
関係性（の変化）を問うもの（大塚 2004、2009）、⑥訴訟を通じて当事者がどのよ
うなアイデンティティを獲得していくか（当事者の心理や自己認識、社会的立ち位置
への影響）を問うもの（佐藤 2000）、などの視点での研究が蓄積されてきている。

（2）司法手続・司法制度のあり方

　司法は法を適用する過程において、事実上制定法に意味づけを与える作業、
市民が実際に体験するところの法を創る作業に携わっている。司法が積極的に
この役割を担う場合には司法手続や司法制度のあり方も議論となる。

　まず、司法手続のあり方について、訴訟が広く政策形成的な目的や効果をも
つ場合にも、従来の民事訴訟の手続のままでよいのかという指摘がある。民事
訴訟は基本的なかたちとしては2人の当事者の対立を双方が代理人（弁護士）
を立て、法廷の場で法的議論を行うことを通じて、裁判所の判断を仰ぐかたち
を採っている。しかし、政策形成型訴訟では形式的には当事者は2者であった
としても、片方には原告団とその裏に控える全国の同様の当事者がいて、もう
一方には「国」がある。そして論点もしばしば法律の解釈にとどまらず、法の
意図を規定すると考えられる制定当時の政治的社会的背景やその後の社会状況
の変化に及ぶ（秋葉 2020）。例えば同性婚訴訟では、憲法制定時の婚姻につい
ての考え方、今日その状況に変化があるか、それが法の解釈にどう影響するか、

といった点が法廷で議論されてきた。

　このような場合に、裁判官が2人の当事者の法的議論を聞くという従来の審理手続で十分なのであろうか。直接の当事者ではないが影響を受ける第三者の声も取り入れていくべきか。司法が政治的社会的影響の大きい事案を積極的に取り上げてきたアメリカでは、当事者以外の訴訟参加を広く可能にする仕組みや慣行が出来上がっている。例えば amicus brief（裁判所の判断の参考としての意見陳述書の提出）という仕組みにより、原告、被告（国や州）双方の立場に与する多数の団体や有志の意見書が裁判所に提出され、かつ証拠書類として編入され（原告や被告の陳述書同様に記録に加える）、裁判官の目に留まったものが判決の中で言及・引用されることも珍しくない。

　また、法律の解釈のみならず、広く歴史的社会的な背景事情の考察が求められる場合に、裁判官に求められる資質も変わってくるかもしれない。刑事訴訟では重大な事件の事実認定や量刑の判断において「裁判員裁判」が導入されているが、これも司法判断の過程で「市民感覚」も大事であるとの認識にもとづく。民事訴訟でもこうした「市民感覚」を取り入れる手段はあるか。先述した第三者の訴訟参加の方法とともに、裁判官が感性を研ぎ澄ませること、また裁判官任官の際にそうした資質（鋭敏な社会感覚）を考慮することも考えられよう。

　例えばアメリカでは、合衆国最高裁判事の職歴は多様で、政治家、学者、自ら女性やマイノリティの社会運動に携わってきた弁護士など、様々である。また任命の過程が見えない日本と異なり、最高裁判事の候補となった段階から名前が広く報じられ、これまでの経歴や発言を調べ上げられ、上院の司法委員会で憲法解釈に関する見解などを細かく問われる。上院は任命の可否について投票を行うが、結果が割れることも珍しくない。法的素養のみならず、憲法解釈の方向性や価値観、人格面までが公的に吟味され、一定程度「世論」や社会情勢を反映した任官が行われる。

　以上のように、「司法が法を創る」とき、司法手続のあり方、裁判官任官のあり方も合わせて検討していくことが大事となる。

（3）司法行動論

　最後に、裁判官の法的判断の形成過程と「それがどのような因子によって説

明されるかを探求する」（六本 1986：376 頁）司法行動論（judicial behavior）の研究を挙げたい。裁判官は法律や法の一般原則を目の前の事実に当てはめることで判決を導いているという一見当たり前の考え方を「法モデル（legal model）」というが、このモデルで裁判官の判断過程を十分説明できるのであれば、そもそもこの議論は必要にならない。しかし本章で述べるような「法の創造」の場面では、裁判官は既存の法律の条文を適用することで一様の解決ができるとは限らない。そこでこうした裁量の大きい場面ほど、裁判官個人の志向や価値観が出やすく、それらが判断を左右するとする「態度モデル（attitudinal model）」や、裁判官も立法府など他のアクターとの関係性（日本の場合、司法内部での上級審への配慮も考えられる）を意識し、判断の内容や手法を他のアクターとの関係性に配慮しながら調整しているとする「戦略モデル（strategic model）」などが提唱されてきた（Hume 2018）。

　本章で取り上げる様々な事例で個々の裁判官の果たしている役割の大きさを考えれば、その行動要因を探る研究も必要性を増しているといえよう。

3　事　例

　ここでは、裁判官が法を適用しようとする中で、事実上法を「創造」するに至った事例をいくつか紹介する。これらの事例は、筆者が国籍法違憲判決の研究の過程で、この訴訟の東京地裁判決（東京地判平 18 年 3 月 29 日判時 1932 号 51 頁）の裁判長であった菅野博之判事（その後、2016 年から 2022 年まで最高裁判事）が様々な事案で創造的な判決を下していることに着目し、その例として取り上げたものである（秋葉 2017）。

（1）法の欠缺や不備―ハンセン病患者への補償

　裁判所が事実上法を創らなければならない場合として、法の欠陥や不備を補わなければならない場合がある。その一例として、ハンセン病患者の長期隔離をめぐる裁判を挙げたい。

　ハンセン病はかつて伝染性のある不治の病とされた時期があり、患者は国の施設で生涯隔離されて過ごし、家族を含め差別などに苦しんできた。治療方

法が確立し、伝染のおそれも少なく隔離政策は不要との知見が確立したのちも日本では長くこの政策が存続し、1996年に至ってようやく政策が転換された（「らい予防法の廃止に関する法律」）。

長期間の不要な隔離による損害や苦痛について、国家賠償請求訴訟が提起され、熊本地裁が国に賠償を命じる判決（熊本地判平13年5月11日判時1748号30頁）を下すと、翌月には同様に施設に隔離されていた患者に対し国が賠償をする法律（「ハンセン病療養所入所者等に対する補償金の支給等に関する法律」）が制定された。

ただこの法律には不明な点があり、これを埋める作業が裁判所にもたらされた。それは、第二次世界大戦以前に日本の統治下にあった台湾や朝鮮半島で同様に隔離された患者（在外患者）についてもこの法律が適用されるのかという点である。この点について、国会で議員が質問をしていたにもかかわらず、国の態度は曖昧であった。具体的な対象施設の決定を厚生労働省に委ねたまま法律が制定され、その施行後、厚労省は在外施設の患者に対して不支給の決定を下し、裁判に発展した。

ここで裁判所は、国会が明文化しなかった「法」を明らかにする必要に迫られる。在外患者が対象になる、あるいはならない、いずれの判決を下した場合にでも、多くの患者に影響する法を創ったに等しいことにもなる。この同じ問いに対して、裁判所（裁判官）の判断は割れた。台湾の療養所に入所していた患者からの請求について、東京地裁の菅野判事は、法の趣旨は広く患者に救済を及ぼすことにあるとして、認める判決を下した（東京地判平17年10月25日平成16（行ウ）524）。これに対して同じ日に同じ東京地裁の鶴岡判事は、朝鮮半島の療養所に入所していた患者からの請求について、法は外地の療養所に入所していた患者への補償を予定していないとして、認めない判決を下したのである（同・平成16（行ウ）370）。かつての植民地における患者への補償について国会が沈黙する中で、同じ日に裁判所が正反対の判決を下す事態となった。その約4ヶ月後、国会は在外患者についても同様に補償の対象とする法改正を行った。結果的に、東京地裁の2つの判決が法の明確化を国会に求めたかたちとなった。

このように、ハンセン病への対応については、まず患者への補償法の制定が国家賠償請求訴訟における国側敗訴の判決をきっかけに行われ、賠償が在外患者にも及ぶのかどうかという点についての明確化もまず裁判に求められ、裁判

所が促すかたちで国会が法改正を行うこととなった。国会の沈黙を裁判所が破るというかたちでの「法の創造」の例といえよう。

（2）憲法の解釈・適用
―JFC（ジャパニーズ・フィリピーノ・チルドレン）の国籍

違憲訴訟は、その性質上、法が憲法に違反するので無効である（あるいは是正を要する）と主張するものであり、その判断は事実上法を創る結果になりうる。例えば同性婚訴訟を例に取れば、そもそも国会が民法を改正して同性婚を認めることができるところ、司法がこれを認めるべきかどうかを判断することが求められている。法のあるべき姿を憲法の解釈を通じて定めていくという意味で、立法権の限界を画し、法の大枠を創っていく高次の創造ともいえよう。

こうした中で、2008年の国籍法違憲判決（最大判平20年6月4日集民228号101頁。同・民集62巻6号1367頁）は、2つの段階で「法の創造」が行われた点で興味深い。この裁判は、婚姻関係にない日本人の父親とフィリピン人の母親から生まれた子どもたち（JFC：ジャパニーズ・フィリピーノ・チルドレン）が、国籍法の規定の下で日本国籍を取得できないことが憲法違反であると訴えたものである。一般に日本国籍は出生時に父親か母親が日本国籍であれば子どもも取得できる（国籍法2条、父母両系血統主義）。ところが、原告の子どもたちは両親が結婚をしておらず、かつ、父親の認知も生まれた後であった。つまり出生時点では日本人が父親であると確定していなかったのである。この場合、親がその後結婚をすれば国籍法3条の規定（「準正」）により日本国籍を取得できるが、原告の場合この要件にも当てはまらない。法のいずれの規定にも合致しない中、この子どもたちは日本国籍を取得できないでいた。

原告はこの問題を「親が結婚をしているか否かで子どもを差別するもの」（婚外子差別）であり、憲法14条の「法の下の平等」に違反するとして司法の場に持ち込んだ。そして最高裁は「父母の婚姻という、子にはどうすることもできない父母の身分行為」が行われない限り国籍を取得できないことは、「我が国との密接な結び付きを有する者に限り日本国籍を付与する」という立法目的との間に合理的な関連性を欠く差別であるとして、違憲判決を下す。判決はその過程で、「日本国民である父との家族生活を通じた我が国との密接な結び付

図表 19-1　改正前後の国籍法 3 条 1 項

改正前	**父母の婚姻**及びその認知により**嫡出子たる身分**を取得した子で……
改正後	父又は母が認知した子で……

最高裁判決を受けて国籍法 3 条 1 項が改正され、父母の婚姻要件（太字の部分）が削除された。裁判所の判決が多くの婚外子に国籍取得の道を開いた。

き」の存在が婚姻により示されると考えることは、法の制定時は合理的であったとしても、国際化の進展や家族生活・親子関係の実態の多様化にあって、今日、子どもたちの日本とのつながりを父母の婚姻の有無だけでは判断できないとの分析を行っている。

　国籍法違憲判決の過程で、裁判所は 2 つ、法の創造といえる重要な判断を下している。一つ目は、出生後に「父母の婚姻及び認知」があれば日本国籍を取得できるという国籍法 3 条 1 項の規定（「準正による国籍の取得」）は憲法に違反するか。中でも、父母の婚姻を要件とすることが憲法に違反するかしないか。国は「法律婚の尊重」は国の基本的な法政策であり、相続の場面などでも法律上、嫡出子と婚外子の間に区別が設けられている中で（当時）、この方針と整合性があるほか、父母の婚姻によって日本国民である父親を通じた「日本とのつながり」が示されると考えることには合理性があるとしていた。

　二つ目の判断として、婚姻を要件とすることが憲法違反だとしても、直ちに原告の子どもたちに国籍の取得資格があるといえるかどうかという点がある。婚姻要件が違憲であると判断した 10 名の最高裁判事の間でも、直ちに原告に国籍が付与されるとすべきか否かについては見解が割れた。このうち 2 名は、規定は違憲でもその対応方法には「立法上の合理的な選択肢」が複数存在する可能性があり、違憲状態をどのように解消すべきかの判断は「国会に委ねるべき」とした。そして、原告に直ちに国籍を認めることは「実質的に司法による立法に等しい」と批判した。これに対して多数意見は、国籍法 3 条 1 項の婚姻要件を違憲とした上で、この要件を除いた規定の残りの部分、すなわち父親の認知のみによって、原告に日本国籍の取得が認められると判断した。

　このように、現行法が違憲であるかどうか、またその後の法がどうあるべきか（救済のあり方）、という 2 つの段階においてどの程度まで司法が踏み込むべ

きかが問われた。

　国籍法も、婚外子差別全般も、国会では長年是正が叶わなかった分野であり、国籍法違憲判決はその双方にまたがる画期的な判決である。この判決から3ヶ月後に国会は国籍法を改正し、原告のような子どもたちに一律（日本国民である父親の認知があれば）日本国籍の取得を認めることとなった。さらにこの判決がきっかけとなり、婚外子に対する相続差別という明治期以来の民法規定についても 2013 年、最高裁が違憲判決を下し、法改正に至っている。ハンセン病患者の例と同様、JFC の子どもたち、さらには婚外子にとっての新たな「法」のあり方も、司法が国会の先を歩み、創造したといえるのではないか。

（3）適用に際しての要件や基準の付加—子どもの国外退去処分と「帰責性」

　最後に、法律を適用していく上で、法律には明記されていない要件を判断基準に据えるといったかたちで、法を補足していくことも裁判所は行っている。

　その一例として、国外退去処分の要件をめぐる裁判官同士の「対立」の例を挙げたい。ここで取り上げるのは、幼い頃からずっと日本で暮らしてきた子どもたちをめぐる裁判である。日本の暮らしに溶け込んでいる子どもが、ある日、在留資格がないことを理由に国外退去処分に直面し、自分は日本しか知らない、あるいはずっと日本人として暮らしてきた、といった切実な思いから訴える。

　同じような状況の子どもをめぐって、東京地裁と東京高裁の判事が対立し合うやり取りを見せた事例がある。両親が在留資格のないフィリピン人で、子どもはいずれも日本で生まれて高1、10 歳、6 歳、3 歳半となっていた一家の退去強制処分をめぐる裁判で、東京地裁の菅野判事は、高1の長女について、生まれて以来日本人として生活してきていて、現時点での退去強制は非常な困難を強いることになることなどを理由に退去強制処分は裁量権の濫用に当たるとした（東京地判平 16 年 11 月 5 日平成 15（行ウ）340）。これに対して東京高裁の赤塚判事は、この時点で高2になっていた長女を含めて一家全員の退去強制処分を認めた。長女についても長年日本で生活してきたからといって法的保護を受けることにはならない、本人に責任はないといっても退去強制は「帰責性を要件とはしていない」と顧みることはなかった。さらに、菅野判事が長女に有利に解釈した日本社会に溶け込んでいるという事実ですら、「原告が我が国社会で

示した生活振り等に徴すると、フィリピンに帰国した際の困難を乗り越えることも十分可能」とした（東京高判平 17 年 4 月 13 日平成 16（行コ）389）。

このように、「日本社会での生活状況」「退去させることに伴う困難の度合い」「帰責性」が退去強制処分の合法性を判断する要素になるのか、裁判所の見解が割れたのである。

東京地裁の菅野判事は前記東京高裁判決の約 1 年後、今度は 9 歳のときに親に連れられて入国し、日本の大学に合格をしていた中国籍の高校生の在留特別許可をめぐる裁判の判決を下した。そして「当該外国人自身には、責めるべき点がない場合には、通常の不法上陸、不法滞在の事案とは異なり、本邦における生活、学習等の実績、将来の設計や、それらが国外退去させられることによって失われる不利益」についても吟味すべきとして、在留特別許可を認めない採決は裁量権の濫用に当たるとした（東京地判平 18 年 3 月 28 日平成 17（行ウ）79）。「帰責性は要件ではない」とした東京高裁の判決に真っ向から反論し、改めて日本社会への適応状況等にもとづき判断するかたちとなったのである。この菅野判事の判決を、東京高裁も今度は踏襲して、原告の請求を認めた（東京高判平 19 年 2 月 27 日平成 18（行コ）126）。

国外退去処分は法律に定められた行為であるが、個人にとっても国にとっても重い意味をもつこの処分が具体的にどういう場合に適用されるのかといった運用の大部分は行政（法務省、出入国在留管理庁）に委ねられている。制定法は多くを語らず、細部を行政と司法が埋め、ときにこれに異議を唱える弁護士や人権団体などの働きかけ（こうした訴訟を含む）を通じて、「生ける法」が形づくられているのである。

4　ディスカッション

ディスカッションとして、**3**で取り上げた事例について自分が裁判官だったらどう臨むか、司法の役割や社会の期待に照らして考えてほしい。

まず 3 つの事例についてどう考えるか。「旧植民地におけるハンセン病患者」についての法の沈黙をあなただったらどういう理由でどのように埋めるか。国籍法違憲判決で、婚姻要件が合憲か否か、また違憲だとしても、原告に国籍が

認められるべきか（あるいは婚姻要件に代わる別の要件の検討も含め国会に委ねるか）という２つの岐路で、あなたはどちらの判断へ向かうか。幼い頃から日本に住み続けた外国籍の子どもの国外退去処分について、あなたは何を基準に判断するか。それらの判断に対して原告や国、そして社会からはどういう反応が予想されるか。自身の立ち位置が「裁判官」だった場合と、国会議員だった場合とで、思考過程や結果にどういう違いがあるか。

　次に、上記を踏まえて、法や法制度のあり方について考えてほしい。そもそも国会が法律を創る段階でできるだけ明確な規定を置くべきではないか。あるいは現行法が問題であるならば司法がこれを埋めるよりも、その是正を国会に求めるべきではないか。司法が率先して自らが思うところの法の不備を埋め、事実上法の創造をする意義は何か。

　国内の事例を見れば、議員定数の「一票の格差」をめぐる訴訟では、裁判所はたびたび違憲性を指摘しながらも、その是正は国会に委ねてきた。ただ、国会の対応は遅れがちで、かつ最小限の是正にとどまることが多く、国政選挙のたびに改めて全国で訴訟が提起されることが繰り返されてきた。現在国内で進行中の同性婚訴訟でも、同性間の婚姻を認めないことが違憲か合憲であるかということと合わせて、仮に違憲だとして、その是正が現行法の「婚姻」をそのまま同性間にも適用することでなければいけないのか、あるいは「パートナーシップ制度」のような別制度も許容されるのかが論点として浮上している。そしてこの解決を司法が率先して行うべきか、国会の対応に委ねるべきかについても、議論のあるところである。司法が自ら救済策を提示する場合と国会に委ねる場合とで、その過程や結果にどういう違いが生じるだろうか。

　最後に、曖昧な法の条文を場合によって歴史的社会的背景やその変化の分析までを踏まえて解釈するような作業に求められる裁判官の資質とは何か。あなたが裁判官としてそのような判断も行いうることを考えた場合、どういう勉強をして、どういう素養を備える必要があるだろうか。また、裁判の過程でそうした判断に必要な情報を補う手法としてどういう対応や仕組みが考えられるか。

　裁判官の仕事の多くは法を定められた手続に則って淡々と適用していく部分にあり、法律知識と法的な技術が大事であることはいうまでもない。合わせて、他の民事訴訟と同様の手続で、突然目の前に、社会的影響が広く創造的な判断

を要する事案が現れることもある。法の一端を担う裁判所と裁判官の役割の大切さについて考えてほしい。

参 考 文 献

秋葉丈志（2017）『国籍法違憲判決と日本の司法』信山社。

―――（2020）「政策形成型訴訟における分析と根拠―社会科学の利活用を中心に」市川正人ほか編『現代日本の司法―「司法制度改革」以降の人と制度』日本評論社 188-207頁。

―――（2023）「法社会学の視点からの同性婚訴訟―政策形成型訴訟の今日的展開」法社会学 89号 132-143頁。

大塚浩（2004）「弁護士と社会変革運動―法専門職の関与と倫理」法社会学 61号 77-91頁。

―――（2009）「コーズ・ローヤリングにおける弁護士―依頼者関係の実態と弁護士倫理」法社会学 70号 129-143頁。

佐藤岩夫（2000）「たばこ訴訟の変容と運動のアイデンティティ」棚瀬孝雄編『たばこ訴訟の法社会学―現代の法と裁判の解読に向けて』世界思想社 90-104頁。

田中成明（2007）「私法・公法の〈協働〉と司法の機能―現代型訴訟を素材に」法社会学 66号 66-79頁。

長谷川公一（1989）「〈社会運動の社会学〉の法社会学的含意」法社会学 41号 159-163頁。

Hume, Robert J.（2018）*Judicial Behavior and Policymaking: An Introduction*. Rowman & Littlefield.

広渡清吾（2005）「法的判断と政策形成―『法律』と『法』の間」法社会学 63号 15-34頁。

前田智彦（2005）「民事訴訟機能拡大の要請下での手続決定過程の重要性―政策形成型訴訟を主たる材料として」法社会学 63号 93-111頁。

宮澤節生（2005）「政策志向的現代型訴訟の現状と司法制度改革継続の必要性」法社会学 63号 46-74頁。

六本佳平（1986）『法社会学』有斐閣。

渡辺千原（2022）「裁判による法形成」佐藤岩夫・阿部昌樹編著『スタンダード法社会学』北大路書房 140-149頁。

20　章

実務法律家と隣接法律専門職
—望ましい裁判官のあり方とは

1　概　説

（1）法の専門家と活動

「弁護士」「裁判官」「検察官」と聞いて、どのようなイメージをもつだろうか。「弱者の味方」「強者の味方」「頭がよさそう」「ずる賢そう」など、様々であろう。「そもそもイメージが湧かない」という声も多いかもしれない。

　法は、市民が学校、本やウェブサイトで学び、権利を主張し、裁判を起こし起こされること（本人訴訟）ができる。とはいえ、法の知識が十分になく、複雑な案件に直面した場合などは、弁護士や司法書士などの法の専門家に相談し（法律相談）、法律文書の作成や裁判などの法手続の代理を依頼する必要が生じる。

　現在の法の専門家は、明治時代以降、欧米の影響と、時々の改革および法改正を受けて、司法とともに形づくられてきた。例えば、フランス法の影響を受けて 1872 年の司法職務定制で規定された「代言人」「代書人」「証書人」は、それぞれ、現在の「弁護士」「司法書士・行政書士」「公証人」へ、日本で独特の変容を遂げてきた。第二次世界大戦直後と平成の司法改革などを受けた法改正も、様々な法の専門家の権限などに変化を及ぼしてきた。法の専門家のあり方は、法と同じく、時代や地域とともに揺れ動いている（概観として、兼子・竹下 2002、大川 2007）。

（2）実務法律家

　実務法律家とは、裁判官、検察官、弁護士である。法科大学院修了または司法試験予備試験合格後、司法試験に合格して司法修習を終えることが、原則として資格要件になっている（簡易裁判所判事と副検事を除く）。司法修習を終えると裁判官、検察官、弁護士に分かれる。他方、英米などでは、司法試験に合格

するとみな弁護士となり、経験を積んで裁判官、検察官になる（法曹一元型）。

　司法試験合格者は、1960年代半ばから年間500名程度で推移したが、司法改革を受けて、1990年代に1000名に倍増し、2000年代には2000名を超えたものの、2010年代に減少し、2020年代は1000名台である。裁判官、検察官に採用されるのは各数十名で、そのほかは弁護士となる。性別では男性が多い。

　裁判官は、下級裁判所裁判官と最高裁判所裁判官に分かれ、最高裁判所長官以外は内閣に任命される（憲法79〜80条、下級裁判所裁判官は最高裁判所の指名にもとづき、指名に際して諮問委員会の審査にかかる）。最高裁判所長官のみ、内閣の指名にもとづき天皇により任命される（同法6条2項）。裁判官は、司法権の帰属する裁判所（最高裁判所、高等裁判所、地方裁判所、家庭裁判所、簡易裁判所）の主要な職員として、民事、家事、行政、刑事などの事件で、憲法に特別の定のある場合を除いて一切の法律上の争訟を裁判し（裁判所法3条1項）、独立して職権を行使する（憲法76条3項、裁判以外の仕事を行うこともある）。

　下級裁判所裁判官は、高等裁判所長官、判事、判事補、簡易裁判所判事である。10年任期制で、はじめの10年判事補の身分で、原則として一人で裁判を担当することができない（5年経つと特例法により一人で担当できる〔特例判事補〕）。その後は、判事となり、再任を経て、定年65歳まで勤務することが多い（簡易裁判所判事は定年70歳）。原則3年ごとに異動を繰り返すのが慣例である。20年ほど経つと、裁判長（部総括判事）になる者があり、昇給の遅速が生じる。

　最高裁判所裁判官は、最高裁判所長官と最高裁判所判事14名の計15名で、通常は5名ずつ小法廷3つに分かれて裁判業務を行うほか、事案により全員で大法廷を組織する。前職別に、裁判官、検察官、弁護士のほか、内閣法制局長官、法学者、厚生労働省官僚、外交官から任命されることが慣例となっている（裁判官6名、弁護士4名、その他各1名程度）。近年の最高裁判所裁判官は60歳代で任命され、定年70歳まで数年間勤務する。初任直後（と10年経過後）の衆議院議員選挙時に国民審査にかかるものの、これまで罷免された例はない。

　検察官は、行政事務を担いつつ、刑事訴訟手続に実務上携わり、行政と司法の二権に関わる（準司法官と呼ばれる）。上記の裁判所の対応した、最高検察庁、高等検察庁、地方検察庁、区検察庁に勤務して、公訴を提起し（起訴により刑事裁判を起こし）、裁判所に法の正当な適用を請求するほか、公益の代表者として

権限のある事務を行うことを主な職務とする（検察庁法4条、刑事裁判以外の法務省や関連部局の業務などに従事することもある）。

　検察官は、検事総長、次長検事、検事長、検事と副検事からなる。検事総長、次長検事、検事長は内閣により、検事と副検事は法務大臣により、任命される。独立して職務を行うが上級庁の長の指揮監督を受ける（検察官〔同〕一体の原則）。検事総長と次長検事は最高検察庁に属し、検事長は高等検察庁の長である。地方検察庁と区検察庁の長（検事正、上席検察官）は、検事から充てられる。検察官は、原則2年ごとに異動を繰り返すのが慣例で、定年は65歳である。

　弁護士は、弁護士の全国組織である日本弁護士連合会と弁護士会（全国に50ヶ所ある）に登録して法律業務を行う。その業務内容は、訴訟事件、非訟事件および審査請求、再調査の請求、再審査請求等行政庁に対する不服申立事件に関する行為その他一般の法律事務であり（弁護士法3条）、幅広い。

　民間職のため、弁護士は、開業地を自由に選択することができ、定年はない。弁護士会は自律し、会費で運営され、登録、研修や懲戒を含めて弁護士自らを統制する（弁護士自治）。法律業務は弁護士が原則として独占し、弁護士以外が法律業務を行うこと（非弁行為）を罰則つきで禁じる（同法72条）。多くの弁護士は法律事務所で業務を行うが、企業や官公庁で働く弁護士も増加している。

（3）隣接法律専門職

　実務法律家のほかにも、隣接法律専門職と呼ばれる、司法書士、行政書士、税理士、社会保険労務士、公認会計士、弁理士などの職がある。法律で規定され、監督官庁があり、原則として国家試験に合格する必要があり（各監督官庁等で長年勤務した者などの就任ルートもある）、多くの人がそれぞれの専門業務を担う。

　司法書士は、不動産・会社の登記または供託、裁判所に提出する書類の作成、簡易裁判所訴訟代理等（認定資格要）や、成年後年などの代理業務を行う。行政書士は、官公署に提出する書類その他の権利義務または事実証明に関する書類の作成、行政不服申立手続等の代理（考査合格要）を行うほか、作成に伴う相談などに応ずる。税理士は、税務代理、税務書類の作成、税務相談などを行う。社会保険労務士は、労働および社会保険に関する法令にもとづく書類の作成や提出代理などを業とする。公認会計士は、財務書類の監査または証明を行う。

弁理士は、特許、商標などの知的財産関係の出願や鑑定を担う。

（4）そ の 他

　隣接法律専門職以外に、裁判所事務官、書記官や家庭裁判所調査官と、検察事務官は、専門性をもって、裁判所と検察庁の業務を支えている。なお、裁判所書記官は簡易裁判所判事に、検察事務官は副検事になる道がある。警察官は、司法警察職員として、検察官の指揮監督下で刑事事件の捜査に当たる。

　公証人は、公正証書の作成、私署証書や会社定款の認証などを業務とする。法務大臣により任命されるが、長期にわたり無試験で、裁判官と検察官の退職者で占められてきた。裁判所で有識者が務める調停委員、司法委員、専門委員、労働審判員や、市民からくじで選ばれる裁判員および検察審査員を含めると、法と司法は、多くの専門家、公務員と市民により運営されていることが分かる。

2　論　点

（1）裁　判　官

1）裁判官をめぐる議論

　日本の裁判官および裁判所のあり方をめぐり、1950 年半ば頃から「司法の危機」と呼ばれる時期が続いた。1969 年の平賀書簡事件（自衛隊の合憲性が争われた事件をめぐり、札幌地方裁判所所長が担当裁判長に違憲立法審査権の行使を差し控えるべきとの意見を伝えた）、1971 年の宮本裁判官への理由を示さない再任（指名）拒否など、裁判官の独立を揺るがす事態が生じた（木佐ほか 2015：128-139 頁）。

　このような時代背景の中で、1970 年代末頃に「裁判官像論争」と呼ばれる議論が起こった。樋口陽一は、司法官僚制の枠を踏み破り「国民」に対しより開かれた姿勢を取る「政治的裁判官像」を避けて、官僚制（マックス・ウェーバーの説いた意味での近代的な合法的支配の形態、ウェーバー 1922 ＝ 1960）における司法の伝統的な専門性、合理性と外部に対する自律性の尊重を回復する「伝統的裁判官像」を唱えた（樋口 1979：131-195 頁、樋口・栗城 1988：67-77 頁）。小田中聰樹は、樋口説に疑問を投げかけて、市民社会とのつながりを強め、市民的自由と職権の独立を守り、強い人権意識をもって主体的に職務に当たる「市民的・民主的

裁判官像」を対置した（小田中 1981：226-235 頁、1995：26-82 頁）。

　この２つの「裁判官像」を振り返れば、樋口も小田中も、裁判官の独立と思想信条の自由をいう価値を尊重する点は共通するものの、それを確保する方策をめぐり、裁判所内部の官僚制における自律性を重視するか、裁判所の外部に開かれたかたちを重視するかという、２つの方向性を示すものであった。その後の平成の司法改革は、市民が刑事重罪事件の裁判を裁判官とともに判断する裁判員制度の導入、弁護士から裁判官を任用する弁護士任官制度の推進、下級裁判所裁判官指名諮問委員会（裁判官以外の者を含む）の設置など、後者に近い方向性をたどったように見受けられる。ただし、裁判官が市民社会とのつながりを強めているかは疑問もあり、裁判官像論争はいまだに示唆に富む。

　内閣に 1999 年に設置された司法制度改革審議会では、望ましい裁判官のあり方が、ほぼ初めて公に議論された。平成の司法改革を踏まえて、公正な法律判断のほかに、裁判所内外の活動への参加、説明責任と自己研さんを図り、豊かな人間性をもつプロフェッションとして市民的自由を享受する「人間的裁判官像」（飯 2004）や、裁判の専門化に伴う裁判官の専門化、訴訟での専門家の関与の促進と適切な手続の運営を図る「専門的裁判官像」（渡辺 2011）などが唱えられている。事件分野ごとの裁判官の役割なども議論されている（加藤編 2004）。司法改革を経て、現職裁判官からは、法廷重視、争点整理の優先、多様な人的資源やツールの活用など、裁判手続やその運用等が変化して、やりがいが高まったという感慨が綴られてもいる（浅見 2016）。

2) 国 際 比 較

　裁判官を含む実務法律家（法曹）について、諸外国との比較研究がなされている。同研究によれば、日本の裁判官制度の特徴は、英米の法曹一元型ではないヨーロッパ大陸国などのキャリア裁判官制度を採用しているという点ではなく、キャリア裁判官制度が官僚型組織となり、任用と人事の不透明さや裁判官の市民的自由の少なさなど、個々の裁判官の独立性を弱める方向で運用されている点にある。すなわち、裁判官制度比較の重要な分岐点は、法曹一元型（アメリカ・イギリス）かキャリア裁判官制度（ドイツ・フランス・日本）かではなく、「裁判官の独立」保障型の裁判官制度（アメリカ・イギリス・ドイツ・フランス）であるか、非保障型（官僚制モデル）の裁判官制度（日本）にあり、東アジア・体

制移行国も後者の類型に属する（広渡・佐藤 2003：396-403頁）。この指摘は、戦後日本で政権与党がほぼ変わらず、立法・行政権の判断に対して司法権が抑制的であるといわれること（司法消極主義）も影響しているかもしれない。

　日米の比較研究によれば、アメリカの「名もある顔もある司法」と対照的に、日本は「名もない顔もない司法」と称される（フット 2007）。日本は、アメリカと比べて、裁判官が市民社会と接点をもたず、個性が見えにくく、統一性が重視され、裁判官の定期異動や判例の尊重とあいまって、日本全国で、判決が均一化する傾向にあるというのである。

（2）検　察　官

1）検察官をめぐる議論

　日本の検察官は、被疑者（メディア用語で容疑者）を起訴して刑事裁判にかける（起訴後は被告人〔メディア用語で被告〕）の判断を行う（起訴独占主義・起訴便宜主義、刑事訴訟法247〜248条）。日本の刑事裁判の無罪率は、国際的に非常に少ないことで知られるが（近年は0.1％未満）、それは検察官の起訴判断（有罪の証拠が揃っている事件のみを起訴する傾向）によるところが大きい。

　刑事訴訟手続では、被疑者の逮捕から勾留（同法60条、住所不定、罪証隠滅の疑い、逃亡の疑いのある場合の裁判官の許可にもとづく身柄拘束）までの期間の長さ（司法警察員による逮捕の場合で勾留1回延長の場合は最長23日間）、別の罪名での逮捕・勾留が可能なこと（新たな最長23日間の身柄拘束）、勾留の場所（拘置所以外の警察の留置場などの「代用監獄」の多用）、密室での取調べ（録画・録音や弁護人立会いなし）、起訴後の裁判官による保釈判断の際の検察官の意見聴取、勾留延長が際限なく可能なことや、刑事裁判での伝聞法則の例外（本来、法廷で取り調べる証拠以外の伝え聞きなどは証拠にできないが、取調べの供述調書は緩やかな要件で許容されうる）など、検察官の有利になりうる制度や環境が多い。

　上記の無罪率の低さと刑事訴訟手続があいまって、日本の検察官の評価は分かれてきた。積極説は、検察官が取調べに時間をかけて、被疑者の「本音」を引き出し、有罪を認めさせる過程で、その反省を促し、詳細な供述調書を作成する「精密司法」が、再犯を防ぎ、日本の犯罪発生率の少なさをもたらしてきたとする。他方、消極説は、取調べの長期化、閉鎖性と「代用監獄」、供述調

書のあり方（被疑者自らが語るように警察・検察官が記載する一人称形式が多い）、起訴の判断基準の不明確・不透明さ、再犯率と犯罪発生率との関係のなさなどを指摘し、供述調書が裁判で重視される傾向のある「調書裁判」と呼んできた。

2）国 際 比 較

　アメリカとの比較研究によれば、日本の検察官は、天国（パラダイス）のような環境にいると指摘される。それは、上記の刑事訴訟手続以外でも、法務省の主要ポストを占めるなど、検察官の権限が大きく、有利な法制度になっており、日本社会に犯罪が少なく、検察官の勤務時間に余裕があり、外部からの批判が少ないことなどによる（ジョンソン 2002 = 2004）。合わせて、検察庁内部での起訴や求刑は一貫性を重視して実施される傾向があるという。

　平成の司法改革で、被疑者段階で国の費用で弁護人をつける被疑者国選弁護制度（徐々に対象事件も拡大した）、検察官の起訴しなかった事件について不起訴判断の当否を事後的に市民が審査する検察審査会の強制起訴制度、刑事重罪事件で市民が参加して判断する裁判員制度や、裁判員裁判対象事件などでの取調べ過程の録音・録画制度の導入など、検察官に間接的に影響を及ぼす改革が進んだ。これらの改革があいまって、起訴率の低下や裁判員裁判の無罪率微増がもたらされた一方、再犯率は増加してきた（飯 2022）。検察官の「天国」状態は変わりつつあるだろうか。

（3）弁　護　士

1）弁護士をめぐる議論

　弁護士像をめぐっては、在野精神論、プロフェッション・モデル、ビジネス・モデル、関係志向モデルが提唱されてきた（和田 1994：215-230頁、濱野 2002など）。在野精神論は、在朝（国側）の裁判官・検察官に対して、在野（民間側）の弁護士が、市民の声を代弁してその権利を主張する役割を発揮すべきであるとする。プロフェッション・モデルは、弁護士を、聖職者や医師のような社会に奉仕する専門職の一つとして、公益を追求し、社会問題の是正などに対価を考慮せず取り組むべきであるとする。ビジネス・モデルは、弁護士を営利を追求する職業の一つで、弁護士業務をお金を稼ぐビジネスに類するものとみなし、市場の競争原理にもとづく依頼者へのサービスの重視や弁護士広告

の規制緩和などに親和性がある。関係志向モデルは、事件を依頼する市民を主体に、弁護士は依頼者との関係性の中で支援を担うものとして位置づける。

　平成の30年間で、司法改革と司法試験合格者増員を経て、弁護士人口は、1万4000人から4万2000人ほどへ3倍増加した。法律事務所の大規模化、企業内弁護士の増加など、ビジネス志向の高まりが見受けられる一方、再審請求事件などの採算の取りにくい事件に取り組み、弁護士過疎（弁護士が過度に疎らで少ない状態）に対応するなど、公益的な業務に従事する弁護士も少なくない。

2) 国際比較

　弁護士研究は国際的に多い。アメリカのシカゴで1975年と1995年に実施された調査によれば、弁護士の世界は、依頼者と業務がビジネス関係かで、地球の北半球と南半球のように分かれて階層化している（ハインツほか 2005 = 2019）。

　日本の弁護士・弁護士会は、法律面でシンクタンク的な役割を果たし、様々な立法案や社会動向に対して提言を出すなどの働きを行う。他方、弁護士自治の要とされる強制加入制は、会費負担の重さなどを理由に異論も聞かれる。

3　事　例

　裁判官のイメージは、マイナス面では、品位を辱める行状があったときなどの懲戒と、裁判官としての威信を著しく失うべき非行があったときなどの弾劾罷免で、品位、威信をどのように考えるかに表れる。

　そもそも裁判官に特化した倫理規定はない（弁護士にはあり、検察官は「検察の理念」10ヶ条のみ）。裁判官は、在任中、議員となりまたは積極的に政治運動をすることや、商業を営むことなどをすることができない（裁判所法52条）。

　下級裁判所事務処理規則21条は、事務の取扱いおよび行状につき、裁判官を含む裁判所職員に対する裁判所の長による注意処分を定める。裁判所法49条は「裁判官は、職務上の義務に違反し、若しくは職務を怠り、又は品位を辱める行状があつたときは、別に法律で定めるところにより裁判によつて懲戒される」、裁判官分限法2条は「裁判官の懲戒は、戒告又は一万円以下の過料とする」と規定する。裁判官弾劾法2条によれば、弾劾により裁判官を罷免する場合は、「職務上の義務に著しく違反し、又は職務を甚だしく怠つたとき」と

「その他職務の内外を問わず、裁判官としての威信を著しく失うべき非行があつたとき」である。

（1）シンポジウム会場発言をめぐる懲戒裁判
（最大決平 10 年 12 月 1 日民集 52 巻 9 号 1761 頁）

　裁判官 A は、当時国会で審議中であった組織的犯罪処罰法案と通信傍受法改正法案に反対する市民集会において、パネルディスカッションの始まる直前、数分間にわたり、会場の一般参加者席から、仙台地方裁判所判事補であることを明らかにした上で、「当初、この集会において、盗聴法と令状主義というテーマのシンポジウムにパネリストとして参加する予定であったが、事前に所長から集会に参加すれば懲戒処分もありうるとの警告を受けたことから、パネリストとしての参加は取りやめた。自分としては、仮に法案に反対の立場で発言しても、裁判所法に定める積極的な政治運動に当たるとは考えないが、パネリストとしての発言は辞退する」との趣旨の発言をした。

　最高裁判所大法廷の判断は以下の通りである（多数意見 10 人、反対意見 5 人）。

　裁判所法 52 条 1 号の「積極的に政治運動をすること」とは、組織的、計画的または継続的な政治上の活動を能動的に行う行為であって、裁判官の独立および中立・公正を害するおそれがあるものが、これに該当すると解され、具体的行為の該当性を判断するに当たっては、その行為の内容、その行為の行われるに至った経緯、行われた場所等の客観的な事情のほか、その行為をした裁判官の意図等の主観的な事情をも総合的に考慮して決するのが相当である。

　本件言動は、本件法案を廃案に追い込むことを目的として共同して行動している諸団体の組織的、計画的、継続的な反対運動を拡大、発展させ、右目的を達成させることを積極的に支援しこれを推進するものであり、裁判官の職にある者として厳に避けなければならない行為というべきであって、「積極的に政治運動をすること」に該当するものといわざるをえない。

　積極的に政治運動をしてはならないという義務は、職務遂行中と否とを問わず裁判官の職にある限り遵守すべき義務であるから、右の「職務上の義務」に当たる。したがって、同条所定の懲戒事由である職務上の義務違反があったということができる。本件言動の内容、その後の抗告人の態度その他記録上認め

られる一切の事情にかんがみれば、裁判官 A を戒告することが相当である。

（2）SNS 発信をめぐる懲戒裁判
（最大決平 30 年 10 月 17 日民集 72 巻 5 号 890 頁）

　裁判官 B は、2018 年 5 月 17 日頃、SNS のツイッター（当時）の自己の実名アカウントにおいて、東京高等裁判所で控訴審判決がされて確定した自己の担当外の事件である犬の返還請求等に関する民事訴訟についての報道記事を閲覧することができるウェブサイトにアクセスすることができるようにするとともに、以下の文言を記載した投稿をした。

　　公園に放置されていた犬を保護し育てていたら、3 か月くらい経って、もとの飼い主が名乗り出てきて、「返して下さい」

　　え？　あなた？　この犬を捨てたんでしょ？　3 か月も放置しておきながら……

　　裁判の結果は……

　最高裁判所大法廷の判断は以下の通りであった（全員一致の意見）。

　裁判官は、職務を遂行するに際してはもとより、職務を離れた私人としての生活においても、その職責と相容れないような行為をしてはならず、また、裁判所や裁判官に対する国民の信頼を傷つけることのないように、慎重に行動すべき義務を負っているものというべきである。「品位を辱める行状」は、職務上の行為か私的行為かを問わず、およそ裁判官に対する国民の信頼を損ね、または裁判の公正を疑わせるような言動をいうものと解するのが相当である。

　裁判官 B は、裁判官の職にあることが広く知られている状況の下で、判決が確定した担当外の民事訴訟事件に関し、その内容を十分に検討した形跡を示さず、表面的な情報のみを掲げて、私人である当該訴訟の原告が訴えを提起したことが不当であるとする一方的な評価を不特定多数の閲覧者に公然と伝えたものといえる。このような行為は、裁判官が、その職務を行うについて、表面的かつ一方的な情報や理解のみにもとづき予断をもって判断をするのではないかという疑念を国民に与えるとともに、上記原告が訴訟を提起したことを揶揄するものとも取れるその表現振りとあいまって、裁判を受ける権利を保障された私人である原告の訴訟提起行為を一方的に不当とする認識ないし評価を示す

ことで、当該原告の感情を傷つけるものであり、裁判官に対する国民の信頼を損ね、また裁判の公正を疑わせるものでもあるといわざるをえない。したがって、裁判所法 49 条にいう「品位を辱める行状」に当たるというべきである。

なお、B 裁判官は、別のツイッター投稿 2 件（強盗強姦致死事件の控訴審判決が掲載された裁判所ウェブサイトの URL に、「首を絞められて苦しむ女性の姿に性的興奮を覚える性癖を持った男」「そんな男に、無惨にも殺されてしまった 17 歳の女性」という見出しをつけて投稿したものを含む）について高等裁判所長官の厳重注意処分を二度受け、フェイスブック投稿 1 件で別の戒告処分を受けている。裁判官訴追委員会により 2021 年 6 月に訴追され、裁判官弾劾裁判所で審理された。B 裁判官は、裁判官の任期を終える 2024 年に退官する意向を表明している。

4　ディスカッション

以上の 2 つの事例では、裁判官 A、B とも懲戒で戒告処分を受けている。この裁判の結論を、どのように考えるであろうか。ポイントは、両事例が裁判官の「職務上の義務違反」と「品位を辱める行状」に該当するかである。より詳細な経緯は、本人の手記で知ることができる（寺西 2000、岡口 2019）。

A 裁判官の事例で、最高裁判所大法廷決定は、集会での会場発言が「積極的な政治運動」に当たり、「職務上の義務違反」とした。「政治」には、裁判所法が禁じる政治運動から、私的な人間関係での権力作用まで、様々な意味がありうる。裁判官と「政治」との関わりも国により異なり、例えばアメリカでは、州により裁判官は州民の選挙で選ばれるなど、任命方法に政党の色彩が強く、裁判官は自ら共和党か民主党のいずれを指示するか公言するのが一般的である。

B 裁判官の懲戒事例で、SNS 上での発信は「品位を辱める行状」とみなされたが、裁判官の「品位」とはどのようなものであろうか。弾劾事由には「裁判官としての威信を著しく失うべき非行」がある。裁判官の「品位」「威信」には、市民の裁判官へのイメージが関わる。裁判所の外部の市民などと積極的に交流する「名もある顔もある裁判官」と、交流を控える「名もない顔もない裁判官」で、どちらを好ましいと考えるであろうか。日本の裁判官は、野鳥の会への参加を迷い（岡 1999）、実名で SNS を運営する裁判官は皆無に近いなど、

後者の傾向が強い。他方、アメリカでは、裁判官行動規則で市民活動への参加が推奨され（フット 2007：29-39 頁）、裁判官を選任する際も、政治的考慮は働くにせよ、法律・人格面で資質の高い裁判官を確保することが模索されている。

　市民の視点から望ましい裁判官のあり方と、どのようにすればそのような裁判官のあり方を実現できるかについて、事例をもとに考えて議論してみよう。

参 考 文 献
浅見宣義（2016）「現職が語る裁判官の魅力―改革の中で増すやりがい」日本裁判官ネットワーク編『希望の裁判所―私たちはこう考える』LABO38-74 頁。

飯考行（2004）「裁判官像の再考」法の科学 34 号 113-120 頁。

───（2022）「検察官」佐藤岩夫・阿部昌樹編著『スタンダード法社会学』北大路書房 191-200 頁。

ウェーバー，マックス（1922 = 1960）『支配の社会学Ⅰ』（世良晃志郎訳）創文社。

大川真郎（2007）『司法改革―日弁連の長く困難なたたかい』朝日新聞社。

岡口基一（2019）『最高裁に告ぐ』岩波書店。

岡文夫（1999）「市民的自由―野鳥の会に自由に入会したい」日本裁判官ネットワーク編『裁判官は訴える！私たちの大疑問』講談社 111-131 頁。

小田中聰樹（1981）『続現代司法の構造と思想』日本評論社。

───（1995）『現代司法と刑事訴訟の改革課題』日本評論社。

加藤新太郎編（2004）『ゼミナール裁判官論』第一法規。

兼子一・竹下守夫（2002）『裁判法（第 4 版補訂）』有斐閣。

木佐茂男ほか（2015）『テキストブック現代司法（第 6 版）』日本評論社。

ジョンソン，デイビッド・T（2002 = 2004）『アメリカ人のみた日本の検察制度―日米の比較考察』（大久保光也訳）シュプリンガー・フェアラーク東京。

寺西和史（2000）『愉快な裁判官』河出書房新社。

ハインツ，ジョン・Pほか（2005 = 2019）『アメリカの大都市弁護士―その社会構造』（宮澤節生監訳）現代人文社。

濱野亮（2002）「弁護士像はどう変わってきたか」和田仁孝ほか編『交渉と紛争処理』日本評論社 248-273 頁。

樋口陽一（1979）『比較のなかの日本国憲法』岩波新書。

───・栗城壽夫（1988）『憲法と裁判』法律文化社。

広渡清吾・佐藤岩夫（2003）「総括―比較のなかの日本の法曹制度」広渡清吾編『法曹の比較法社会学』東京大学出版会 385-414 頁。

フット，ダニエル・H.（2007）『名もない顔もない司法―日本の裁判は変わるのか』（溜箭将之訳）NTT 出版。

渡辺千原（2011）「裁判の専門化と裁判官」立命館法学 339・340 号 647-682 頁。

和田仁孝（1994）『民事紛争処理論』信山社。

21　章

法専門家と情報発信
―弁護士は自由に情報発信できるのか

1　概　説

（1）情報化、専門家と弁護士

　情報通信技術の発展につれて、専門家ではない人でもインターネットを通して容易に情報を検索・収集できるようになった。読者の中にも何らかのトラブルに遭遇した際、関連の法律や対策を検索する人がいるかもしれない。

　情報に関しては、個人情報の取扱いや名誉毀損など情報の利活用をめぐるトラブルの処理を検討する実定法学のアプローチがある。一方、法専門家は条文や裁判例の分析・解釈など情報処理に深く関わる職種であり、訴訟や政策に関する見解を公に披露する場面がしばしば見受けられる。情報活動の裁定者ではなく、プレイヤーとしての法律家の活動を理解するには、法社会学的なアプローチが役に立つ。本章では、弁護士による情報発信をめぐって、法専門家と情報活動との関係に関する議論を紹介しながら、実際の事案を検討する（弁護士制度については→20章）。

　知識の応用に依拠する他の職業と同様に、法専門家の世界にも情報化の波が押し寄せている（詳細は、郭 2023）。具体的に、1990 年代から浸透し始めた法令や裁判例情報のデータベース化とともに、コンピュータ・ネットワークを媒介する司法裁判、いわゆる司法の IT 化は日本を含む多くの国において現実となりつつある。そして、2010 年代に入ると、「リーガルテック（legal technology）」と呼ばれる、契約の審査や法律相談など弁護士の業務を支援する人工知能搭載のシステムも立て続けに開発され、商業サービスとして提供されている。

　こうした情報技術の応用は、現時点においても基本的に業務の効率化を図るものであり、既存の法的サービスの延長線上に位置づけられる。それに対して、従来の常識を覆す現象として、弁護士など法専門家による情報発信の変容が挙

げられる。1980年代までの弁護士業界は、広告が禁止されるなど、対外的発信を積極的に行われない「沈黙的な」集団であったが、現在、弁護士法人によるニュースレター、メディア出演またはSNSでの投稿など広報的意味を含む活動は弁護士活動の日常となっている。中には、訴訟に関連するコンテンツを配信し、寄付や裁判の傍聴など訴訟支援まで行うケースも見られる。

（2）弁護士による情報発信の種類

　従来の法情報学においては、司法実務や法学教育・研究を支える法令・判例とそれに対する解説・分析に関する情報（法令解説、判例解説、学術論文など）を主な対象としていたが、一般向けの法情報は、あくまでも上記資料の「ダイジェスト版」であり、広い意味での法教育の材料として位置づけられていた（指宿 2010：25-26, 53頁）。それに対して、弁護士から発信する情報は、さらに弁護士の活動に関する紹介、解説および意見をも含んでいる。また、その発信目的は、単に知識の伝達ではなく、不特定多数の人々を対象に、弁護士自身が提供するサービスの存在や意義を広く世間に認知させるという広報・広告の側面がある。そして、関係者への影響の度合いから、弁護士自身が担当する事案の情報と一般的な法制度の解説と内容的に区別することもできる。

（3）弁護士による情報発信への制約

　憲法21条1項は、「集会、結社及び言論、出版その他一切の表現の自由は、これを保障する」としている。「表現の自由」の基本的な含意は、表現者自身が表現の形式や内容を自由に決めることができ、表現への妨害、操作など国家による介入があってはならない、ということである。そして、言論への規制が必要と認められる場合においてもその規制方法は必要最小限にとどまるべきとされている。民主主義の社会を支えるという趣旨から、「表現の自由」は個人の意見表出や他者との意見交換を重要視する。こうした「表現の自由」の基本的な考え方からすると、一市民としての弁護士には、当然ながら自由に情報発信することができるといえる。

　しかしながら、弁護士は、職務を離れて個人として表現活動をするのではなく、法専門家として発信する際に状況が変わる。以下のいくつかの観点から、

図表 21-1　弁護士による情報発信の類型と法規制

法的規制	発信内容	発信目的
守秘義務	個別の裁判に関する弁護情報（秘密）	情報提供
弁護士倫理	公正な裁判を妨げる発信、同意を得られない依頼者情報の使用など	意見表明、情報提供、広告
不正競争の防止	消費者を誤認させる情報、比較広告	広告

弁護士による情報発信を制約するケースがある（図表21-1）。

　一つ目は、守秘義務である。弁護士法23条では、「弁護士又は弁護士であつた者は、その職務上知り得た秘密を保持する権利を有し、義務を負う。但し、法律に別段の定めがある場合は、この限りでない」と定められている。また、弁護士職務基本規程23条は「弁護士は、正当な理由なく、依頼者について職務上知り得た秘密を他に漏らし、又は利用してはならない」と規定している。他の法律に目を向けると、秘密漏示罪（刑法134条1項）、証言拒絶権（刑事訴訟法149条および民事訴訟法197条1項2号）、押収拒絶権（刑事訴訟法105条）、文書提出命令の拒絶権（民事訴訟法220条4号）など、職務の中で得られる当事者や関係者の秘密を保持する「守秘義務」の規定が散見される。したがって、弁護士自身が法専門家として関わる事案を発信する際、守秘義務に由来する内容上の制限を受けることが想定される。その守秘義務の対象範囲として、日本では現在受任関係にあるものだけではなく、受任には至らなかった相談者、顧問先、事件が終了した過去の依頼者まで含まれるとされている（日本弁護士連合会弁護士倫理委員会編著 2017：58頁）。

　二つ目は、業界内の自主規制である。弁護士会のような専門家の自治団体は、専門家の品質およびそれへの社会的信頼を維持するために、構成員の行動基準を定め、組織として自主的に構成員の行動を規制（懲戒）する。そこでは、専門家としての弁護人がもつ高い倫理性あるいは公益性から言論上の配慮がなされていることがある。例えば、刑事裁判において過熱したメディア報道が公正な裁判に与える実際の影響を懸念し、刑事弁護人の法廷外発言に一定の制限を加えるアメリカ法曹協会（ABA）の法律家職務模範規則（3.6(a)）がある。また、日本弁護士連合会の業務広告に関する規程では、書面による同意などいくつかの例外を除く、顧問先または依頼者、受任中の事件、過去に取り扱いまたは関

与した事件を広告で表示できないと定められている（業務広告に関する規程3条）。

　三つ目は、広告・表示に関する法規制である。職業的専門性のある役務を提供する弁護士は、原則として、その表示について一定の基準を守ることを法的に義務づけられている。広告活動においては、虚偽の情報や他社の商品やサービスを誤解させるような表現を使用することが不正競争行為とされる場合がある。例えば、法的サービスの依頼者に誤認させる表示によって自分との取引を誘導する行為は、独占禁止法や不正競争防止法の規定に違反するおそれがある。また、消費者としての依頼者の適正な選択を確保するために、弁護士の情報発信は比較広告の禁止など一般の表示上の制限に従う必要もある。

　弁護士による情報発信は近年社会に徐々に浸透してきたが、一般の個人言論活動に比べるとその内容や形式は制限されている。特に、広告など営利性の強い情報と個別事案に関する言論が制約を受けやすいといえる。

2　論　点

　ところで、専門家としての弁護士の発信はどうして制限を受けるのか。本章では、専門家のあり方からこの問いを考えてみよう。

（1）特定の知識とその利活用を独占する集団

　まず、専門家には他の仕事にない独特の性質があることを強調する、いわゆる特性論的アプローチがある。その視点を用いて、専門家を「学識（科学または高度の知識）に裏付けられ、それ自身一定の基礎理論をもった特殊な技能を、特殊な教育または訓練によって習得し、それにも基づいて不特定多数の市民の中から任意に呈示された個々の依頼者の具体的要求に応じて具体的奉仕活動を行い、よって社会全体の利益のために尽くす職業」と定義した論者がいる（石村 1969：25頁）。特性論的アプローチから見れば、一定の職業訓練を受け、体系化した高度の知識を駆使しながら市民にサービスを提供するのは専門家の特徴である。そこで専門知識への把握程度が諸職業の専門化の程度を検討する重要な指標になる。

　上記のような専門家へのとらえ方はいまだに根強く残っている。例えば、日

本の法科大学院が専門知識の伝授を中心に法専門家を育成しようとすることや、「品位を損なう広告又は宣伝をしてはならない」といった自主規制（弁護士職務基本規程9条2）はそれの表れであり、そこでは社会のために法専門家が適切に法的知識を把握・使用することが期待されている。弁護士による情報発信に対しては、個人の意見という次元を超えて、司法制度や弁護活動のあり方を誤解させないことが求められている。

（2）知識の管理を用いて経済的・社会的地位を維持させる集団

　次に、経済的優位性または社会的地位を獲得するために活動することから専門家のあり様をとらえる、権力論的アプローチと呼ばれた見方もある。その見方においては、専門家による支配がキー概念となる。アメリカの社会学者である Abbott（1988）は、専門家について「いくつかの抽象的な知識を特定の事例に適用する排他的な職業集団である」と定義した上で、つまり専門家が知識やスキルを提供することによって報酬を得る側面に注目する。彼の研究では、資格試験および研究・教育の独占といった現象から、専門家が自らの知識体系とその使用方法を保持し、非専門家に対してアクセスを制限することで、その専門分野の権威あるいは地位を確立するプロセスが描かれている。知識を通してのコントロールに関しては、プライバシー権の事例を見てみよう。親密圏をめぐる情報開示のトラブルは、古くから世界各地に見られるが、プライバシー権という新たな法概念がつくりだされたことによって、そのような紛争は法的問題として認識されるようになった。プライバシー権の存在を知らなければ、こうしたトラブルを抱える人はそもそも弁護士に相談したいと思わないかもしれない。つまり、権力論的アプローチから見れば、知識の形成と応用自体が専門家集団の利益を維持・拡大させる手段として機能する場面がある。

　日本においても、弁護士の情報発信に関する研究に権力論的アプローチの考え方が見られる。法社会学者の棚瀬（1996）は、一般向けの情報発信である弁護士広告の解禁に反対する意見を検討し、そこには弁護士間の競争を回避し現状維持の志向、あるいは弁護士業界の既得利益を擁護する思惑があるのではないかと指摘した。その見方に同調しながら、一般市民にとって縁遠い存在である弁護士市場と閉鎖的な専門家自治システムを背景に、公益型的弁護士像の背

後には、法的サービスへの利用経験が少ない一般の人による抽象的な信頼があるといった主張も展開された（和田 1998：20-25 頁）。

（3）対外広報上の「脱専門化」とその課題

　その後、規制緩和を求める政治的な動向が高まり、日本の弁護士業界では、対外的な情報発信を控える孤高の専門家から親しみやすい「助け人」へといった「イメチェン」の取り組みが見られる。具体的に、日本弁護士連合会は、2010 年代から組織としての広報活動に力を入れて、法教育など法に関わる一般向けのコンテンツを制作・発信している。そこでは、法学の専門用語や体系的な知識より、弁護士個人の活動の様子やアニメキャラクターなどを用いて、「分かりやすさ」「親みやすさ」が強調されている。

　しかしながら、このような情報公開を介して社会と法専門家のつながりを強化することにはポジティブな効果だけではない。実際、弁護士に対するクレーム申立てが増加し、弁護士内部のガバナンスにおいては社会への応答圧力、つまりリスク管理の側面がますます強くなっていると指摘されている（山田 2018）。その中で、弁護士間または弁護士―依頼者間の関係だけではなく、弁護士への社会的期待やイメージは弁護士の情報発信のあり様に制約する可能性もまた考えられる（郭 2020）。

3　事　例

　実際、弁護士発の情報をめぐってどのような問題が発生しうるのか。それを示すために、本節ではテレビ番組での弁護士のコメントと、それの反響に関する事例を取り上げる。この事例では、ある事件の刑事弁護をめぐる評価が焦点となっていたが、もともと犯罪加害者の主張を無視することができない、刑事事件の弁護活動では、弁護を担当する弁護士の主張は被害者に同調する世論と対立する場合が少なくない。

（1）弁護士のメディア出演とその反響

　弁護士でタレント活動をしている Y は、2007 年 5 月 27 日に放送された読売

テレビ放送株式会社制作に関わる「たかじんのそこまで言って委員会」という
ワイドショー番組に出演した際に、「光市母子殺害事件」として広く報道され
ていた刑事事件の被告弁護団Xらを批判し、Xらへの懲戒処分を呼びかけた。

　Xらが担当した刑事事件は、当時18歳の少年であったAが、昼間に配水管
の検査を装って上がり込んだ被害者のアパートで、当時23歳の主婦Bを殺害
した上で姦淫し、さらに、当時生後11ヶ月のBの長女を殺害し、その後、B
の財布を盗んだという事実が認定されたものである。Aは、第一審および第
一次控訴審においては公訴事実を認め、無期懲役の判決を受けたところ、第一
次控訴審で公判期日が指定された後、Bを生き返らせるために姦淫したなどと
して殺人および強姦の故意を否認し、Bの長女の殺人についても故意を否認す
るようになり、弁護団XらもAの言い分に沿う主張をした。しかし、第一次
上告審は、否認主張を認めず、破棄差戻判決を下したが、その後、第二次控訴
審においても否認主張を排斥した上で、Aについて死刑の判決を言い渡した。

　Aおよび弁護団Xらの主張を「死刑回避のための引き延ばし戦術」と批判
し、インターネットを中心にAの弁護団を非難し、弁護士Xらへの懲戒請求
を呼びかける声が上がっていた。弁護士の懲戒請求とは、弁護士法（56条）に
もとづいて、弁護士の活動に「品位を失うべき非行」があったときに当該弁護
士が所属する弁護士会が行う自主規制である。懲戒請求自体は、利害関係者だ
けではなく、誰でも可能とされる。当時、インターネット上のウェブサイトに
おいては、弁護士Xらへの懲戒請求に必要な書類のテンプレートが掲載され
ていた。

　Yは、上記の番組においてはXらの弁護活動について、①「死体をよみが
えらすためにその姦淫したとかね、それから赤ちゃん、子どもに対しては、あ
やすために首にちょうちょ結びをやったということを、堂々と21人のその資
格を持った大人が主張すること、これはねぇ、弁護士として許していいのか」、
②「明らかに今回は、あの21人というか、あの○○っていう弁護士が中心に
なって、そういう主張を組み立てたとしか考えられない」などと発言した上、
③「ぜひね、全国の人ね、あの弁護団に対してもし許せないって思うんだった
ら、一斉に弁護士会に対して懲戒請求かけてもらいたいんですよ」、④「懲戒
請求ってのは誰でも彼でも簡単に弁護士会に行って懲戒請求を立てれますんで、

何万何十万っていう形であの 21 人の弁護士の懲戒請求を立ててもらいたいん
ですよ」、⑤「懲戒請求を 1 万 2 万とか 10 万とか、この番組見てる人が、一斉
に弁護士会に行って懲戒請求かけてくださったらですね、弁護士会のほうとし
ても処分出さないわけにはかないですよ」(原文ママ) などと、番組の視聴者に
対し、弁護団 X らについて懲戒請求をするよう呼びかけた。

(2) 弁護士会 (業界団体) の反応

　番組放送後、X らについて彼らが所属する広島弁護士会にはそれぞれ 600 件
程度の懲戒請求がされたが、その大多数は、上記の番組が放送された直後にイ
ンターネット上に弁護団 X らに対する懲戒請求のために使用する書式とし
て掲載されたものとほぼ同じ内容の書式のものである。広島弁護士会は、綱紀
委員会が上記の懲戒請求を一括して事案の調査を行い、懲戒委員会に事案の審
査を求めないことを議決した。それにもとづいて、広島弁護士会は 2010 年 3
月 18 日に X らを懲戒しない旨の決定をした。一方、2010 年 12 月に、Y が所
属する大阪弁護士会は、Y に対して「他の弁護士らの弁護活動及び刑事弁護に
対する誤った認識と不信感を与える」を理由に 2 ヶ月の業務停止とする懲戒処
分を下した。

(3) 裁判所の判断

　X らは、Y の発言が X らの名誉を毀損するなどと主張して、民事損害賠償
を求める訴訟を起こした。第一審 (広島地判平 20 年 10 月 2 日判夕 1294 号 248 頁) は、
上記の Y の発言が X らの名誉を毀損するものとともに、Y の呼びかけ行為が
名誉毀損とは別個の不法行為を構成するとして、X ら各自に対する 200 万円の
支払いを命じた。控訴審 (広島高判平 21 年 7 月 2 日判時 2114 号 65 頁) は、上記の
Y の発言が名誉毀損に当たらないとする一方、X らに対する懲戒請求に理由が
ないことを知りながら Y の呼びかけ行為は、多数の者による理由のない懲戒
請求を集中させることにより、X らの弁護方針に対する批判的風潮を助長する
ものとし、Y の呼びかけ行為が別個の不法行為を構成し、X ら各自に対する
90 万円の支払いを命じた。

　これに対して、X らおよび Y らの双方が、それぞれ敗訴部分を不服として、

上告受理を申し立てた。最高裁（最判平 23 年 7 月 15 日民集 65 巻 5 号 2362 頁）は、X らの上告を棄却し、つまり Y の発言が名誉毀損に当たらないという判断を維持した。他方、Y の呼びかけ行為が別個の不法行為を構成するとした、これまでの裁判所の判断について、最高裁はこれが社会の耳目を集める本件刑事事件の弁護人としての X らにもたらした精神的苦痛が社会通念上受忍すべき限度を超えるとまではいえず、したがって不法行為法上違法なものであるということはできないと判断し、控訴審判決の Y の敗訴部分を破棄した。

　以上のように、この事案においては、もとの刑事事件を担当した弁護士、その事件の弁護に関わっていない弁護士、当該刑事事件に関心を寄せた市民、専門職の自治団体である弁護士会、そして裁判所、それぞれの言説は、テレビのトーク番組を介して発信された一弁護士のコメントをきっかけに交錯していた。また、この事案は、弁護士による情報発信について初めて最高裁で争ったケースでもあり、情報化と弁護士の活動との関係を考える際の好材料になる。

4　ディスカッション

（1）弁護士による情報発信とは何だろう

　注目される刑事裁判について批判的な見解を発表する行為それ自体は、原則として問題となるわけではない。そもそも刑事裁判は私人間の関係ではなく、国家による犯罪行為の統制といった公益性の高い社会問題でもある。たとえそれが的外れな意見だとしても、刑事裁判を批評することは、憲法上の権利としての表現の自由に保障されており、司法への民主的統制に寄与することができる。したがって、上記の事案においては Y が弁護士でなければそこまで議論されなかったのかもしれない。

　A および弁護団 X らの発言に対する社会の中の不満は、テレビ番組を介して放送された弁護士である Y の発言をきっかけに、懲戒請求というかたちで可視化された。2 で紹介したように、専門家の情報発信は個人の特性を超えて、専門家自体への社会的イメージによって正当化される場合がある。そのような性質から考えれば、今回のような直接弁護を担当していない、つまり、コメントの対象となる事案に関する内部情報をもたないままにある弁護士が発信して

も、法律業界になじみのない視聴者がその意見に法専門家としての権威性を見出し、その意見に沿うような行動を取るのは不思議ではない。弁護士による情報発信は、単に専門知識の提供ではなく、その中で「法専門家」というキャラクターがコンテンツとして消費されている可能性も考えられる。

　その点は、Y に対する弁護士会の懲戒処分と裁判所の判断において考慮されたように見える。本件において弁護士 Y の発信には、依頼人の意図に寄り添いながら弁護方針を決めるという弁護人の職責と、それにおいてときに被害者や遺族の被害感情を逆撫せざるをえない場合があるといった刑事弁護の「常識」が含まれなかった。それに対して、正確かつ客観的な法情報提供を求める、つまり職業の品質管理を行う弁護士会からは Y への懲戒処分というかたちで否定的な評価が下される。Y の呼びかけ行為が弁護団 X らの名誉感情等の人格的利益の侵害を構成しないと判断する最高裁でさえ、その言動を軽率なものであると批判した。また最高裁は、弁護士団 X らについて「社会の耳目を集める刑事事件の弁護人であって、その弁護活動の当否につき国民による様々な批判を受けることはやむを得ないものと言える」と述べ、社会における弁護活動のあり方を批判への受忍限度の判断において参照した。この事例をめぐる各方面の反応から分かるように、弁護士の情報発信は、個人の意見表明にとどまらず、弁護活動といった弁護士業務の核心的な部分の評価に関わることがある。

（2）情報化が弁護士の振る舞いを変えるのか

　無個性的・中立的な専門知を発信すべきという弁護士の情報観は、専門家に対する特性論的アプローチのとらえ方に親和的である。しかしながら、人々の注目あるいは関心を重要視する今日のメディア環境を背景に、弁護士による情報発信のあり方の揺らぎもまた見られる。

　まず、情報発信者である弁護士とそれを視聴する人々との関係について見てみよう。この事例においては、一弁護士の呼びかけとその後に弁護士会に寄せられた大量の懲戒請求との間に法的因果関係があるかについての判断は裁判において重要な意味をもつ。もし視聴者による懲戒請求の行為があくまでも弁護士の発言に「盲目的」に従う結果であれば、弁護士の表現行為に不法行為責任が認定される可能性が高いからである。広島高裁は、テレビ番組というメディ

アの大きな影響力と、唯一弁護士の資格をもつ Y の誇張した弁護士団への非難と懲戒請求の急増との間の関連性を認めた。それに対して最高裁は、Y による懲戒請求への呼びかけ行為を「視聴者自身の判断に基づく行為を促す」趣旨でされたものと認定した上で、問題となる番組が放送される前にすでに類似した弁護団への批判がマスメディアにおいて確認されたことと、懲戒請求に当たって「自身の実名、連絡先等を記入した書式を作成、提出して懲戒請求という能動的行為を行う」ことが必要であることを踏まえた上で、視聴者の中に主体的に弁護団 X らへの懲戒請求を遂行した者が多数であったと推測した。

　むろん、テレビ番組での発言が視聴者に与える、本当の影響については検証する余地がある。少なくとも、専門家による一方的な情報管理を暗黙の前提とした控訴審に対して、最高裁の判決においては、法情報の利活用に関する受け手の能動的な働きを肯定する考え方は明らかである。積極的な発信を通して多様な弁護士の情報が提供される社会において、人々は弁護士という肩書きではなく、発言の中身を批判的に判断する、情報リテラシーを身につける状況がより望ましいという立場が有力になっていくかもしれない。

　そして、弁護士の活動において情報発信が必要なのか、という問題もある。弁護士 Y 自身は弁護団 X らに対して刑事弁護制度や司法制度に対する国民の信頼を維持するため、弁護の主張変更の理由について説明すべき義務があると考えていた。それに対して、広島高裁は、弁護士の役割をあくまでも法廷における主張、立証を十分に尽くすことに限定すべきという立場を採用したが、最高裁の判決は「弁護活動が、重要性を有することからすると、社会的な注目を浴び、その当否につき国民による様々な批判を受けることはやむを得」ない、と弁護士の公共的な役割に伴う負担に理解を示した。その点をめぐる判断の差異は、個別の依頼者との代理関係を超える弁護士の情報活動において、専門家としての独立性と公益実現が必ずしも順接的ではないことを示唆する。

（3）「弁護士自治」は情報発信にとって必要なのか

　とはいえ、一般向けの弁護士の情報発信は、メディアの制作側や視聴者の要請に対して無条件に従うほど市場化したものではなく、弁護士活動の一環として業界の自主規制（弁護士自治）の対象にもなる。最高裁は傍論で Y の行為が

「弁護士会における自律的処理の対象として検討されるのは格別」とし、Yの
行為に対する弁護士会の懲戒処分を尊重する姿勢を示している。

　この事例において、番組内の弁護士コメントに対する視聴者の「自己責任」
での利用は否めないが、法情報に不案内な素人（視聴者）であるからこそ、法
情報の発信者の発言を「頼って」きたのだという特徴を軽視することができな
いとも考えられる。弁護士が発した情報に関する視聴者自身の自己決定・自己
管理を重視すべきとしても、法専門家の構造的な「特権性」を軽減するために、
法情報の提供をめぐる環境整備が必要である。法専門家ではない視聴者やメ
ディア関係者による法情報の選別能力を期待できないのであれば、弁護士業界
内部の「自浄作用」が果たす効果も小さくないはずである。具体的には、例え
ば情報発信において弁護士の「品位」がどのようなものであるべきかについて、
弁護士（業界）の内部で発信者のあり方を議論するのも有意義であろう。

参 考 文 献

Abbott, Andrew（1988）*The System of Professions: An Essay on the Division of Expert Labor.* The University of Chicago Press.

石村善助（1969）『現代のプロフェッション』至誠堂。

指宿信（2010）『法情報学の世界』第一法規。

郭薇（2020）「専門家による情報発信と言論『規制』─日本の弁護士懲戒処分（2000年〜2017年）を素材として」情報法制研究8号4-15頁。

───（2023）「法学と情報（工）学のコミュニケーション─法のIT化は難しいのか（上）（下）」法律時報95巻8号85-90頁、9号91-96頁。

棚瀬孝雄（1996）「弁護士倫理の言説分析─市場の支配と脱プロフェッション化1〜4」法律時報68巻1号52-61頁、2号47-56頁、3号72-76頁、4号55-63頁。

日本弁護士連合会弁護士倫理委員会編著（2017）『解説　弁護士職務基本規程（第3版）』日本弁護士連合会。

山田恵子（2018）「『規範的主体』から『リスク管理主体』への転回─倫理的弁護士像をめぐって」江口厚仁ほか編『境界線上の法／主体─屈託のある正義へ』ナカニシヤ出版65-90頁。

和田仁孝（1998）「弁護士業務規制のゆくえと広告の解禁─閉鎖的規制システムから開放的応答システムへ」自由と正義49巻6号20-31頁。

22　章

司法アクセス
―トラブルに直面した際の人々の行動規定要因とは

1　概　説

（1）司法アクセスの射程

　access to justice 研究は 1970 年代を契機に発展してきた研究領域である。access to justice は正義へのアクセスや司法へのアクセス、法へのアクセスなどと訳されることもある。司法アクセスを考える上で重要なのは、司法アクセスという概念が、単に法的サービス利用に関する事柄を指す概念や形式的・表面的な法利用に限定的な概念ではなく、正義の実現や権利の保障、手続の適正さなども含めてとらえる概念であるという点である（カペレッティ・ガース 1978 = 1981）。また、人々が直面する法律問題は法律問題単体として存在しているわけではなく、複合的要素が同時多発的に発生しているととらえることにも特徴がある（Genn et al. 1999：31-36 頁）。

　本章では、このような司法アクセスの射程を踏まえた上で、国内外における司法アクセス研究動向を整理し、法社会学的論点を提示する。

（2）諸外国における実証的研究の発展

　人々は日常生活でどのようなトラブルに直面し、どのように対応しているのであろうか。その際、法専門機関や法専門職らとどのように関わっているのだろうか。こうした問題関心について日本も含め世界的に多くの大規模サーベイ調査が実施されている。例えば、1980 年代にウィスコンシン大学に組織された民事訴訟研究プロジェクト（ウィスコンシン調査）は、紛争を一つの社会現象としてとらえ、紛争がどのように発生し人々がどのように対応するのかについてのモデルを提示した。また、イギリスでは Hazel Genn らによる paths to justice 調査によって、人々が法的問題（justiciable problems）に対しどのように

直面し行動しているかの調査を行った（Genn et al. 1999）。Genn らは人々がトラブルに直面した際の行動パターンを「専門機関・専門家に助言を求めたか」「自主的に解決したか」「何も行動をとらなかったか」に分類し、それらの背景も分析した。

　経済的側面以外の司法アクセス障壁を複合的に分析しようとする Genn らの研究視座は、その後の世界各国における司法アクセス研究に影響を与えた。同様の調査研究はスコットランド、オーストラリア、カナダ、オランダ、ニュージーランド、台湾等、多くの国々で実施された（Pleasance et al. 2013、橋場 2015）。日本においても近年、人々が直面している法律問題やトラブル経験、それらへの対応行動を明らかにするために大規模調査が実施されている（松村・村山編 2010、樫村・武士俣編 2010、フット・太田編 2010、佐藤ほか編 2023）。

2　論　点

（1）法の主題化と司法アクセス

　司法アクセス分野における法社会学的論点としては、まず法の主題化との関連が挙げられる（法の主題化の概念については尾崎 2009）。法の主題化の一つのとらえ方としては「当事者が、相手方に対して法律に基づく請求ないし主張を行うこと」（村山・濱野 2019：71 頁）というものがある。例えば、何かしらの問題に直面したときに、その問題が法によって対応可能な問題であると認識し、自らあるいは法専門職の力を借りながら法的請求ないし主張を行うことがあれば、それは法の主題化を行ったととらえることができる。一方、客観的には法的問題に直面していると思われる場合でも、みなが必ずしもその状況をすぐに「法的問題である」と認識できるわけではない。直面する事柄が法的問題であると気づくこと自体に、最初の司法アクセスにおけるハードルがあるともいえる。元来、形式的な権利はすべての人に等しく保障されているが、司法へのアクセスという場面においては人々が置かれた状況や経験が権利行使を左右する大きな違いとして顕在化する。

　近年の調査においても、法についての知識や経験の有無、法専門職が身近にいるか否か、どのようなトラブル類型か等がトラブルに直面した際に人々が取

る行動に大きな影響を与えていることが指摘されている。例えば、先述したアメリカやイギリスの実証的調査では、消費者問題や雇用問題は法の主題化が行われにくい傾向があるのに対して、交通事故等の不法行為に対しては法の主題化が行われやすい傾向が指摘されている。訴額の多寡や雇用関係におけるリスク回避等、法の主題化をするメリットが小さかったり法の主題化を行うことにより自らの状況が悪化することが予想されたりする場合には、法の主題化が回避される傾向がある。もちろん、法の主題化を行わないという選択肢もある。その選択肢を取る場合、法の主題化をすることに伴う弊害を避けあえて法の主題化を行わないという場合と、そもそも法的問題の発生に気がついていないため法の主題化を行えないという場合があることに注意が必要である。

（２）司法アクセスと司法制度改革

　司法アクセス概念は、日本における司法制度改革において重要な概念の一つとして用いられた。1990 年代後半に本格化した司法制度改革では、国民に身近な司法の実現が目指され、人的基盤の拡充、制度的基盤の整備、国民の司法参加を大きな柱として改革が実施された。2001 年に出された司法制度改革審議会意見書を踏まえ、司法制度改革推進本部が設置された。その後、司法制度改革推進本部を中心とした立法作業の議論の過程で、司法アクセスを向上させるための施策の一つとして「司法ネット構想」が浮上した。司法ネット構想は、司法アクセスを向上させるために法情報提供の充実やアクセスポイントの拡充、相談者のたらい回し問題への応答を企図したものである。その後、司法ネット構想を反映したものとして総合法律支援法が施行され、「民事、刑事を問わず、あまねく全国において、法による紛争の解決に必要な情報やサービスの提供が受けられる社会を実現する」（総合法律支援法 2 条）という理念が掲げられた。司法アクセス概念を具現化する機関として、2006 年に日本司法支援センター（法テラス）が設置された。法テラスには近年、後述する司法ソーシャルワークをはじめ多職種連携や公益弁護活動の基点として機能することが期待されており、実際に様々な取り組みが展開されている。例えば、東日本大震災時において法テラスが精力的に展開した被災地へのスタッフ弁護士の派遣事業は、被災地における法的ニーズの掘り起こしにとって重要な位置づけを担っていたといえよ

う。社会的孤立や社会的排除、超高齢社会への応答のみならず、地震や豪雨など災害への応答可能性を示した震災時の法テラスの対応は、今後の司法アクセス施策を発展させる契機となりうる。

（3）いくつかの司法アクセス障害とそれらへの対応

　一連の司法制度改革のうち、司法アクセスに関連する施策としては、①弁護士過疎・偏在問題への応答、②法的情報の提供、③経済的理由による司法アクセス障害の克服、が挙げられる。関連して山本は、距離・費用・情報・心理の各側面における司法アクセスバリアの存在を指摘している（山本 2012）。

　①の弁護士過疎・偏在問題とは、弁護士の多くが大都市部に集中し過疎地には弁護士が不在となる実態をとらえた問題群である。この問題に対して日弁連は 1990 年初頭から改善に向けた取り組みを行っており、象徴的には 1996 年の名古屋宣言（「弁護士過疎地域における法律相談体制の確立に関する宣言」）を契機として弁護士過疎・偏在問題を克服するための施策が本格化した。具体的には、1999 年に弁護士会費からひまわり基金を設立し、その基金をもとに 2000 年からひまわり基金法律事務所を弁護士過疎地に設置した。その結果、1993 年には弁護士ゼロ地域が 50 ヶ所、ワン地域が 24 ヶ所存在したが、2022 年にはゼロ地域は 0 ヶ所、ワン地域が 2 ヶ所となっている（日本弁護士連合会編 2022：191 頁）。司法制度改革により設置された法テラスも、弁護士過疎・偏在問題への対応を行っている。具体的には、弁護士過疎地を含む全国各地の事務所にスタッフ弁護士が赴任することにより法的サービスの提供を行っている。法テラスのスタッフ弁護士は全国各地に 80 ヶ所以上設けられた事務所（地方事務所・支部、地域事務所）に赴任し、民事法律扶助や国選弁護制度を利用した事案を多く扱うが、そのうち司法過疎地対応型の事務所（地域事務所）に配置される場合もある（「司法過疎」については樫村 2006）。法テラス司法過疎地域事務所は 2023 年 10 月現在、北は北海道の八雲地域事務所から南は沖縄の宮古島地域事務所まで、37 ヶ所開所されており、司法過疎地の法的ニーズに応答すべく活動を展開している（日本司法支援センター編 2023：107 頁）。

　②の法的情報の提供は、人々が困りごとに直面した際、どこに連絡を取ればよいのか、どういう窓口があるのか、そもそも法的問題なのか、という際に必

要な情報を提供する施策である。例えば、自らに直面した問題が法的問題か否か判断がつきにくいとき、あるいはどのような相談窓口があるのか分からないとき、法テラスのコールセンターに電話をかけると、法制度に関する情報や相談機関に関する情報を無料で受け取ることができる。

　困ったときに相談できる先を増やすという意味では司法アクセスポイントの拡充に寄与しているといえる。一方、法テラスの情報提供業務では法律相談はできないため、利用者の満足度に影響を与えているとの指摘もされている。司法制度改革を契機に広がった自治体や弁護士会による無料法律相談機会の増設も人々にとって法的情報を獲得する契機となっている。

　③の経済的理由による司法アクセス障害の克服に関しては、民事法律扶助制度がある。民事法律扶助制度とは、弁護士費用の支払いが困難等の場合に公的資金を導入する制度である（給付制と償還制があり、日本は現在償還制を取っている）。日本の民事法律扶助は1952年に日弁連により設置された財団法人民事法律扶助協会が長らく担ってきた。当時は国からの補助金が少なく、ニーズへの対応が十分にできていなかったが、2000年に制定された民事法律扶助法により国庫補助金の増額がなされた。その後、司法制度改革を経て2006年に法テラスが設立されたことに伴い、民事法律扶助業務は法テラスに引き継がれた経緯にある。その結果、経済的に困窮状態にある人が法的トラブルに遭ったときに無料で法律相談ができる制度である法律相談援助件数は、法律扶助協会時代の1975年時点に1万3757件であったのに対し、2022年は30万9762件と大幅に増加しており、経済的理由による司法アクセス障害の緩和に貢献している（日本司法支援センター編 2023：58頁）。

（4）法的ニーズ顕在化プロセスと司法アクセス

　法的問題に対処するためには、まず自身に直面している問題が法的問題であるという気づきが必要となる。しかしながら、そもそも直面する問題が法的問題であると気づくことが難しい場合も存在する。超高齢社会が進行する現代日本においては、法的問題発生自体への気づきが司法アクセスへの最初の障壁であるととらえることもできる（→8章）。この点に関し、法的ニーズの顕在化プロセスを、そもそも問題の発生に気づいていない「非認知」、問題の発生自体

には気がついていても法の主題化を行わない「非表出」、問題の発生に気づき法の主題化を行う「表出」というプロセスに分類した研究もある（佐藤 2017）。人々が置かれた状況によって、法的ニーズを顕在化できるかどうかが異なってくる。例えば、情報探索の場面においては、インターネットに慣れ親しんでいる人々がトラブルに巻き込まれた際に得られる情報量と、そうではない人々が得られる情報量とでは大きな差が生じることが予想される。あるいは社会経験の場面においては、社会経験が比較的浅い若年層と、多くの社会経験を積んでいる中高年層とでは経験してきた法的トラブルや法専門職へのアクセスの度合いに違いも見られる。人々が抱える事情や状況は千差万別である。法的ニーズ顕在化の背景にどのような要因が潜んでいるのかという視点が重要となっている。

（5）なお残る司法アクセス課題

　司法制度改革が展開された当時は、主に距離、費用、情報の面から司法アクセス施策が取られてきた。それらに加え近年では、司法アクセスの際の心理的側面（躊躇）に着目した研究もなされている（山口 2020）。法的存在そのものに対する拒否感に着目した研究もある（橋場 2021）。人々が実際に使いやすい、使えると思えるような司法アクセス施策であることが、結果的に司法制度の画餅を克服することにつながるといえよう。

　司法過疎地対策や弁護士偏在問題については、上述したように、この間の取り組みによりある程度改善されてきた。一方で、裁判官・検察官偏在問題はあまり進展していないのが現状である。例えば、裁判官が常駐していない裁判所というものが存在している。具体的には、全国に 203 支部ある地方裁判所・家庭裁判所のうち、46 支部が裁判官（判事・判事補）が常駐していない裁判所である（日本弁護士連合会編 2010）。裁判官が常駐していないため毎日開廷することは難しく、開廷するためには他の裁判所から裁判官が出張してきて事件を処理する必要がある。こうした状況は、検察庁においても同様である。203 ある検察庁支部のうち法曹資格を有する検事が常駐してない支部は 128 ヶ所であり、そのうち副検事も常駐していない支部は 31 ヶ所である。裁判官、検察官の不在という状況は、住んでいる地域によって十分な司法環境が望めないということ

を直截的に意味しており、憲法32条の裁判を受ける権利を阻害しているともいえよう。もっとも、近年は訴訟手続のIT化が進んでおり、それらを有効に活用することも有意義であると思われるが、ITを使いこなせない人々の存在を等閑視することがないような施策も同時に求められている。

　国選弁護活動や被害者支援活動、更生保護に関するトピックも司法アクセスの重要な論点である。法社会学においても刑事領域の研究蓄積はあるが、司法アクセスとの関連性の強さで見ると、犯罪社会学や司法福祉学といった領域での研究をフォローする必要がある。

3　事　例

　司法アクセスにおける具体的事例として、ここでは「司法ソーシャルワーク」を挙げておこう（図表22-1）。濱野は司法ソーシャルワークの総合的支援を「高齢者、障碍者、生活困窮者などに対して、福祉関係者や医療関係者その他の支援者と、弁護士・司法書士等が連携・協働して、役割分担しつつ生活支援

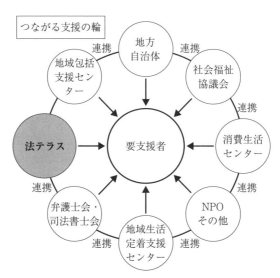

図表22-1　司法ソーシャルワークのイメージ
出所：法テラスホームページ。

を行い、彼らが抱えている様々な問題を総合的に解決する」ものであると定義している（濱野 2016b：193-194頁）。司法ソーシャルワークは、2015年の総合法律支援法改正案の段階で政府の公式概念となっている（濱野 2016a：59-60頁）。

　自らに直面している出来事を法的問題だと認識できていない場合（非認知）、第三者がその状況に気づき適切な専門支援に結びつけることが必要不可欠となる。しかしながら、司法ソーシャルワークの対象者には、社会的孤立にある場合も多く、家族や職場の人間、地域社会など周囲の人々との関係が希薄になっている場合も少なくない。法システムへの親和性をもてない場合も、司法アクセスは困難となる。社会的孤立や社会的排除状態にはなくても、自らの状況が法専門職に相談が必要な状態だと自認する感覚が欠如している場合（「法律専門家相談の有効性感覚の欠如」）もありうる（佐藤 2014）。つまり、何かしらの問題が発生したとしても、本人がその問題に気づき行動を起こさない限り、問題の顕在化は難しい。

　こうした状態は、「埋もれた法的ニーズ」としてとらえられることもある。法専門職等にアクセスすることが困難になっている人々に対する支援は、しばしば専門職にとっては労力が必要になる割に経済的メリットが少ないことも多く、生活困窮者に対する司法アクセスの担い手不足が深刻である。こうした状況のもと、埋もれた法的ニーズに対応すべく活動している事例がアウトリーチ（対象者のいる場所に出向くこと）を駆使した司法ソーシャルワークである。司法ソーシャルワークの具体例はすでにいくつも紹介されている（太田ほか 2012、濱野 2014 など）が、ここでは太田（2017）の事例を紹介しよう。

　太田（2017）は、弁護士活動の中で関わった事案のうち、特に高齢であったり何らかの障害をもっていたりする場合など、判断能力が低下しつつある場合に司法ソーシャルワークの必要性が顕著に現れると指摘する。太田が扱った事例によると、とあるマンションの一室に住む高齢男性の例が挙げられている。

　80代のAさんは、有名企業を定年まで勤め上げ退職金3000万円を受け取り、老齢厚生年金を受給しながら定年後の生活を送っていた。Aさんが住むマンションの部屋は、のちにゴミ屋敷状態であったことが判明するが、隣室の住民もその状況に気がついていない状態でしばらく経過する。ある日Aさんは栄養失調状態となり玄関先で倒れていたところを通りすがりの住民に発見され、

病院に緊急搬送され、そのまま入院した。その後、病院の医療ソーシャルワーカーがAさんの退院支援のために調整を開始する。その結果、退職金3000万円がほとんどゼロになっていることが判明し、遠い親戚にお金を貸している、若い女性から宗教関連グッズを買っている、との話もAさんから述べられる。Aさんに婚姻歴はなく子もいない。兄弟とも疎遠となっており、退院後にAさんを支援できる親族も見当たらない。短期記憶障害もある様子。そうした中、入院生活により栄養失調状態が改善したAさんに対し、医師から退院可能との判断がなされる。

　この段階ではまだ弁護士にはアクセスできていない。しかしながら、太田(2017)も指摘するように、多くの場合はここで「退院可能」として退院させられてしまうケースが多いだろうと予想される。Aさんの場合は、たまたま担当した医療ソーシャルワーカーが熱心だったことが幸いし、地域包括支援センターにAさんの案件についての相談が持ちかけられた。それによってAさんの退院時に、自宅まで医療ソーシャルワーカーと地域包括支援センター職員が同行することができ、その結果自宅がゴミ屋敷化している点、3年前までは退職金をもとにした預金残高2000万円が維持されていたものの1年半前にかけて預貯金が崩され残高がほぼ0円になっていた点、遠い親戚への借用書の発見、宗教関連グッズの山積、サラ金業者からの請求書が放置されている点などが明らかになった。これらの現状を目の当たりにした医療ソーシャルワーカーと地域包括支援センター職員が、従前から知り合いであった弁護士に相談し、司法ソーシャルワークの足がかりができた、という事例である。その後は、弁護士、医療ソーシャルワーカー、福祉関係者らの協働により、事実関係の解明が進められ、その結果Aさんには弁護士が成年後見人となり不当な金銭流出を防いだり、この間搾取されていた金銭についても仮差押えや訴訟を経て相当割合の回収が行われたりした。生活面でも介護保険サービスを利用することができ、食事の提供がなされていると同時に、Aさんに関わる人間が増えたことで日常生活の異変に気づきやすい環境が整備されたということである。

　ここでポイントとなるのは、Aさんの事例においては最初に医療ソーシャルワーカーの介入があり、医療ソーシャルワーカーの機転により地域包括支援センター職員へとつながり、その結果弁護士につながったという経緯である。

弁護士は従来、弁護士事務所に来た人に対して法的サービスの提供を行うかたちが多い。しかしながらAさんのように、そもそも自身に発生している法的問題に気がついていなかったり、自ら弁護士事務所に赴けなかったりする状況にある人々にとっては、弁護士へのアクセスは非常に困難となる。そうした場合に、今回のような関係各所の連携ネットワーク構築とそれに伴う司法ソーシャルワークの展開は、非常に重要な意味をもつ。

4　ディスカッション

（1）持続可能な司法アクセス施策とは―偶発性、継続性

　上記では司法ソーシャルワークの一つの代表的事例を紹介した。自ら声を上げにくい状態にある人々にとって、司法ソーシャルワークのアウトリーチ活動は有意義であるといえよう。しかしながら、Aさんの事例はたまたま医療ソーシャルワーカーが優秀であったからこそ展開しえたラッキーな事案としてとらえた方もいるのではないだろうか。司法ソーシャルワークは様々な困難を抱えた人々に応答しうる有意義性をもっている一方で、偶発性に依拠しているという点も指摘されている。どのようにすればこの取り組みが継続性をもつだろうか。

　もう一つ。司法アクセスの利用者としての立場ではなく、司法アクセスを支える側の立場から司法アクセスの継続性についても考えてみてほしい。どのような施策であれば公益弁護活動に従事する法専門職を安定的に確保することができるだろうか。どのようにすれば3で挙げたような司法ソーシャルワークに精通した福祉専門職、医療専門職と法専門職の連携が構築、強化されるだろうか。社会における弁護士のあり方とも関連して考えてみてほしい。

（2）法的救済を拒絶された場合

　司法アクセス概念は複合的問題への対応もその範疇にある。3で挙げた司法ソーシャルワークは、自ら声を上げにくい状態にある人々に対して有効性のある取り組みであるといえよう。しかしながら、仮に法専門職や福祉専門職が対象者にアウトリーチした際に、対象者本人にそれを拒絶されたとしたら、みな

さんならどう対応する／対応しないであろうか。基本的に民事法は、法の発動が本人のイニシアティブに任されている。つまり、本人がそれを望まない限り、いかに客観的に法的救済が可能な場合でも、それ以上先に進むことができないというジレンマが常にある。法社会学の立場からこの難問にアプローチすることも可能であるし、法哲学・法理学の立場から考えてみることもできるだろう。いかなるロジックでこの難問に応答するのか、考えてみてほしい。

参 考 文 献

太田晃弘ほか（2012）「常勤弁護士と関係機関との連携―司法ソーシャルワークの可能性」総合法律支援論叢 1 号 103-145 頁。
―――（2017）「司法ソーシャルワークについて」生活協同組合研究 495 号 13-19 頁。
尾崎一郎（2009）「紛争行動と法の主題化」太田勝造ほか編『法社会学の新世代』有斐閣 45-67 頁。
樫村志郎（2006）「『司法過疎』とは何か―大量調査と事例調査を通じて」林信夫・佐藤岩夫編『法の生成と民法の体系』創文社 417-462 頁。
―――・武士俣敦編（2010）『現代日本の紛争処理と民事司法 2　トラブル経験と相談行動』東京大学出版会。
カペレッティ，マウロ・ガース，ブライアント（1978=1981）『正義へのアクセス―権利実効化のための法政策と司法改革』（小島武司訳）有斐閣。
Genn, Hazel et al.（1999）*Paths to Justice: What People Do and Think About Going to Law*. Hart Publishing.
佐藤岩夫（2014）「東日本大震災被災者への法的支援の現状と課題」総合法律支援論叢 5 号 73-100 頁。
―――（2017）「ニーズ顕在化の視点から見た地域連携ネットワーク―『法的ニーズ』概念の理論的再構成をかねて」法と実務 13 号 141-159 頁。
―――ほか（2023）『現代日本の紛争過程と司法政策―民事紛争全国調査 2016-2020』東京大学出版会。
日本司法支援センター編（2023）『法テラス白書　令和 4 年度版』日本司法支援センター。
日本弁護士連合会編（2010）『全国各地に裁判官、検察官の常駐を！―裁判官、検察官ゼロ支部の早期解消を目指して』日本弁護士連合会。
―――（2022）『弁護士白書　2022 年版』日本弁護士連合会。
橋場典子（2015）「Access to Justice 研究の経緯と発展」法と社会研究 1 号 203-225 頁。
―――（2021）『社会的排除と法システム』北海道大学出版会。
濱野亮（2014）「法テラス東京法律事務所における地域連携パイロット部門」総合法律支援論叢 5 号 101-122 頁。
―――（2016a）「司法ソーシャルワークと地域連携」総合法律支援論叢 8 号 59-79 頁。
―――（2016b）「司法ソーシャルワークによる総合的支援」立教法学 93 号 1-40 頁。

フット，ダニエル・H.・太田勝造編（2010）『現代日本の紛争処理と民事司法 3　裁判経験と訴訟行動』東京大学出版会。

Pleasance, Pascoe et al. (2013) *Paths to Justice: A Past, Present and Future Roadmap.* UCL Centre for Empirical Legal Studies.

法テラスホームページ「司法ソーシャルワーク―埋もれたニーズを連携によって掘り起こす　後編 2」https://www.houterasu.or.jp/hukushitoshihou/torikumi/article27_kouhen/article27_05.html

松村良之・村山眞維編（2010）『現代日本の紛争処理と民事司法 1　法意識と紛争行動』東京大学出版会。

村山眞維・濱野亮（2019）『法社会学（第 3 版)』有斐閣。

山口絢（2020）「法律相談利用前の『ためらい』との関連要因」法と実務 16 号 13-43 頁。

山本和彦（2012）「総合法律支援の現状と課題―民事司法の観点から」総合法律支援論叢 1 号 1-3 頁。

（ウェブページの最終アクセス日はいずれも 2023 年 12 月 21 日）

23 章
,,,,,,,,,,,,,,,,,,,,,,,,,,,,,,,,

ADR（裁判外紛争解決）
―原発 ADR は紛争にどう向き合うか？
,,

1　概　説

（1）ADR とは

　「インターネット通販で商品を購入したが商品が届かない」「隣の家の騒音が
ひどい」「内定していた就職先から採用内定を取り消された」などなど。もし、
あなたがこうしたトラブル・紛争に遭遇したとするならば、どうするだろうか。
何もせず「泣き寝入り」する人もいれば、身近な人や法律家に「相談」をする
人もいるだろう。場合によっては、「裁判」を起こす人もいるかもしれない。
裁判は、第三者の中立的立場からトラブル・紛争を処理する法の担い手として、
テレビや新聞で目や耳にすることも多い。しかし、わが国を含め世界には、裁
判以外にもトラブル・紛争を第三者の中立的立場から処理するための手続／機
関が存在している。それが「ADR」である。ADR とは "Alternative Dispute
Resolution" の略語であり、「裁判外紛争解決」と訳されることが多い。

　ADR の種類はいくつかの観点からの分類が可能であるが、まず、紛争の
「処理方式」に着目した分類として「調停」と「仲裁」がある。「調停」とは第
三者（調停人）が紛争当事者の話合いを仲介するプロセスであり、その手続は
両当事者の合意によって始まり、両当事者の合意（ないし不合意）により終了す
る。ただし、同じ「調停」といっても様々なバリエーションがあり、例えば、
調停人が解決案を作成・勧告するか否か、両当事者の合意（和解）に裁判の判
決と同様の強制力があるか否か、和解内容が公表されるか否かなど様々な点で
異なる手続構成を含むため、注意が必要である。それに対して、「仲裁」は、
両当事者があらかじめ第三者（仲裁人）に紛争を預け仲裁人の判断に従うとい
う合意にもとづき、紛争処理を図るプロセスである。第三者が両当事者を仲介
し、その手続が両当事者の合意により開始する点で調停と同じであるが、手続

終了時の合意が不要となる点で調停と異なる。本章では、日本における仲裁の取扱件数が非常に少ないため「調停」を念頭に議論を進めるが、実際には調停と仲裁を段階的・融合的に組み合わせている ADR も多い。

その他、ADR の「実施機関」に着目した分類として、司法機関（裁判所）が主宰する「司法型 ADR」、行政機関が主宰する「行政型 ADR」、民間機関が主宰する「民間型 ADR」の類型がある。「司法型 ADR」には、民事調停、家事調停、労働審判などが、「行政型 ADR」には、国民生活センター、公害等調整委員会、建設工事紛争審査会、労働委員会などが、「民間型 ADR」には、日本商事仲裁協会、各種の業界団体が設置する PL（製造物責任）センター、交通事故紛争処理センター、各弁護士会が設置する紛争解決センター、日本知的財産仲裁センターなどがある。このように、わたしたちの社会には実に多種多様な ADR 機関が設置されており、ADR は重要な法の担い手となっている（山本・山田 2015）。

（2）ADR の特徴

では、ADR の特徴とは何であろうか。ADR は、「法」にもとづき紛争の最終的解決を目指す裁判（訴訟）と異なり、紛争当事者の「合意」を重視する手続／機関である。そのため、基本的には、当事者が自身のニーズに照らして紛争解決の手続や内容を設定・選択でき（ADR の多様性）、裁判と比較してより柔軟な手続となっている（図表 23-1）。

こうした ADR の特徴は、各種 ADR の法律上の定義にも垣間見ることができる。例えば、司法型 ADR の「民事調停」については、民事調停法 1 条に「……当事者の互譲により、条理にかない実情に即した解決を図ることを目的とする」との定めが、行政型 ADR の「公害等調整委員会」については、公害等調整委員会設置法 3 条に「公害に係る紛争の迅速かつ適正な解決を図る……ことを任務とする」との定めがある。また、民間型 ADR を対象とする裁判外紛争解決手続の利用の促進に関する法律（以下、ADR 法）の 3 条には、「裁判外紛争解決手続は、……紛争の当事者の自主的な紛争解決の努力を尊重しつつ、公正かつ適正に実施され、かつ、専門的な知見を反映して紛争の実情に即した迅速な解決を図るものでなければならない」と定められている。要するに、

図表 23-1　裁判（訴訟）／ADR

	裁判（訴訟）	ADR
実施主体	裁判官	各分野の専門家
公開性	公開	非公開
手続の開始	当事者一方の提起	当事者双方の合意
手続の進行	民事訴訟法に従った 厳格な手続進行	当事者のニーズに応じた 柔軟な手続進行
手続の内容	法的問題（法律上の権利義務 の存否など）に限定	当事者の実情を含めた 幅広い問題を包摂
手続の終了	強制的判断（判決）	当事者双方の合意
時間	一般に長期	一般に短期
費用	一般に高価	一般に安価
結果の強制力	あり	なし（一部あり）

ADR は、紛争当事者の自主性・効率性（簡易・迅速・安価）・専門性を活かした紛争処理を目指すものといえる。

　ただし、以上の ADR の特徴はあくまで理念上のものであり、また、その特徴は見方によってメリットにもデメリットにもなる。例えば、ADR における合意の尊重は、当事者の自主的解決・履行を促すという観点からはメリットになるが、当事者による手続・結果の拒否の可能性を残すという観点からはデメリットになる。また、ADR の非公開性は、プライバシー・営業秘密の保護や率直なコミュニケーションの確保といった観点からはメリットになるが、手続・結果が不透明で予測可能性が低いという観点からはデメリットになる。

2　論　点

　ADR については、その理念や実際の作動過程について学問あるいは実務上様々な論点が生み出されてきた（入江 2022、山本 2018）。紙幅の関係上、ここではそうした論点のごく一部を取り上げ、紹介することにしよう。

　第一に、ADR の維持・発展（あるいは衰退）がいかにして形成された／されているのか、そのダイナミズムを社会との関係において問う視点がある。日本においては、1922 年に借地借家の分野で調停が初めて制度として導入され、

その後、各種分野において調停手続が活発に創設・利用されるようになるが、その背景には、日本が明治時代に継受した西洋法と日本社会に存在する規範・意識との間に大きなギャップがあり、法（裁判）による一刀両断的解決が日本社会になじまなかったとの見方がある（川島 1967）。また、ADR をめぐる近年の最大の展開として 2004 年の ADR 法の制定があるが、この背景には、1980年代以降の規制緩和改革により「事前規制・調整型の社会」から「事後監視・救済型の社会」への移行が目指され、司法機能の充実・強化が国家的課題とされたという事情が存在する。また、昨今の国際取引紛争を対象とする国際調停をめぐる動き（2018 年の京都国際調停センターの設立、2023 年の調停による国際的な和解合意に関する国際連合条約の実施に関する法律の成立など）には、社会の「グローバル化」への対応という側面がある。

　このように、ADR の展開を考察する上では、社会やその変化に着目する視点が欠かせないが、その際には「国際比較」の観点も重要である。例えば、入江（2013）は、日本では司法型 ADR が、アメリカでは民間型 ADR が主流である理由を、日米間の国民性の差でなく、ADR をめぐる社会の動きの差から説明することで翻って、日本における民間型 ADR 発展の手がかりを得ている。

　第二に、社会における ADR の実際のパフォーマンスを問う視点も重要である。具体的には、ADR が現にどの程度、認知・利用されているか、いかなる手続・結果を提供しているか、利用者からいかに評価されているか、それらの要因は何か、といった諸点を検討する視点である。これまでの研究では、日本における ADR の有力な認知経路として、弁護士・弁護士会、自治体法律相談、法テラス（→22 章）などがあるが、その比重は各 ADR 機関により異なること、行政型 ADR の評価は総じて低いこと、ADR 利用者の満足度は、「結果」に対する評価に加えて「手続の公正さ」や「相手方と十分に話し合えた」といった諸点に関する評価から多角的に構成されていること、などが判明している（太田・垣内編 2018）。

　こうした論点の先には、先の第一の論点と合わせて、ADR が社会で果たしている／果たすべき機能・役割をどう考えるか、といった問いも出てくる。ADR の理念・目的としてはしばしば、①裁判所の事件負担の軽減（司法効率化説）、②正義へのアクセスの拡充による廉価・迅速な救済の提供（政策的救済説）、

③紛争当事者の個別的なニーズに即した処理（質的優位説）の 3 説が挙げられる
が、どの点をどの程度重視するかによって、各種 ADR の制度設計や ADR 機
関間の連携、相談・ADR・裁判の相互関係をめぐる考え方が異なってくる。

　第三に、ADR のプロセスにおいて、紛争当事者や第三者との間で具体的に
どのようなやり取り（相互行為）がなされているか、特に第三者がどのような
役割をいかなる方法（技法）で果たしているのか、といった実践的視点も、
ADR の担い手の育成という観点からは重要である。今日では、調停場面の映
像を素材に、調停参加者の発言・行為の意義とその帰結を分析する研究手法
（相互行為分析）が、調停者教育の手法としても活用されるに至っており、ADR
研究と ADR 教育の相互進展が図られている（樫田ほか 2023：101-110 頁）。

3　事　例

（1）原発 ADR

　わが国に存在する様々な ADR のうち、本章では「原子力損害賠償紛争解決
センター」（以下、原発 ADR）を取り上げ、ADR の機能について検討すること
にしたい。原発 ADR は、2011 年 3 月に発生した東京電力株式会社（以下、東
電）福島第一・第二原子力発電所事故を受け、原子力損害賠償に関する紛争の
迅速・適切な解決を図ることを目的に設立された行政型 ADR である。原子力
損害の賠償に関する法律（1961 年制定）にもとづき設置された原子力損害賠償
紛争審査会（以下、原賠審）の業務の一つ、「和解仲介手続（調停手続）」を実施す
る組織として、2011 年 9 月に開所した。その構成は、個々の事件の和解の仲
介を担当する「パネル（仲介委員またはその合議体）」、仲介委員を補佐する調査官
を擁し手続に関する庶務を行う「和解仲介室」、原発 ADR の活動全体を統轄
する「総括委員会」からなる。

　これまでの処理実績（2022 年 12 月末時点）を概観すると、申立総件数 2 万
8713 件のうち既済件数は 2 万 7814 件（和解成立 2 万 2133 件）であり、日本の
ADR 界においては画期的な事件処理数である。平均審理期間は 8 ヶ月程度で
あり、当初の目標（3 ヶ月程度）より長期化している。

　手続の進め方としては、当事者の一方または双方が原発 ADR に申し立て

（申立手数料は無料）、それが受理されると、総括委員会が弁護士等の仲介委員・調査官を指名し、仲介委員と調査官が審理方針等を協議する。その後、仲介委員が、当事者双方の事情を面談や書面などによって聴取し、法令、中間指針（正式名称「東京電力株式会社福島第一、第二原子力発電所事故による原子力損害の範囲の判定等に関する中間指針」）、総括基準などにもとづき審理を行った上で、中立・公正な立場から和解案を提示する。当事者双方が和解案を受諾して和解が成立するか、仲介委員が紛争解決の見込みがないと判断すると手続が終了する。なお、「中間指針」とは、東電と被害者間の迅速・円滑な交渉を促進すべく、原賠審が 2011 年 8 月 5 日に公表した損害賠償基準であり（その後 5 つの追補を策定）、「総括基準」とは、総括委員会が 2012 年 2 月 14 日にその活動実績をもとに定めた損害賠償基準である（2016 年 11 月 8 日までに 15 項目の実体的・手続的基準を策定）。総括基準は、当時の中間指針の損害賠償の類型の狭さ、賠償額の低さなどを修正したものであり、原発 ADR が日々の活動の中で多くの被害者の声を聴いた成果とされる（高瀬 2015）。

（2）浪江町原発 ADR 集団申立事件

1）申 立 て

　原発 ADR が扱った事件の中で社会の注目を最も集めたといってよいケースに、「浪江町原発 ADR 集団申立事件」がある（吉村ほか編 2018：205-211 頁）。

　2011 年 3 月 11 日、東日本大震災の影響を受け、福島第一原子力発電所において大規模な原子力事故が発生し、大量の放射性物質が大気中に放出した。当発電所の北方に位置する双葉郡浪江町は全町避難を余儀なくされ、結果、浪江町は未曾有の人的・物的被害を受けた。町の大半は現在も帰還困難区域（原則立入り禁止）のままであり、復興の目途はなお立っていない（2023 年 9 月末時点）。

　原発事故により生じた被害の損害賠償等を求める方法としては、「相対交渉」「ADR」「裁判」の 3 つがあるが、浪江町は 2013 年 4 月以降、町民（避難先全世帯）に対して ADR 申立ての参加を募り、同年 5 月 29 日、原発 ADR に和解仲介手続を申し立てた。申立内容は主に、①法的責任を認めた上での真摯な謝罪、②浪江町全域の除染（原状回復）、③精神的慰謝料の全員一律増額（事故発生時から原状回復までの間、現在の 1 人当たり月額 10 万円の支払いに 25 万円の加算）である。

本申立ての特徴としては、以下の3点が挙げられる。第一に、「町」が町民の約73％に当たる1万5000人余りを代理して申し立てたという点である。原発ADRの和解仲介業務規程5条には、原発ADRにおいて当事者の代理人となることができるのは「法令により他人の法律事務を取り扱うことを業とすることができる者」のほか、当該機関が「承認した者」であると定められている。この規定は町が代理人となることを禁止しているわけではないが、町を代理人とした申立ては過去に例を見ないものであった。「浪江町ADR集団申立書の概要」（以下、申立書）には、町が町民（申立人）の代理人となるに至った理由が次のように述べられている。「全町民に共通する被害の実相を明らかにし、適正な損害賠償を求め、町民の生活再建が図られるようサポートすることは、町としての当然の役割である。また、『コミュニティ破壊』という本件に特徴的な被害を明らかにすることで、地域社会のコミュニティの価値を問うとともに、コミュニティ復興への活力とする」。

　原発ADRは、以上の趣旨を踏まえ、町が代理人となることを承認した。こうしたADRの柔軟性は、損害賠償手続に係る負担を懸念する多くの町民（全町避難により全国各地に離散した町民、1人では手続が困難な高齢者など）のADRへの参加を可能にしたといえよう。また、原発ADRの申立手数料が無料であり、裁判と比較して手続が簡便であること（ADRの効率性）も、町を代理人とする集団申立てを容易にしたと推測できる。この点で、ADRは被害者の司法アクセス確保の機能（政策的救済）を果たすとともに、コミュニティ再建に向けて町民間の連帯を醸成・強化する役割を担った（少なくともその可能性を示唆した）ものといえる。

　第二に、申立内容に、裁判では対象にはならない「真摯な謝罪（心からの謝罪）」が含まれている点である（→7章）。こうした申立てが受理された点は、ADRの自主性が活かされたかたちといえる。

　第三に、本申立てのねらいが「中間指針の変更」にあり、ADRの申立て・プロセスによって公式の法的ルールにインパクトを与えようとしていた点である。当時の中間指針において避難等に伴う精神的慰謝料として示されていたのは、原則「1人当たり月額10万円」という基準——これは交通事故の自動車損害賠償責任保険の慰謝料月額12万6000円を参考にしたものといわれている

——であった。申立書には、「申立人らは、紛争解決センターが従来の慰謝料基準にとらわれず、浪江町民の被害の損害実態を正確に反映した和解仲介案を作成し、……また被害の実態を踏まえて中間指針の適切な改定も求めるために、本件 ADR を申し立てたものである」との記載がある。すなわち、本申立ては、ADR のメリットを活かした「法的ルール（中間指針）」にとらわれない「柔軟・適正な解決」の先に、ADR の機能としては従来あまり重視されてこなかった「新たな法的ルールの創造（中間指針の改定）」を見据えていたことが分かる。

2）経　過

　申立受理後、仲介委員は口頭審理や現地調査を実施するなどして、町民・町の被害実態の把握に努めた上で、2014 年 3 月 20 日に和解案を提示した。その内容は、① 2012 年 3 月 11 日から 2014 年 2 月末日までの「避難生活の長期化に伴う精神的損害」1 人月額 5 万円の加算、② 2011 年 3 月 11 日から 2014 年 2 月末日までの高齢者（75 歳以上）の「日常生活阻害慰謝料」1 人月額 3 万円の加算、を認めるものであった。申立内容からは乖離があるものの、中間指針等に明記のない「避難生活の長期化に伴う精神的損害」の「全員一律増額」を認める点で、画期的な和解案であった。

　この和解案に対し、浪江町は「コミュニティ破壊による精神的苦痛について正面から判断してもらっていないこと」などに不満が残るとしつつも、慰謝料の全員一律増額が認められたことを評価し、申立人ら（死亡者を除く）の 99.9 ％の同意を得て、2014 年 5 月 26 日に和解案を受諾した。町が和解案を受諾した背景には、当時、申立人らのうち 139 名がすでに死亡、75 歳以上の高齢者が 2500 名以上おり、1 日も早い解決をという強い思いがあった。一方、東電は、自ら発表した「新・総合特別事業計画」などにおいて「和解仲介案の尊重」を掲げていたにもかかわらず、中間指針を超える一律損害賠償は被害者間の公平性を欠くなどとして、同年 6 月 25 日に和解案を（その一部を除き）拒否した。

　浪江町は、「被害実態が反映された本和解案を拒否することは、申立人らの苦しみを理解しようとせず、加害者としての責任を受け止めようとしないばかりか、申立人らが受けた深刻な被害をさらに増幅させるものである」として、東電・省庁・国会に和解案の受諾を求める活動を行った。また、仲介委員も、東電に対して和解案を受諾するよう異例の勧告をなした。さらに、政府も動き

を見せ、文部科学省は、東電に対して和解仲介手続に真摯な対応を求める要請を発出した。しかし、その間も東電は和解案を拒否し続け、2018年3月26日、東電が6回目の和解案受諾拒否の回答を行ったのを機に、その翌月、原発ADR手続が打ち切られた。申立てから実に約5年が経過しており、申立人に名前を連ねた町民のうち800人以上が亡くなっていた。手続の打ち切り後、同年11月27日には、浪江町住民ら109名（最終的に721名）が、国と東電に計約13億円（最終的に計約89億円）の損害賠償を求める集団訴訟を福島地方裁判所に提起した。この訴訟の請求には、東電が和解案を拒否し続けたことに対する慰謝料請求も含まれている（判決言渡しは、2024年3月予定）。

　こうして見ると、本事例では、ADRのメリットとされる迅速な紛争解決は実現されず、かえってADRのプロセスが紛争を長期化・激化させたといえる。また、今回のADRにおいて、「早期の現実的救済の必要性」という被害者側の事情から、浪江町側に本意でない和解案を受諾させた可能性も否定できない。

3）中間指針の改定

　では、本申立てがねらいとしていた「中間指針」の改定についてはどうなったであろうか。中間指針の見直しについては、浪江町を含む各地の自治体などからたびたび要請が出されたものの、原賠審は、中間指針を超えた部分については「個別の案件についてそれぞれの事情にきめ細かく」対応していくADRに委ねるとして、「直ちに中間指針等の見直しが必要な状況にはない」との態度を維持し続けた。原発ADRという制度の存在がかえって、中間指針の改定の必要性を低減させていたともいえる。

　しかしその後、事態は一転する。2022年3月、中間指針を上回る賠償額を認めた7つの集団訴訟判決（高等裁判所判決）が最高裁判所決定により確定したのを契機に、原賠審はすぐに指針見直しの議論に踏み込み、同年12月20日に中間指針の見直し（第五次追補）を公表したのである。第五次追補には、「生活基盤の喪失・変容による精神的損害」や「過酷避難状況による精神的損害」など、浪江町民が今回の集団申立てにおいて求めていた損害賠償の類型が新たに盛り込まれていた。

　以上を踏まえるならば、法的ルール（中間指針）を創造する直接の大きな動員力となったのは、ADRでなく裁判であったということができる。もっとも、

第五次追補には、総括基準や原発 ADR の賠償実務が参照されている箇所がある。したがって、原発 ADR が中間指針の改定に直接的・間接的に何らかの影響を与えたとはいえそうである。本章で詳しく検討することはできないが、ADR の個別事例（紛争当事者間でのアドホックな損害賠償のルール）の蓄積が公式の法的ルールに影響を与える程度や内容がいかなるものであるか、逆に、公式の法的ルールが ADR にいかなる影響を与えているのか、さらに進んで ADR と裁判との相互連携・役割分担をいかにとらえるべきか、といった諸点は今後追及すべき論点である。今回の事例では特に、ADR が「新たな法的ルールの策定」を目指す運動として、裁判（政策形成型訴訟〔→19章〕）と同様の機能を果たすことが可能か／果たすべきか、といった論点も示されたといえよう。

4　ディスカッション

（1）社会の変動と ADR

1）災害と ADR

　上述の通り、原発 ADR は、原子力損害賠償の紛争解決に特化した ADR 機関として、事故発生後まもなく設置された。原発 ADR の設立を政府に要請した日本弁護士連合会（以下、日弁連）は、その理由として、第一に、原発事故がその規模・事態の深刻さにおいて前例がなく、被害者の範囲・数がきわめて膨大であること、第二に、その解決を東電と被害者との相対交渉に任せることは、両当事者、特に被害者の負担の大きさや解決の公平性・公正性・透明性の点で問題があること、第三に、他方ですべてを既存の裁判制度の中で解決することは、裁判所の物理的、人的な容量の限界からきわめて困難であり、迅速な解決が望めないこと、を挙げている（日弁連「原子力損害賠償 ADR の態勢整備について（骨子案）」2011 年 6 月 24 日）。以上の日弁連の指摘を踏まえつつ、原発事故をめぐる損害賠償において原発 ADR が活用される社会的・法的理由はどこにあるのか、原発事故の特性、「相対交渉（直接請求）」「ADR」「裁判」の利用件数や各方法のメリット・デメリットなどを詳しく調査してみよう。

2）デジタル技術の進展と ADR

　ところで、先に触れなかった原発 ADR の特徴の一つに「電話会議システム」

の活用がある。原発 ADR に限らず、近年では、各 ADR 機関において IT・AI 等の先端技術を用いたオンラインでの紛争解決手続「ODR（Online Dispute Resolution）」の導入が進められている。とりわけ日本では、2020 年代前後を境に、政府が「デジタル社会の実現に向けた改革」の一環として ODR の検討を積極的に進め（法務省「ODR の推進に関する基本方針〜 ODR を国民に身近なものとするためのアクション・プラン〜」2022 年 3 月）、2023 年 9 月 1 日からは、法務省が「ODR 実証事業（デジタルプラットフォーム上で法律相談から ADR をワンストップで行うサービスの提供）」を開始している。こうした ODR の推進は、ADR のあり方にいかなる変容をもたらすだろうか。

（2）ADR と法的拘束力

　今回の事例において、原発 ADR が「迅速」な解決を提供しているとは言い難い。この点については、原発 ADR の人的・組織的体制、事件の特質（避難の長期化による損害の複雑化など）によるほか、当事者に和解案の許諾の自由を認めていることが問題であり、「当事者（少なくとも加害者側）に和解案を強制する制度を創設すべき」との主張が有力である。例えば、金融業者（事業者）とその顧客（個人）間で生じたトラブルを対象とする「金融 ADR」では、金融業者側にのみ ADR の手続・結果（和解）の受諾義務を課す運用がなされている。

　こうした ADR と法的拘束力に関わる論点としては、ADR で成立した和解に裁判と同様の強制力（執行力）を付与すべきか否かという議論も盛んである（ODR 推進検討会「ADR において成立した和解合意に執行力を付与することの是非についての取りまとめ」2021 年 3 月）。2023 年 4 月には ADR 法が改正され、法務省の認証を受けた民間型 ADR（認証紛争解決事業者）で成立した和解の一部に執行力が付与されることとなった。ただし、「合意」や「多様性」を本質・特徴とする ADR を法で一律に規制することについては、反対論も根強い。あなたは、原発 ADR に法的拘束力を付与することに賛成か反対か。

（3）ADR から見る社会の違い

　たとえ原発 ADR で「迅速」な解決が提供されたとして、そのことで本当に紛争が「解決」したといえるだろうか。原発 ADR では、和解が成立した事例

においてさえも、被害者側が東電に対し「加害者なのだからもっと謙虚に遺族の気持ちを分かってもらいたかった」と不満を述べたケースがあり、ADRを介して紛争当事者間の関係性が悪化した様子がうかがわれる。

　実は、本章で紹介した原発 ADR は、大量で多用な案件を処理し、かつ、被害者間に公平・迅速な救済を実現するため「評価型 ADR」モデルを採用している。「評価型 ADR」とは、第三者（調停人など）が当事者からそれぞれ話を聞いて、当事者に解決案を提示・勧告するといったかたちの ADR である。このように第三者が解決のプロセスに積極的に関与する ADR とは全く異なったモデルとして、「対話促進型 ADR（メディエーション）」と呼ばれるモデルがある。メディエーションは、当事者同士が対面して、当事者自身が解決案をつくりだすかたちの ADR であり、第三者（メディエーター）は当事者同士の対話を促進するための役割に徹する。メディエーターが当事者に解決案を提示したり、当事者を指導・評価したりすることは一切ない（レビン小林 2011）。日本においては「評価型 ADR」が主流であるのに対して、アメリカでは「対話促進型 ADR」が主流である。なぜそのような違いが生じるのだろうか。和田ほか（2020）などを参考に考えてみよう。

参考文献

入江秀晃（2013）『現代調停論─日米 ADR の理念と現実』東京大学出版会。
───（2022）「裁判外紛争解決」佐藤岩夫・阿部昌樹編著『スタンダード法社会学』北大路書房 62-71 頁。
太田勝造・垣内秀介編（2018）「利用者からみた ADR の現状と課題」法と実務 14 号 77-302 頁。
樫田美雄ほか（2023）『法実践（リーガル・コミュニケーション）の解剖学─ビデオ・エスノグラフィーから臨床法学へ』晃洋書房。
川島武宜（1967）『日本人の法意識』岩波新書。
高瀬雅男（2015）「原発 ADR の到達点と課題」行政社会論集 27 巻 3 号 1-38 頁。
山本和彦（2018）『民事手続法研究Ⅲ　ADR 法制の現代的課題』有斐閣。
───・山田文（2015）『ADR 仲裁法（第 2 版）』日本評論社。
吉村良一ほか編、淡路剛久監修（2018）『原発事故被害回復の法と政策』日本評論社。
レビン小林久子（2011）『解説　同席調停─その流れと技法』日本加除出版。
和田仁孝ほか（2020）『ADR／メディエーションの理論と臨床技法』北大路書房。

24 章

‖‖‖‖‖‖‖‖‖‖‖‖‖‖‖‖‖‖‖‖‖

市民の司法参加
—裁判員裁判にはどのような意味があるか

‖‖‖

1 概 説

（1）市民の司法参加

　裁判といえば、実務法律家（裁判官、検察官、弁護士→20章）により運営される
イメージが、日本ではもたれがちではないだろうか。しかし、国民主権の原則
の下では、裁判を中心とする司法権も、市民により運営またはチェックされる
のが本来の姿である。

　実際に、欧米その他の諸外国では、陪審、参審制度など、市民が裁判で権限
をもって判断する制度を採り入れている。陪審制度は、イングランド・ウェー
ルズ地方のローカルな裁判制度で、当事者主義（民事裁判で原告と被告、刑事裁判
で検察官と被告人・弁護人が出張、立証を主導する裁判方式）とともに発展し、くじで
選ばれた市民 12 名が陪審員を務め、刑事裁判で有罪か有罪でないか、損害賠
償請求等で民事裁判で原告の主張を認めるかを、市民＝陪審員のみで判断する
（そのほかに、起訴の相当性を市民が判断する大陪審制度もある）。フランス革命をきっ
かけにして、フランスその他のヨーロッパ大陸国に広がるとともに、ヨーロッ
パの植民地（独立後に陪審制度を維持したアメリカを含む、ヴィドマー・ハンス 2007 ＝
2009）に採用されていった。その後、国より、裁判官が判断に加わる参審制度
に変わっていく（ドイツ、フランスなど、国により参審員は団体推薦者などから選ばれる）。
社会主義国には、人民参審員制度という独特の市民の司法参加制度がある（中
国やベトナムなど、人民参審員は一部の層の人々から選ばれることが多い）。韓国、台湾
でも、国民参与裁判制度、国民法官制度とそれぞれ称する市民の司法参加制度
が実施されている。

　日本でも、戦前戦中は陪審制度が実施されていた（1928〜1943 年）。当時は、
英米のように、刑事事件の裁判で、有罪かどうかを陪審員（くじで選ばれた一定

納税額の男性）のみで判断していた。第二次世界大戦後は、検察審査会制度（1948年〜）という、検察官の不起訴の当否をくじで選ばれた市民（検察審査員）11 名で判断する独特の市民の司法参加制度が続いてきた。そして、罪の重い刑事事件で、くじで選ばれた国民が裁判員として裁判官とともに判断を行う裁判員制度（2009 年〜）が行われている。そのほかに、労働審判員は、労使双方から選任された者が担当する。また、調停委員、参与員、司法委員、専門委員として、有識者や専門的知見をもつ者が裁判に参加する（判断権限はない）。

　以上のように、市民の司法参加は、国内外を見渡すと、幅広く行われていることが分かる。裁判は原則として公開で行われ（憲法 82 条）、裁判官などの法律専門職の仕事振りを市民がチェックする意味がある。近くに裁判所があれば、傍聴することをお勧めしたい。裁判員裁判の開廷日時と事件名など（性犯罪と少年事件を除く）は、地方裁判所ホームページに掲載されている。本章では、市民の司法参加の裁判員制度について、裁判員の参加する刑事裁判に関する法律（以下、裁判員法）その他の関連法規や裁判例に触れながら考えていきたい。

（2）裁判員制度の概要

　あなたは裁判員になったことがあるだろうか。裁判員を実際に務めた人は家族や知り合いを含めても少ないかもしれない。18 歳以上であれば選ばれる可能性は毎年あり（毎年 11 月、全国 20 万人ほどへ翌年の裁判員候補者通知が発送される）、他人事ではない（ただし、選任率は、裁判員候補者は 500 人に 1 人、裁判員は 2 万人に 1 人程度で、高くない〔2022 年のデータ〕）。

　裁判員は、衆議院議員の選挙権をもつ者からくじで選ばれる（裁判員法 13 条）。原則として、裁判員の人数は 6 人（加えて交代要員の補充裁判員数人）、裁判官は 3 人である（裁判員 4 人と裁判官 1 人のコンパクトな構成も法律上は可能、同法 2 条 2・3 項）。裁判員裁判の対象は、罪の重い刑事事件（死刑または無期刑がありうる罪の事件か、法定合議事件〔短期 1 年以上の刑がありうる罪など〕の故意犯で被害者が亡くなっている場合）である（同法 2 条 1 項）。裁判員は、事実の認定、法令の適用、刑の量定（有罪かどうかと有罪の場合の量刑）を、裁判官と同じ権限で判断する（同法 6 条 1 項）。2009 年の実施以降、年間 1000 人前後の被告人が裁判員裁判で審理されている。2022 年の実審理期間（第 1 回公判から判決までの延べ日数）は 17.5 日、平均開廷日

数は 5.4 日である。

　裁判員になれないのは、欠格事由（義務教育を修了していない人など、裁判員法 14
条）、就職禁止事由（弁護士など 18 の職業、同法 15 条）、事件に関連する不適格事
由（事件関係者など、同法 17 条）、その他の不適格事由（不公平な裁判をするおそれが
ある者、同法 18 条）に該当する者である。辞退事由（希望により、学生や 70 歳以上
の者などは辞退が認められる、同法 16 条と関連政令）も数多く定められている。

　これらの要件に当てはまらず、前年に裁判員候補者通知を受領して、2 回目
の選任通知が届くと、裁判所での裁判員選任手続に出席し、質問手続を経て、
裁判員か補充裁判員に選ばれた場合は、その職を務めることが義務づけられる
（違反すると 10 万円以下の過料の罰則があるが適用例はない）。判決が出るまで、裁判
員候補者・裁判員の個人特定情報を公にしてはならない（同法 101 条）。また、
評議（裁判の結論に至る非公開の話し合い）の経過、意見の内容、多少の数（被告人
に不利な決定には裁判官を含む過半数の意見が必要）は漏らしてはならない（評議の秘
密の守秘義務、同法 108 条、違反すると 6 月以下の拘禁刑を含む罰則があるが適用例はない、
裁判員法の詳細につき池田ほか 2016）。

2　論　点

（1）裁判員制度導入時に挙げられたメリットとデメリット

　裁判員法 1 条によれば、裁判員制度の趣旨は、「国民の中から選任された裁
判員が裁判官と共に刑事訴訟手続に関与することが司法に対する国民の理解の
増進とその信頼の向上に資すること」にある。この「司法に対する国民の理解
の増進とその信頼の向上」は、裁判員制度のメリットにせよ、司法の評価を伴
わない、誰しも反対しない理念でもある。戦前戦中の陪審制度が導入された背
景には、大正デモクラシーや政党による検察権抑制などの理由がのちの研究で
指摘されるものの（三谷 2013 など）、上記とほぼ同じ制度趣旨が陪審法施行時の
司法省のパンフレットには記載されている。

　裁判員制度が提唱された頃は、その他の理念面のメリットとして、市民から
くじで選ばれた裁判員が裁判に加わることで、判決の社会での納得度が高まり
うることや、文民統制（専門家のみに閉ざされて一般市民の感覚からかけ離れた論理が

横行し、判決が過度に政治性を帯びる事態の回避）や市民教育が挙げられていた。

　実態面のメリットには、現職裁判官（当時）が、自らの経験にもとづいて、市民の参加する裁判員裁判の意義を唱えたものがある。すなわち、被告人が有罪を認める自白事件がおよそ9割で、裁判官は、取調べ段階で警察官・検察官により作成された被告人の供述調書に主にもとづいて判断する「調書裁判」と呼ばれる傾向にあったところ、被告人が無罪または検察官の主張を争う残り1割ほどの否認事件でも、供述調書の内容（いわゆる嘘の自白を含みうる）に従って判断することから、裁判官の「有罪慣れ」につながってきたという。しかし、市民である裁判員と刑事裁判を行うことで、裁判官はプロとしての知識と経験を活かし、市民は裁判の原則に留意して新鮮な見方で裁判に臨み、裁判官の「有罪慣れ」のおそれをできる限り除去しうると期待した（安原 2006）。

　他方、裁判員制度のデメリットは、メリットよりも、理念、実態の両面で、数多く主張されてきた。理念面では、裁判員制度の実施に際して憲法は改正されていないにもかかわらず、市民からくじで選ばれた裁判員が、独立性と身分保障が憲法で定められている裁判官とほぼ同等の権限をもつことは、裁判を受ける被告人の権利などに反するという主張があった。この裁判員制度の合憲性は、のちの裁判で争われることになる。

　実態面では、いわば法律の素人である裁判員による裁判は、誤判につながり、量刑判断に感情が入り厳罰化につながるなどの批判を受けてきた。なお、アメリカでは、裁判官と陪審員の有罪かどうかの判断に大きな違いはないという古典的な研究がある（カルヴァン・ザイセル 1971 = 2023）。さらに、裁判の判断により被告人の一生を左右しうる、裁判に参加することで仕事、育児や介護に支障があるなど、裁判員の心理的・物理的な負担の重さが指摘され、裁判員を担うことに不安を覚える市民からも広く支持された。

（2）裁判員裁判実施後の変化

　裁判員法が 2004 年に制定され、2009 年の施行を経て、まず変化が見られたのは、裁判が始まる前の被告人の身柄拘束のあり方である。勾留という被疑者・被告人の身柄を拘束する手続には、検察官の請求にもとづく裁判官の許可が必要である。勾留請求却下率は、2002 年に 0.1 ％だったが、2020 年に 5.2 ％

へ微増した（各年の犯罪白書より）。起訴された被告人の身柄を解放する保釈も、裁判官のみの時代の 4.5 ％（2006～2008 年）から、8.5 ％（2009 年～2012 年 5 月）、10.7 ％（2012 年 6 月～2018 年末）へ増えた（最高裁判所事務総局 2019）。この身柄を拘束せずまたは解放する比率の高まりは、裁判員制度の実施に備えて、保釈につき、裁判員裁判の前に、事件の争点と証拠を裁判官、検察官、弁護人が非公開で協議する公判前整理手続に備えて、被告人と弁護人が打ち合わせを綿密にしておく必要から、裁判官が許可する傾向が関係している。裁判官は、勾留と保釈不許可に共通する要件である「罪証を隠滅する」疑い（刑事訴訟法 60 条 1 項 2 号・89 条 4 号）を、個別事件に即して厳密に判断する姿勢を示した。

　捜査段階の被疑者・被告人に対する警察官や検察官による取調べは、従来、録音・録画は義務づけられていなかったところ、裁判員裁判の事件では原則として録画することになった（2018 年施行の改正刑事訴訟法による）。その背景には、供述調書の内容につき、取調べの過程に問題があったとして被告人が裁判で争う場合があるため、裁判員裁判の導入後、裁判員が判断に迷わないよう取調べの過程を可視化し、取調べに当たった取調官を証人尋問する時間を省くために、裁判官が論文等で希望したことがある。

　裁判の進め方は、裁判員裁判では、証人への尋問や被告人質問を中心に、公判に提出された証拠にもとづいて判断する、「当事者主義・直接主義」「公判中心主義」と呼ばれるあり方になった。従来の裁判官のみの裁判で、供述調書を裁判官が法廷以外の裁判官室や自宅で読んで心証を形成する傾向にあった「調書裁判」から変わったのは、裁判員は記録を裁判所の外に持ち出すことが許されず、法廷で心証を取る必要があるためである。供述調書が証拠に採用されても、検察官が法廷で読み上げることになり、膨大な量の供述調書が提出されることはほとんどなくなった。市民参加の裁判により刑事訴訟手続が「核心司法」へ変わるという予言（平野 1999）は、当たったことが分かる。

　裁判の判断では、無罪率は、裁判官時代の 0.6 ％（2006～2008 年）から 1.0 ％（2009～2022 年）へ微増している（図表 24-1）。若干の上昇ながら、その間の起訴猶予率の増加率に表れる検察官の起訴に慎重な傾向を考え合わせると、裁判員を務める市民が「疑わしきは被告人の利益に」などの裁判の原則に忠実な結果、無罪率が増えている可能性がある。なお、戦前の陪審制度の無罪率は 17.6 ％

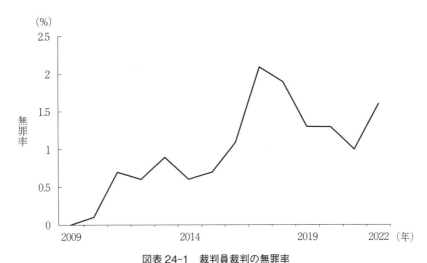

(%)

図表 24-1　裁判員裁判の無罪率

各年の最高裁判所データにもとづく、「無罪率」は、「有罪」「無罪」「家裁への移送」の
合計数における「無罪」の割合である。

で（丸田 1990)、裁判官が加わると無罪判決は出にくくなるようである。

　量刑判断は、事案によるものの、事件の種類により傾向が大まかに分かれる。
例えば、性犯罪事件で、裁判員裁判は厳罰化傾向にあり、2017 年の刑法改正
の法定刑上昇にも影響を与えた。他方、現住建造物等放火事件では、執行猶予
率が増えており、犯行の事情や被告人の反省の度合いへの考慮が、軽めの量刑
につながっているのかもしれない。覚せい剤密輸事件は、裁判官時代とほとん
ど量刑傾向は変わらず、裁判員が実感をもって量刑を判断しにくいため、過去
の裁判例を参考にしているためと推測される。データ上で変化があるのは、保
護観察つきの執行猶予判決が裁判官時代の 1.5 倍ほどに増えていることで、被
告人の社会での監督を通じて更生を願う裁判員の気持ちの表れと見ることがで
きる。良くも悪くも、裁判員裁判は「人間的な」裁判であるといえよう。

　最高裁判所は、裁判員裁判を、「国民の視点や実務法律家の専門性の長所が
生かされる裁判」と評している（最大判平 23 年 11 月 16 日刑集 65 巻 8 号 1285 頁）。
最高裁判所長官により、「多角的な視点からの質の高い深みのある裁判」に
なっているという旨の形容も聞かれる。裁判員・補充裁判員を終えた人への裁
判長の感謝状には、「皆様お一人お一人のご意見が一つ一つの裁判を支え、ひ

いては日本の社会を支えているのだと思います」という文言が記されている。これらの言葉から、裁判所では、裁判員裁判につき、裁判の質の向上や社会の支えにつながっているととらえていることがうかがえる。

　実際に裁判員を務めた市民は、裁判員の経験につき、「非常によい経験と感じた」「よい経験と感じた」と、ほとんどの人が回答している（毎年のアンケートで計95％以上）。他方、世論調査で、一般市民は、裁判員裁判に「参加したい」「参加してもよい」とあまり回答しておらず（毎年の調査で20％未満）、裁判員候補者の辞退率は高く、裁判員選任手続の出席率は低下する傾向にある。職場での理解向上を含む裁判員を務める市民の負担軽減に努めるとともに、過剰な不安があるとすれば、裁判員の職務内容や裁判員を務めた市民の体験談などの情報を正確に提供して、解消する必要があろう。

　そのほかにも、裁判員裁判の影響は多方面にわたる。刑事弁護人のやりがい（書面の証拠のみでなく法廷での弁論などに裁判員が在廷することでより耳を傾けてくれるようになった）、メディアの犯罪報道のあり方（有罪視する書き振りの減少）、裁判員制度を含む小中高校からの法教育の増加（学習指導要領での明記）などである。アメリカでは、陪審員を経験すると、選挙で投票する比率が高まるという研究がある（ガスティルほか 2010 = 2016）。日本で同様の調査は困難にしろ、裁判員を務めた市民からは生活や視点への影響が指摘されている（飯・裁判員ラウンジ編著 2019）。

3　事　例

（1）裁判員裁判の合憲性（最大判平 23 年 11 月 16 日刑集 65 巻 8 号 1285 頁）

　まず、裁判員制度の合憲性について争われた裁判がある。原告の主張にもとづき、①憲法は、裁判官以外の国民が裁判体の構成員となり評決権をもって裁判を行うこと（国民の司法参加）を許容しているか、②裁判官でない裁判員が裁判体の構成員になる裁判員制度は、憲法 31 条（適正手続の保障）、32 条（裁判所において裁判を受ける権利）、37 条 1 項（公平な裁判所の裁判を受ける権利）、76 条 1 項（司法権・裁判所）、80 条 1 項（下級裁判所の裁判官の任命等）に違反するか、③裁判員制度の下では、裁判官は、裁判員の判断に影響・拘束されることになる

から、同制度は、憲法76条3項（裁判官の職権行使の独立）に違反するか、④裁判官と裁判員とで裁判体を構成する裁判員制度は、憲法76条2項（特別裁判所の禁止）に違反するか、⑤国民に裁判員としての職務を負わせる裁判員制度は、憲法18条後段（苦役からの自由）に違反するか、が主に争点となった。

　最高裁判所は、いずれの点でも合憲であると結論づけている。すなわち、①憲法は、刑事裁判における国民の司法参加を許容しており、憲法の定める適正な刑事裁判を実現するための諸原則が確保されている限り、その内容を立法政策に委ねている。②裁判員制度は、公平な裁判所における法と証拠に基づく適正な裁判が制度的に十分保障されている上、裁判官は刑事裁判の基本的な担い手とされており、憲法の定める適正な刑事裁判を実現するための諸原則が確保されているため、憲法31条・32条・37条1項・76条1項・80条1項に違反しない。③裁判員制度は、憲法76条3項の文理、趣旨の面から検討しても同項に違反するものではなく、また、被告人の権利保護の点から検討しても問題がない。④裁判員制度による裁判体は特別裁判所に当たらない。⑤裁判員の職務等は、司法権の行使に対する国民の参加という点で参政権と同様の権限を国民に付与するものであり、これを「苦役」ということは必ずしも適切でなく、国民の負担を過重にしないという観点から、辞退に関し柔軟な制度を設けていることなどを考慮すれば、裁判員の職務等は、憲法18条後段が禁ずる「苦役」に当たらない。

（2）裁判員裁判と検察官の求刑、過去の裁判例の関係
（最判平26年7月24日刑集68巻6号925頁）

　裁判員は国民から無作為に選ばれ、司法のプロである裁判官に比して、いわばアマチュアであるが、量刑判断において、過去の同種事件の判例と検察官の求刑を考慮する必要はあるだろうか。参考になる判例がある。

　児童虐待死亡事案で、被告人は夫婦ABである。Aは自宅で、三女（当時1歳8ヶ月）に対し、顔面を含む頭部分を平手で1回強打して頭部分を床に打ちつけさせるなどの暴行を加え、その結果、急性硬膜下血腫などの傷害を負わせ、2ヶ月後に病院で死亡させた。

　第一審判決は、検察官によるABへの各懲役10年の求刑に対し、各懲役15

年の刑を言い渡した。その理由として、検察官の求刑は、①犯行の背後事情として長期間にわたる不保護が存在することなどの本件児童虐待の悪質性、②責任を次女になすりつけるような被告人両名の態度の問題性を十分に評価したものとは考えられず、同種事犯の量刑傾向といっても、裁判所の量刑検索システムは、登録数が限られている上、量刑を決めるに当たって考慮した要素をすべて把握することも困難であるから、各判断の妥当性を検証できないばかりでなく、本件事案との比較を正確に行うことも難しいと考えられ、そうであるなら、児童虐待を防止するための近時の法改正からもうかがえる児童の生命等尊重の要求の高まりを含む社会情勢にかんがみ、本件のような行為責任が重大な児童虐待事犯に対しては、今まで以上に厳しい罰を科すことがそうした法改正や社会情勢に適合すると考えられることから、被告人両名に対しては傷害致死罪に定められた法定刑の上限に近い主文の刑が相当であると判断したことを挙げた。

　控訴審は裁判員裁判の判決を支持した。その理由は、量刑検索システムによる検索結果は、これまでの裁判結果を集積したもので、あくまで量刑判断をするに当たって参考となるものに過ぎず、法律上も事実上も何らそれを拘束するものではないから、第一審の量刑判断が控訴趣意で主張された検索条件により表示された同種事犯の刑の分布よりも突出して重いものになっていることなどによって直ちに不当であるということはできない、というものであった。

　しかし、最高裁判所は、懲役10年の求刑を超えて懲役15年に処した第一審判決と、これを是認した控訴審判決を、量刑不当として破棄した。その主な理由は以下の通りである。すなわち、裁判員裁判といえども、他の裁判の結果との公平性が保持された適正なものでなければならないことはいうまでもなく、評議に当たっては、これまでの大まかな量刑の傾向を裁判体の共通認識とした上で、これを出発点として当該事案にふさわしい評議を深めていくことが求められているというべきである。親による幼児に対する傷害致死の事案において、これまでの量刑の傾向から踏み出し、公益の代表者である検察官の懲役10年の求刑を大幅に超える懲役15年という量刑をすることにつき、具体的、説得的な根拠を示しているとは言い難く、第一審判決およびその量刑を是認した原判決は、量刑不当により破棄を免れない。

4　ディスカッション

（1）裁判員制度の憲法適合性、改正の余地

　裁判員は、憲法に規定がないのに、裁判官とほぼ同等の判断を行う権限がある。上記の通り、最高裁大法廷判決は裁判員制度は合憲であるとしたが、この判断は適当であろうか。

　法規の上で、憲法32条は「裁判所において裁判を受ける権利を奪はれない」と定めており、大日本帝国憲法24条の「裁判官ノ裁判ヲ受クルノ権ヲ奪ハル、コトナシ」に比べると、主語を「裁判官」から「裁判所」へ変更している。この背景には、戦前も陪審員は憲法に規定がなかったところ（戦前は陪審の答申に裁判官に対する法的拘束力がなく問題は少なかった）、「裁判所」の文言にすれば、その中身は法律で適正に定めればよいという判断があったとされる（裁判所法3条3項には「刑事について、別に法律で陪審の制度を設けることを妨げない」という規定もある）。また、裁判員制度で、被告人に不利な決定をする際に「裁判官及び裁判員の双方の意見を含む合議体の員数の過半数の意見による」（裁判員法67条1項）ことには、憲法に根拠のない裁判員のみの多数で被告人に不利な判決ができないようにするという憲法問題への考慮があった。

　出頭の強制については、苦役からの自由に反するほか、徴兵制に類似するという主張も聞かれる。他方、裁判員は納税や証人出廷などと同様に国民の義務の一つであるという見方もありえ、辞退事由の幅がある程度認められている。以上の裁判員制度の憲法適合性のほか、裁判員法およびその運用につき、対象事件（例えば、性犯罪、少年事件、死刑事件を除外すべきか）、被告人の選択権（陪審制度では陪審裁判を受けることは被告人の権利で、権利を放棄して裁判官の裁判を選ぶことができる）、裁判員の選任年齢（当初の20歳以上から18歳以上へ引き下げられた）、評議の秘密の守秘義務（アメリカの陪審員にはない）などに、改正、変更の余地があるか議論してみよう。

（2）裁判員裁判と求刑、判例、上訴の関係

　上記の最高裁判決によれば、裁判員裁判において、これまでの量刑の傾向から踏み出し、公益の代表者である検察官の求刑を大幅に超える量刑をすること

は、可能にしろ、具体的、説得的な根拠を示すことが求められる。量刑の均衡の見地からは是認する意見がありうる一方、裁判員＝市民を含む裁判員裁判にこのような要請をすることは、裁判員の市民としての見方に枠をはめることにつながるという見方もあろう。上記判決以降、検察官の求刑を超える裁判員裁判の判決はほとんどなくなってしまった。あなたはこの判決に賛成だろうか。

　また、裁判員裁判は第一審の地方裁判所のみで行われ、上訴後は裁判官のみの判断となる。控訴後の高等裁判所での破棄率は、裁判官時代（2006～2008年）の17.6％から、6.6％（2009年～2012年5月）、10.9％（2012年6月～2018年12月末）へ推移しており、裁判員裁判導入後は減少している。

　関連する裁判例を紹介したい。裁判員裁判では、被告人にチョコレート缶の中に覚せい剤を含む違法薬物が隠されていることの認識が認められず、犯罪の証明がないとして無罪を言い渡した（初の無罪判決）。それに対して、控訴審は、第一審判決に事実誤認があるとしてこれを破棄し、有罪を言い渡した。しかし、最高裁は、職権をもって調査すると、控訴審判決は刑事訴訟法411条1号により破棄を免れないとした。すなわち、刑事訴訟法382条の事実誤認とは、第一審判決の事実認定が論理則、経験則等に照らして不合理であることをいうものと解するのが相当であり、控訴審が第一審判決に事実誤認があるというためには、第一審判決の事実認定が論理則、経験則等に照らして不合理であることを具体的に示すことが必要であるというべきであると判示したのである（最判平24年2月13日刑集66巻4号482頁）。

　三審制度において、上訴は被告人の権利で（日本では検察官も上訴できる）、上級審に判断のやり直しを求めることは認められるべきで、上訴後の事情により判断が変わることは起こりうる（なお、アメリカなどでは第一審の陪審裁判で無罪判決が出れば無罪が確定する）。他方、第一審の裁判員裁判の判決がプロの裁判官による上訴審で容易に覆される（被告人の有利、不利の両方向で見られる）事態となれば、裁判員制度の意味が薄れるという見方もあろう。上記の最高裁の判示事項のほか、控訴審で破棄する場合は別の裁判員裁判に判断を差し戻す、控訴審にも裁判員裁判を導入する（例えばフランスでは控訴審にも参審員が参加する）など、市民参加の趣旨を活かす運用がありえよう。裁判員裁判の上訴のあり方を、以上の判例や記述を参考にして議論してみよう。

参 考 文 献

飯考行・裁判員ラウンジ編著（2019）『あなたも明日は裁判員 !?』日本評論社。

池田修ほか（2016）『解説裁判員法—立法の経緯と課題（第 3 版）』弘文堂。

ヴィドマー, ニール・ハンス, ヴァレリー（2007 = 2009）『アメリカの刑事陪審—その検証と評価』（丸田隆代表編訳）日本評論社。

ガスティル, ジョンほか（2010 = 2016）『市民の司法参加と民主主義』（佐伯昌彦ほか訳）日本評論社。

カルヴァン, ハリー・Jr.・ザイセル, ハンス（1971 = 2023）『米国の陪審』（村山眞維訳）勁草書房。

最高裁判所事務総局（2019）『裁判員制度 10 年の総括報告書』最高裁判所事務総局。

平野龍一（1999）「参審制の採用による『核心司法』を—刑事司法改革の動きと方向」ジュリスト 1148 号 2-5 頁。

丸田隆（1990）『陪審裁判を考える—法廷にみる日米文化比較』中公新書。

三谷太一郎（2013）『増補　政治制度としての陪審制—近代日本の司法権と政治』東京大学出版会。

安原浩（2006）「裁判員制度導入の意義について考える」本林徹ほか編『宮本康昭先生古稀記念論文集　市民の司法をめざして』日本評論社 445-461 頁。

索　引

296

編著者略歴

飯 考行（いい　たかゆき）

専修大学法学部教授
早稲田大学大学院法学研究科博士後期課程修了
主要著書
『子どもたちの命と生きる―大川小学校津波事故を
見つめて』（信山社、2023 年、編著）
『あなたも明日は裁判員⁉』（日本評論社、2019 年、
裁判員ラウンジとの共編著）
『災害復興の法と法曹―未来への政策的課題』（成文
堂、2016 年、松岡勝実・金子由芳との共著）

ディスカッション法と社会

2024 年 4 月 9 日　第 1 版 1 刷発行

編著者―飯　　考　行
発行者―森　口　恵美子
印刷所―壮 光 舎 印 刷㈱
製本所―㈱ グ リ ー ン
発行所―八千代出版株式会社
　　　　〒101-0061　東京都千代田区神田三崎町 2-2-13
　　　　TEL　　03-3262-0420
　　　　FAX　　03-3237-0723
　　＊定価はカバーに表示してあります。
　　＊落丁・乱丁本はお取替えいたします。